KB153539

감귤
이야기

감귤
이야기

피에르 라즐로 지음 | **남기원** 옮김

시공사

다종다양한 감귤류 중 일부. 루비그레이프프루트 두 종류,
네이블오렌지, 블러드오렌지, 세비야 사워오렌지,
스위트라임(노란색 과일), 키라임, 사워라임, 금귤 등이다.

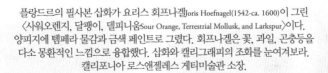

플랑드르의 필사본 삽화가 요리스 회프나겔Joris Hoefnagel(1542-ca. 1600)이 그린
〈사워오렌지, 달팽이, 델피니움Sour Orange, Terrestrial Mollusk, and Larkspur〉이다.
양피지에 템페라 물감과 금색 페인트로 그렸다. 회프나겔은 꽃, 과일, 곤충등을
다소 몽환적인 느낌으로 융합했다. 삽화와 캘리그래피의 조화를 눈여겨보라.
캘리포니아 로스앤젤레스 게티미술관 소장.

CITRUS DECUMANA

왕귤 열매와 나뭇가지 그림으로 출처는 베르트 홀라 반 누튼Berthe Hoola van Nooten,
데판마에커P. Depannemaeker, 무콰트C. Muquardt가 공동 저작한 책 《자바 지역에서 선별한 꽃,
과일, 그리고 나뭇잎Fleurs, fruits et feuillages choisis de l'ile de Java: Peints d'après nature》이다.
홀라 반 누튼은 남편을 따라 자카르타에 갔다. 남편이 부양할 가족과 빚을 남기고
사망한 후 그녀는 신新바로크 양식의 이 아름다운 책을 간신히 출판했다.
미주리 식물원 도서관 소장.

브라질어의 '환대'와 동의어인 카히피리냐는
설탕, 으깬 라임, 그리고 발효된 사탕수수에서 증류한 술로서
럼과 비슷한 까샤사로 만든다. 달콤하면서도 신 맛이 매력적이지만,
알코올 도수가 높아서 한두 잔 이상을 마시게 되면 위험하다.

플로리다 키웨스트 지역에서 최초로 만든 키라임 파이는 키라임이 주재료이다.
미국인들은 냉장고가 발명되기 이전부터 이 요리를 즐겨 먹었다.
당시에는 통조림 우유를 사용했으며 빵을 굽지 않았다.
대신에 연노랑 색 달걀노른자가 시트르산과 결합해 파이를 굳게 만든다.
하지만 살모넬라균을 죽이기 위해서는 파이를 굽는 것이 바람직하다.

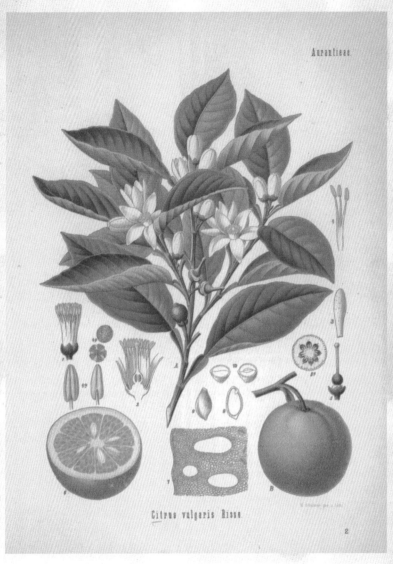

Aurantieae.

Citrus vulgaris Risse.

퀼러F.E. Köhler's의 책《약용식물Medizinal-Pflanzen in naturgetreuen Abbildungen mit kurz erläuterndem Texte》
(1887)에 실린 오렌지 나무. 이 다색 석판화는 화가 L. 뮐러와 C.F. 슈미트의 소묘를 기초로 한 것이다.
세밀한 부분까지 놓치지 않은 섬세한 묘사가 돋보인다.
미주리식물원 도서관 소장.

조반나 가르초니Giovanna Garzoni(1600~1670)가 1640년대 후반에 그린
〈접시에 놓인 시트론 정물Still Life with Bowl of Citrons〉. 퍼지에 템페라로 그렸다.
이탈리아 여류 화가인 조반나는 메디치가에 고용되어 식물과 동물 그림을 그렸다.
그녀는 1625년에 벌레, 새, 꽃, 과일들로 장식한 캘리그래피 책을 한 권 출판하여
명성을 얻었고, 작품은 높은 값에 팔렸다. 조반나는 주름, 꼬인 것,
비틀어진 것, 막 썩기 시작한 자연물의 묘사에 특히 뛰어났다.
이 작품은 1640년대 후반에 유행했던 '나투라 소스페사natura sospesa(중지된 자연)' 장르에 속한다.
게티미술관 소장.

확연히 구분되는 블러드오렌지와 일반 오렌지의 속살.
블러드오렌지는 대개 시칠리아의 산악 지대에서 생산되는데 차가운 기후 때문에 색깔이 진하다.
엘리 밀리컨Elly Millican의 사진.

오렌지 전투가 벌어지고 있는 이탈리아 이브리아의 어느 거리 모습.
다른 카니발이 그렇듯이 여기서는 일상적인 규칙과 관습이 전복된다.
한때 매우 귀한 과일이었던 감귤을 파괴하는 행위는 조롱의 의미를 담고 있다.
이와 비슷하게 벨기에의 소도시 뱅슈에서 열리는 카니발 기간에는 잘 차려입은 거인
'질들이 죽마에 올라타 바구니 속 오렌지를 구경꾼들에게 집어던진다.
ⒸAlex Masi/Grazia Neri.

l'Oranger

Citrus aurantium Linn. Sp. Pl.

Ital. Arancie, Melarancio Esp. Noronio. Angl. Orange tree. Allem. Pommeranzen Baum.

Genevieve de Nangis-Regnault. F.

낭지르뇨Geneviève de Nangis-Regnault(1746-1802)가 그린 〈광귤나무Citrus aurantium〉(1774).
뛰어난 화가이자 조각가 낭지르뇨의 작품은 힘과 우아함이 결합되어 있다.
그녀는 아마추어 박물학자인 남편 니콜라프랑수아 르뇨가 쓴 책들에 필요한
삽화를 그렸다. 18세기에 남편과 부인의 공동 작업은 드문 일이었다.

공중에서 바라본 플로리다의 감귤 농장.
열을 맞춰 선 모습은 전 세계 감귤 플랜테이션이 모두 공통적이다.

베르사유의 오랑제리.
건물 내부의 광경에서 단순미와 기능성을 엿볼 수 있다.
사진 RMN/ ⓒ Droits réservés.

얇게 썬 감귤은 바텐더들에게 없어서는 안 될 재료이다.
이 섬세한 조각들을 보면,
감귤이 수백 년간 희귀하고 값비싼 과일이었음을 실감하게 된다.

리우데자네이루의 한 시장에 진열되어 있는 오렌지들.
대표적인 열대 지역인 브라질의 오렌지는 오렌지색이 아니라 초록빛이 돈다.
그러므로 이 과일과 오렌지색을 하나의 단어로 결합한 것은
유럽이 만들어 낸 산물이라 할 수 있다. ⓒ 2007 jupiterimages.

주스 가공 공장 앞에 놓여 있는 오렌지 컨테이너들.
옛 에덴동산은 오늘날 시장터가 되었으며,
이곳의 과일들은 상품으로 팔려 나가고 있다. ⓒ Corbis.

현대 광고의 창시자로 꼽히는 앨버트 래스커는
'오렌지를 마셔요'라는 슬로건으로 수백 년 동안 소수 귀족들의 전유물이었던
신선한 감귤을 일반 가정의 식탁에 선사했다. ⓒ Gettyimages.

contents

Part 3 언어와 예술의 즙을 추출하기

존경하는 선생님께

저는 당신을 존경하는 사람입니다. 선생님은 《귤보橘譜》를 저술하여 감귤 나무와 과일에 관한 역사상 최초의 전문 서적을 펴내셨습니다. 그 서문에 의하면, 당신께서는 순희淳熙(1174~1189) 5년 열 번째 달에 이 책을 쓰기 시작하셨습니다. 당시 서양은 여전히 중세시대를 지날 때였습니다. 이 시기 서양의 지식은, 여러 책들에 기록되어 있는 바처럼 대부분 고대인들에게서 물려받은 것이었고, 실용 기술보다는 철학적인 내용이 우세했습니다.

존경하는 한언직韓彦直 님, 저에 관해 말씀드리겠습니다. 제 이름은 피에르 라즐로Pierre Laszlo이며, 지금 이 글을 쓰는 때는 21세기의 여섯 번째 해, 열두 번째 달입니다. 자크 시라크Jacques Chirac가 현재 제가 살고 있는 나라 프랑스의 대통령입니다. 저 역시 당신처럼 감귤에 관한 책을 쓰고 있지요. 우리 식으로 서기 1178년에 출판된 선생님의 책은 제가 참고할 만한 사례들을 무궁무진하게 담고 있습니다.

당신이 서문에 적은 바에 따르면, 북부 사람인 선생님이 예산倪山 근처 오렌지 재배 지역을 처음 본 것을 계기로 이 책을 쓰게 되셨다고 했습니다. 절강성浙江省 온주溫州의 태수로 새로 부임한 당신은 이 향기로운 과수원에 정통하게 되었지요. 꼼꼼하고 능력이 탁월한 관료였을 뿐 아니라, 정치의 유혹을 멀리하셨던 당신은 학자들에 필적할 만했습니다. 아니 더 뛰어난 학자이셨습니다. 선생님의 선각자적 지도력으로 백성들이 농업, 원예, 그리고 감귤 재배에 대해 지식을 쌓을 수 있도록, 당신은 이 분야에 관한 책들을 섭렵하기 시작했습니다. 모란과 여지(중국 원산의 상록교목-역주) 등의 식물에 관한 책은 구할 수 있었지만 감귤에 관한 전문 서적은 없었지요. 이것이 당신이 직접 이 책을 쓰기로 결심한 이유였습니다. 선생님은 이론에서나 실천적인 면 모두에서 최고의 기념비적 저작을 남기셨습니다.

저의 경우는 선생님과는 완전히 반대라 할 수 있습니다. 당신의 책이 나온 이래로 감귤에 관한 전문 서적들은 셀 수 없을 정도로 쏟아져 나왔습니다. 그런데도 제가 그 긴 목록에 한 줄 더 첨가하려는 이유는 무엇일까요?

몇 년 전 저는 소금에 관한 책을 한 권 출간했습니다. 오랫동안 지배자들은 생활필수품에 더 많은 세금을 부과하기 위해 소금의 생산과 유통을 통제했습니다. 그들은 이 상품들을 자신의 권력과 부를 위한 도구로 만들었습니다. 오렌지 또한 마찬가지로, 예산 지역과 같은 특별한 오아시스를 제외한다면 아주 최근까지도 부유하고 권세 있는 특권층의 전유물이었습니다. 저는 이러한 유사성에 충격을 받았습니다.

당신이 이 뛰어난 전문 서적을 썼을 무렵, 감귤은 이미 중국만의 것이 아니었습니다. 여행자들이 가방에 감귤을 싸게 된 것이 혹시 선생님의 책 때문은 아니었을까요? 아무튼 감귤 씨앗과 나무는 중국 땅에서 수출되기 시작했고, 지금은 지구 전체에서 뿌리를 내렸습니다. 적어도 선생님께 친숙한 적도 주변의 온화한 지대에서는 말입니다.

맨 처음에는 유럽 전체가 감귤 나무와 재배에 익숙하게 되었습니다. 그러나 감귤의 서진西進은 유럽에서 멈추지 않았습니다. 자신들의 행위를 책에 기록했던 인류의 일부가 그 다음에 대양을 건너 서쪽으로 이동했으며 중국, 그러니까 당신의 중화 제국보다도 훨씬 큰 땅을 식민지로 만들었습니다. 사람들은 그곳에도 주변부 제국들이 있다는 사실을 발견했고, 서쪽으로 가는 길을 따라 감귤 나무를 들여왔습니다. 감귤은 이들의 생계수단이 되었습니다. 세계경제뿐 아니라 문화에도 영향을 주었던, 이 서쪽으로의 이동을 저는 역사로 남기고 싶었습니다.

저술의 과정 역시 당신과는 다릅니다. 선생님은 한창 활동할 때 오렌지의 역사를 쓰셨지만, 저는 최근 퇴직을 결심하고서 이 책을 썼습니다. 그래서 자료 수집 활동에 제 시간을 모두 할애할 수 있었습니다. 자료 수집은 저술 활동의 일부이기도 하지만 사실 제가 아주 좋아하는 일입니다. 저는 책을 쓰는 동안 나 스스로에게 주었던 자유, 마음 가는 대로 내버려 두었던 자유의 공기가 이 책에 가득 배어 있기를 기원합니다. 당신이 그 도시에서 직책을 즐겁게 수행하지 못했음을 많이 후회하셨듯이, 과학자로서 적극적으로 활동하던 때에 저 역시 펜 드는 일을 삼갔습니다. 혼자서, 혹은 동료들과 이룬 과학적 결과물을 출간하는 일이 전부였지요.

우리가 우러러 공경하는 저술들을 남긴 중국의 또 다른 학자 맹자는 이렇게 말씀하셨습니다.

나 역시 그러하니, 사람들에게 정직함 감성을 불어넣고, 나쁜 교리들에 빠지지 않게 하고, 제멋대로인 행동을 그만두게 하며, 이성을 해하는 담론을 금하게 하여 세 현인 즉, 우禹임금, 주공周公, 공자의 과업을 계속 이어가기를 원한다. 내가 논쟁을 좋아하느냐고? 나는 논쟁을 멈출 수 없다. 양주楊朱와 묵자墨子의 교리를 부정하거나 버릴 수 있는 자는 누구나 이 위대한 세 현인들의 제자이다.

하지만 한 선생님! 어떻게 그토록 가치 있는 조사를 하셨는지 말씀해 주실 수 없으신가요? 조사 여행 때 기록을 해 두셨나요? 감귤의 특성이나 성장의 양상을 더 정확하게 관찰하기 위해 혹시 마당에 감귤을 재배하셨나요? 아마도 집안에 화분을 두고 작은 식물들을 기르는 취미가 있으셨겠지요? 그중에 개인적으로 좋아하셨던 것은 무엇인가요? 당신이 오렌지 꽃과 과일을 사랑하도록 만든, 지금도 여전히 예산의 오렌지로 남아 있는 바로 그 귤을 제가 맛보아도 될까요?

태수로서 바쁜 와중에도 답장 쓰실 시간을 내 주신다면 저로서는 영광이겠습니다.

Part 1

역사와 문화의
씨앗 골라내기

천상의 열매에서
세계인의 과일로

오렌지처럼 달고 시린 맛이 바로 인생이다.
_스페인 격언

이 책은 외형적으로는 과일에 관한 이야기이지만, 한편으로는 분명히 자전적 성격을 띠고 있다. 감귤이 서쪽으로 이동해 갔던 것처럼 내 인생의 여정 또한 유럽에서 브라질로, 그 다음에는 미국으로 이어졌다.

경제적, 직업적, 혈연적 이유 때문에 뜻하지 않게 하게 된 이 여행을 통해 나는 많은 것을 배웠다. 어린 시절부터 운 좋게도, 서로 다르되 뭔가 친밀하게 연결된 문화들을 경험할 수 있었던 것이다. 이러한 경험은 내게 잊을 수 없는 교훈을 남겼다.

이 책의 밑바탕에는 나의 개인적 경험이 많이 인용되었지만, 개인적 지식은 되도록 앞세우지 않으려 애를 썼다. 그보다는 제2차 세계대전 빌빌 직전에 태어난 농년배 유럽인들, 독일의 참혹한 지배를 경험하고 그 이후에도 계속 삶을 이어가야 했던 그들 모두의 경험을 나누고자 했다.

풍요를 상징하는 열매, 감귤

전쟁 동안 우리 가족이 살았던 프랑스 그르노블 지역은 식량이 귀해서 우리는 간신히 입에 풀칠을 할 수 있을 정도였다. 따라서 식량은 우리에게 최고의 관심사였다. 스탈린그라드 전투즈음이었던 어느 날, 식료품점에도 먹을거리가 동이 났다. 아버지는 집 뒷마당에 감자를 심었고 우리는 푸른 싹이 나고 꽃이 피는 모습을 보면서 무척 즐거워했다. 그러나 기쁨은 잠시였다. 우리보다 감자벌레가 먼저 그 잎을 먹어 버린 것이다. 이 사건은 우리가 처했던 집단적 곤궁을 상징하는 듯했다. 사실 감자벌레는 녹색 군복을 입은 벌떼 같은 독일군을 빗대어 부르던 별명 가운데 하나였다. 미군이 그르노블을 해방시켰던 1944년 8월 20일까지 우리는 순무만 먹으면서 몇 달을 버텨야 했다. 그 이후 지금까지도 나는 모양이 어떠하든, 어떤 식사 자리든, 순무 비슷한 채소나 맛은 질색이다.

전쟁이 끝난 후에도 내가 살았던 프랑스와 영국 두 나라에서는 식량 공급이 아주 느리게 호전되었다. 유럽에서 내가 맛볼 수 있었던 과일은 종류가 아주 적었고 계절도 많이 타서 오뉴월에는 체리, 여름에는 머스크멜론과 복숭아, 9월에는 자두와 포도, 그리고 10월에는 밤과 호두 정도를 먹을 수 있었다. 다행히 사과와 배는 가을 내내 맛볼 수 있었다.

감귤은 어땠을까? 전혀 없었다. 나 역시 그랬지만 당시 보통 유럽인들은 크리스마스 선물로서, 혹은 트리에 달린 고급 장식으로서 오렌지, 탄제린tangerine(껍질이 잘 벗겨지는 작은 오렌지-역주), 클레멘타인clementine 등을 처음 보게 되곤 했다. 그 밖에도 전통적인 크리스마스 진미로는 북아프리카산 말린 무화과와 대추 야자 등이 있었다.

바나나, 파인애플, 수박, 아보카도, 무화과, 석류, 구아바, 망고, 파파야, 리치 등 구하기 어려웠던 과일의 목록은 아주 길었는데, 감귤도 그중 하나였다. 나는 여섯 살 때, 그러니까 파리가 해방된 직후 그곳에 사는 가까운 친척집을 방문했을 때 그레이프프루트(우리나라에는 자몽으로 알려져 있다-역주)를 처음 맛보았다. 레누아르 거리의 그 아파트 탁자 위에 놓여 있던 이국 음식을 바라보며 품었던 경외심을 나는 아직도 기억하고 있다.

크리스마스 선물로 처음 먹어 보았던 레몬을 포함해 감귤류 과일들을 접하면서 나는 식물 재배가 문화와 관련이 있다는 사실을 알게 되었다. 감귤을 입에 넣을 때면 물질과 정신, 외형적인 부유함과 내면적 풍요로움, 먹는 과일과 상상 속 과일 사이에 놓인 다리들을 넘나들 수 있었다.

열 살 즈음 나는 이미 식품이라는 것을 예리하게 이해하고 있었다. 즉, 음식이 몸에 필요하듯 정신과 영혼에도 음식이 필요하며 어떤 의미에서는 이것이 더 중요하다는 것을 알았다. 유럽과 아메리카, 아메리카 대륙 내에서도 라틴아메리카와 북아메리카를 구분 짓는 중요한 문화적 차이들이 식사 습관을 통해 드러나기도 한다는 사실을 나는 이미 깨달았다.

1950년 7월 브라질에 도착했을 때 나는 마치 엘도라도에 들어선 듯했다. 주변 환경이 나를 마치 정복자인 양 느끼게 만들었다. 전쟁 동안 유럽에서 빈궁함을 겪어야 했던 우리가 풍요의 땅에 들어섰던 것이다. 이곳 신세계는 풍만함의 마법에 걸려 있었고, 감귤은 윤택한 자연을 상징하는 과일이었다. 리우데자네이루의 어느 호텔 방에서 눈을 떴을 때 경험했던 코르누코피아(그리스 신화에 나오는 풍요의 뿔-역주)는 환각이 아니었다. 그것은 실현된 환상이었다. 나는 리우데자네이루에 있는 근사한 식물원이나 세라도스오르게스 광야 등, 허리를 굽히기만 하면 온갖 보석을 주울 수 있는 싱그럽고 아름다운 자연이 있는 곳을 찾아 그 풍요로움을 즐기고 또 즐겼다.

그러나 나의 엘도라도는 에덴동산이 아니었다. 그곳에는 잘 닦인 길 대신에 온갖 장애물들이 사람의 발길을 가로막고 있었다. 유럽에 있을 때 나는 자연과 친밀했다. 배낭 하나 등에 메고 알프스의 멋진 산들 중 한 곳으로 등산을 가곤 했다. 그러나 브라질에서는 금단의 동산을 어쩔 도리 없이 바라볼 뿐이었다. 현무암 지대는 너무 미끄러워 오를 수가 없었다. 우거진 초목은 유유자적 산책하고 싶은 마음조차 가로막아 버렸다. 위험한 동물과 맹독성 뱀들이 야생의 도처에 널려 있어서 이에 대처할 장비로 무장을 해야만 했다.

감귤의 특성

뒤늦게 찾아온 행운 덕에 나는 대학에서 4년 과정으로 식물학 과목을 배울 수 있었다. 그때 레몬과 오렌지가 운향과에 속한다는 것을 알았다. 여기서는 귤속의 몇 가지 특성을 말하는 것으로 만족하고, 식물학적 전문지식은 삼가려 한다. 운향과는 운향목에 속하는데, 운향목 안에는 12개의 과科가 있으며, 열대 지역 전반에 분포한다. 운향과에는 150개의 속屬과 1500개의 종種이 있다.

감귤은 대개 0.9~9미터까지 자라는 관목 혹은 교목으로서, 에센셜 오일이 풍부하고 다년생이다. 홑잎에는 거의 대부분 분비 조직들이 점점이 박혀 있다. 양성화兩性花는 눈에 띄게 크며, 순백이나 연분홍빛을 띠고, 과즙이 풍부하고 달며 향이 좋다. 그래서 파리나 벌처럼 작은 벌레들에 의해 꽃들은 즉각 수분된다. 꽃받침과 꽃잎은 세 겹 혹은 다섯 겹 상칭이다. 수술은 두 겹으로 돌려나며 바깥쪽 것은 꽃잎의 반대쪽에 있다. 심피(꽃의 암술을 만드는 항아리 모양의 구성 요소로 그 밑에 씨방이 있다-역주)는 2~5개 이상이 부분적, 혹은 전체적으로 융합되어 하나의 겹암술을 이루는데, 이것이 암술대로 이어져 꼭대기에서 꽃가루를 잡는 끈끈한 암술머리와 연결된다. 하나의 개체에서 6만 개까지 꽃이 필 수 있으며, 그중 겨우 1퍼센트만 열매로 발전한다.

감과柑果라고도 하는 열매는 대체로 구형이며, 노란색에서 황갈색을 띤다. 열매는 세 개 층, 즉 껍질, 중과피, 과육으로 이루어지는데 껍질은 보통 두 개의 속껍데기들과 분리될 수 있다. 과육은 주스 액낭으로 가득 찬 심피들로 구성되는데 여기에는 달콤하거나 신맛의 액체가 담겨 있다. 꽃이 핀 후 열매는 다섯 달에서 열여덟 달 동안 무르익는다. 대부분의 과일들과는 다르게 감귤 열매는 나무에 오래 달려 있어도 농익어 문드러지지 않는다. 오스트레일리아의 수풀 지대에서 나는 데저트라임desert lime, citrus glaucus을 제외하면, 감귤 나무는 가뭄에 취약하다.

감귤 나무와 과일은 놀라우리만큼 다양하다. 이제는 유전자 감정을 통해 체계적으로 목록을 정리할 때가 되었다고 생각하는

데, 실제로 DNA 분석을 통해 모든 감귤 품종들을 발생시킨 몇 가지 기초 종들을 확인할 수 있다. 아마도 원래는 시트론citron, 푸멜로pummelo, 만다린mandarin 세 가지 종이 전부였을 것이다. 경작되는 품종들 대부분은 혼합종이다. 탄제린이라고도 하는 만다린은 특히 다양한 품종을 발생시켰다. 1000년 동안 중국에서 재배되었던 오렌지는, 이론의 여지는 있지만, 만다린과 푸멜로 사이의 이종교배 종이다. 또한 17세기 카리브 해에 등장했던 그레이프프루트는 푸멜로와 오렌지의 혼합종이다. 아무튼 모든 품종은 자연적 돌연변이종의 조합(소위 변종이라고 하며, 때로는 한 나무에 서로 다른 품종이 공존하기도 한다)과 이종교배(기존 품종들 사이의 교배)를 통해 발생한다. 이러한 감귤의 형태와 품종 간 상호연관 관계의 계통을 정확하고 엄정하게 밝히려면 무엇보다 유전적 증거가 필요하다.

전 세계로 퍼져 나가다

세계화는 결코 새로운 것이 아니다. 예수회 선교사들은 16세기에 이미 대양을 넘나들었으니 말이다. 가톨릭 종교개혁 시기에는 또 다른 선교사들이 그 뒤를 좇았다. 그들 역시 세계화를 강요하며 원주민들의 문화와 언어를 모두 파괴했다. 한편으로 선교사들은 브라질 바이아 주에서 생산되는 오렌지에 워싱턴네이블Washington navel이라는 이름을 붙여 미국에 소개하는 등 현지의 것을 들여오기도 했다.

과거에는 예수회가 주도하는 세계화를 따라 전 세계에 감귤 지대가 형성되었다면, 현재는 다국적 기업들이 세계화를 진행하고 있다. 경영대학은 현대판 신학교, 혹은 예수회 교과과정과 다르지 않다. 그리하여 현재 감귤 재배는 미국을 근거지로 하는 전 세계적 산업이 되었다. 광활하고 풍요로운 미국 시장은 기업들이 사업을 시작하고 발전시키는 곳이다. 그곳에서부터 감귤 기업들은 전 세계 시장을 통제하고 지배하기 위해 경쟁한다. 과일이든 과일 주스든 감귤 제품을 생산하는 기업들, 이를테면 코카콜라, 맥도널드, 썬키스트, 플로리다프루트, 유나이티드프루트, 수코시트리코, 루이드레퓌스 등은 최고 수준의 살균 조건과 생산 능력을 갖추었다. 이를 통해 이 기업들은 천연 상태의 다양성을 획일화한다. 열대 과일의 매력이라 할 수 있는 다양한 맛과 향기가 대폭 축소되는 것이다.

이후에 나올 내용을 더 쉽게 이해할 수 있도록 몇 가지 사실과 통계 수치를 소개한다.

- 10억 그루의 감귤 나무가 지구에서 재배되고 있다. 여섯 명 중한 명꼴로 재배하는 셈이다.
- 21세기 들어 감귤 생산량은 전 세계적으로 약 10억 톤에 이르렀다.
- 무가공 감귤류의 전 세계적 무역량은 매년 약 1억 톤에 달한다.
- 감귤 나무의 수명은 약 100년이다.
- 네이블오렌지 140그램에는 약 75밀리그램의 비타민C가 함유되어 있나.
- 플로리다의 감귤 재배 산업 규모는 약 90억 달러이다.
- 플로리다와 브라질은 전 세계 오렌지 주스 생산의 90퍼센트를

차지한다.

- 20세기 초반에 광고계의 거물 앨버트 래스커는 오렌지 주스를 발명했다('마시는 오렌지'가 썬키스트의 모토였다).
- 1999년 한 해에 미국인들은 일인당 평균 21.5리터의 오렌지 주스를 마셨다.
- 미국 내에서 천연 오렌지 주스의 현재 가격은 도매가로 5달러에서 6달러 사이다. 미국 시장만 약 90억 달러 규모에 달한다.
- 1880년대 감귤 재배 호황으로 캘리포니아 인구는 34만 5000명이 늘었다.
- 1930년에는 2000여 개의 캘리포니아 감귤 브랜드가 상품화되었다.
- 1990년 영국에서는 오렌지 주스 21종을 샘플 조사했는데 그중 열여섯 개가 혼합물이었다.
- 오렌지 주스의 주요 혼합물은 옥수수 시럽과 사탕무당이다.
- 우글리프루트Ugli fruit가 북미 시장에 도착한 것은 1942년이다.
- 1895년 2월 8일, 플로리다에서는 서리로 인해 거의 모든 오렌지 나무가 죽었다. 생산량이 97퍼센트 감소했고, 이전 수준을 되찾는 데 16년이 걸렸다.
- 그레이프프루트 주스는 비아그라의 효능을 높여 준다.

이제 숫자와 통계 이야기는 그만하고 인간 이주의 역사, 그리고 그에 따른 식물 및 식량의 확산에 대해 알아보자.

유럽의
식탁에 오르다

악어라는 건 어떻게 생긴 물건입니까?
본래의 서식지를 한번 빠져나오면, 그놈은 다른 곳으로 옮겨 갑니다.
_셰익스피어, 《안토니우스와 클레오파트라》 중에서

식물들은 때로 원산지로부터 아주 멀리 떨어진 곳까지 이동
하곤 한다. 바람이나 해류에 의해서, 혹은 새가 씨를 물고 나르
는 등의 자연적 과정을 통해서, 또는 우연한 사건을 통해 이동
하기도 하지만, 인간이 의도적으로 이식하기도 한다. 예를 들어,
그리스와 터키의 야생에서 자라던 튤립은 네덜란드에 유입되었
다. 튤립은 네덜란드를 상징하는 꽃이 되기에 앞서 열광적인 투
기의 대상이 된 바 있다.

감귤 나무와 열매 이야기도 이에 못지않게 흥미롭다. 감귤은
알렉산더 대왕의 인도 정복 이후 유럽에 들어왔다. 이후 유대인
들이 지중해 연안에 흩어져 살게 되면서 감귤은 지중해 지역에
시 경작되고 확산되었다.

종교가 식물들의 자생 지역이나 생존을 결정하는 경우도 있
다. '살아있는 화석'이라 불리는 은행나무는 불교 사원의 입구를

장식한다는 이유로 보호받는다. 모르몬교도들은 종교적 박해를 피해 미국 동부에서 서부로 도망가면서 사시나무 표본을 손수레와 마차에 싣고 왔다. 그런가 하면 서유럽에서는 기독교가 널리 전파되면서 가톨릭 미사에 쓸 포도주를 확보하기 위해 포도 재배를 시작했다.

오늘날 인도 북부에서는 시트론 나무가 야생에서 자생하고 있다. 메소포타미아 지역 발굴 결과, 기원전 4000년에도 시트론 씨앗이 존재했던 것으로 드러났다. 시트론 나무는 페르시아에서 처음 재배되었으며, 기원전 300년경 알렉산더 대왕의 원정 때 그리스에 들어왔다. 기원전 200년경에는 그리스 식민지들이 팔레스타인 지역에 시트론 나무를 소개했다.

기원전 136년에 주조된 유대인들의 동전에는 한 면에 시트론 열매 그림이 새겨진 것을 볼 수 있다. 또한 로마의 항구도시인 오스티아에서는 유대 식민지 회당에 그리스어와 라틴어 명문과 함께 기원전 1세기 무렵의 시트론 형상이 새겨진 것이 발견되었다. 유대인들이 지중해 일대로 퍼져 나감에 따라, 이들이 초막절 절기를 지킬 때 사용하던 에트로그etrog(시트론의 변종)도 함께 확산되었다. 이탈리아의 도시 살레르노는 서부와 중부 유럽에 거주하는 유대인 공동체에 시트론 열매를 공급하는 거점이었다.

유대교의 성스러운 과일, 시트론

테오프라스투스, 베르길리우스, 디오스코리데스, 플리니 등 초창기 기독교 작가들도 언급했던 시트론은 3세기 즈음에 이탈리아에서 경작되었다. 4세기에는 야만족들의 침입으로 이탈리아 본토의 시트론 나무는 대부분 황폐화되었고 코르시카, 사르디니아, 시칠리아 섬 등에서만 살아남았다.

스페인인들은 1640년에 시트론 나무를 푸에르토리코에 들여왔으며, 플로리다의 세인트오거스틴에서 시트론을 재배하기 시작한 시기는 알 수 없다. 시트론은 캘리포니아에서 1880년에 최초로 상업적 재배를 시작했다. 현재는 새크라멘토밸리에서 에트로그시트론 나무가 재배된다. 미국에 사는 유대인들은 캘리포니아와 텍사스의 특별한 공급자에게서 개당 70달러나 주고 모양 좋고 정결한 시트론을 주문해 받는다.

시트론은 유대교를 특징짓는 과일로, 초막절(혹은 수코트라고도 한다)에서 상징적인 기능을 담당한다. 가을철 추수 후 7일간 진행되는 이 축제는 유대력의 제1월, 속죄일로부터 닷새 후에 시작된다. 유대인들은 초막절 축제를 통해 풍요로운 수확과 성장을 허락하신 전능자께 감사를 드리며, 또한 유대인들이 광야에서 40년 동안 방황할 때 돌보아 주셨던 것을 찬양한다. 이때는 나뭇가지를 엮어 만든 임시 장막 수카를 세워 당시의 호된 시련을 재현한다. 신자들은 종려나무, 은매화, 버드나무 가지 등을 함께 엮어 장막에 들여와 하나님을 찬양하며 흔든다. 그리고 성스러운 그릇에 물을 붓는데, 이는 곡식을 위한 단비를 상징한다.

이름부터 유대식인 에트로그는 시트론 중에서도 크기가 작은 재배종으로 초막절을 위해 특별히 재배된다. 이 하트 모양의 과일은 백성들을 향한 하나님의 은혜와 선의를 상징하며, 황금색 빛깔은 종려나무 잎의 녹색과 더불어 초막절 의식에서 중요한 의미를 지닌다.

아시아에서 유입된 다른 감귤 나무들도 아마 이와 비슷한 경로를 거쳐 유럽에 전파되었을 것이다. 유스티니아누스 시대에 있었던 사건을 보면 이러한 추측의 근거를 찾을 수 있다. 532년 동로마의 황제 유스티니아누스는 어려운 정치적 상황을 맞게 되었다. 서유럽의 로마제국이 켈트족, 반달족, 프랑크족, 고트족, 서고트족 등 온갖 야만인들에게 습격을 받게 된 것이다.

유스티니아누스는 담대한 야망을 품고 있었다. 로마제국을, 다름 아닌 바로 동쪽에서 재건하고자 했던 것이다. 그는 제국의 중심을 로마에서부터 콘스탄티누스 황제(재위 기간 324~337)의 이름을 딴 도시 콘스탄티노플로 옮기려 했다. 유스티니아누스는 군사적 통찰력을 갖춘 장군이었다. 그의 군대는 이탈리아 대부분을 수복했으며, 잇따른 승리와 함께 제국 건설의 야망도 점점 부풀어 갔다.

그러나 542년, 예기치 않은 파국이 찾아왔으니 바로 선페스트의 창궐이었다. 역사가들이 추정하는 바에 의하면 그해에만 동로마 인구의 25~50퍼센트 정도가 선페스트로 목숨을 잃었다. 이 질병은 에티오피아, 이집트, 페르시아, 팔레스타인 지역에서도 인구 3분의 1의 생명을 앗아갔다. 유럽에 상륙한 흑사병은 암흑시대의 시작을 알리는 전조였다.

그럼 이 병균은 어디에서 온 것일까? 중국이었다. 배의 선창에 기생하는 쥐들의 몸에 붙어 있던 벼룩을 통해 전염된 것이다. 육로와 해로가 결합된 비단길과 향료길 등을 통해 아시아와 유럽 사이의 상업적 무역이 빈번해지자, 온갖 식물들뿐 아니라 병원균도 아시아에서 유럽으로 들어온 것이다. 식물을 수입한 이유는 유용하거나 아름답거나, 혹은 그 두 가지 이유 모두 때문이었다. 감귤류 관목과 교목은 그중에서도 최고의 상품이었다.

코란을 따라 퍼져 나간 감귤

지중해 일대에 시트론이 확산되었던 원인이 유대교였다면, 이베리아 반도에서 감귤 재배를 위한 핵심 교두보를 마련한 것은 이슬람이었다.

시트론이든 오렌지든, 감귤류는 로마인들에게 잘 알려져 있었기 때문에 이를 유럽 전체로 확산시킨 사람은 로마인들이었으리라고 추측할 수 있다. 아마도 로마 군대의 경로를 따라 감귤이 이동했을 것이고, 유럽의 따뜻한 지역과 북아프리카에 뿌리를 내렸을 것이다. 그리고 상인들은 이 지역들에서부터 유럽의 다른 곳들로 과일을 가져갔을 것이다.

그러나 아랍인들이 유럽을 침공해 8세기부터 15세기 말까지 이베리아 반도(오늘날의 스페인과 포르투갈)의 중요 지점들을 점령하면서 상황은 크게 달라졌다.

남부 유럽을 점령한 무슬림은 엄청난 문화적 영향력을 행사했다. 아랍의 침입자들은 유능한 군인이었을 뿐 아니라 뛰어난 학자요, 과학자이자 기술의 귀재였으며, 철학자, 시인, 음악가였다. 반면 아랍인들에 의해 한참 뒤로 물러나야 했던 유럽인들은, 몇몇 수도원의 수도사들을 제외하면 문맹에다 세련되지 못한 자들이었다. 스페인과 포르투갈 점령 기간 동안 아랍인들은 유럽 문화에 엄청난 영향을 끼쳤다. 그리스의 학술 서적을 전했으며, 궁정식 낭만적 사랑의 개념과 북부 스페인과 남부 프랑스에서 활동하던 음유시인들의 시를 소개했고, 대수학과 연금술(alchemy라는 명칭이 아랍어에서 기원한 것은 우연이 아니다) 등 철학과 과학 분야에 대단한 공헌을 했으며, 다양한 기술을 전파하는 등 짧게 설명하기도 힘들 정도이다.

아랍인들의 지역은 알안달루스al-Andalus라 불렸다. 이곳의 북부 변경은 북쪽 기독교 군대의 공격에 대비해 방비를 강화했다. 기독교도와 무슬림은 평화롭고 순조롭게 공존하지 못했다. 기독교도들은 무슬림을 지중해 너머 북아프리카로 밀어내려 했다. 반대로 무슬림들은 북쪽의 땅까지 차지해 세력을 확장하려 했다. 그럼에도 무슬림과 기독교도들은 서로를 나누는 경계를 넘어 물품뿐 아니라 문화적 관습에 이르기까지 수많은 것들을 교환했다. 전쟁은 빈번했지만 그 사이에 제법 긴 평화의 시기 또한 존재했다. 전쟁 때조차 전쟁과 상관없는 물품이나 풍습은 경계를 넘어 교역되곤 했다.

무어인들(이베리아 반도에서는 아랍인들을 이렇게 불렀다)은 북아프리카의 베르베르족과 같은 새로운 민족들을 유입했으며, 중동(특히 시리아)에서 새로운 관개 기술을 도입했고, 감귤 나무, 올리브 나무, 포도(이슬람에서는 포도주를 금지했는데도), 밀 등 새로운 곡식을 소개했다.

이러한 수입 농산품들의 이름은 스페인과 포르투갈에서 교역이 일어났음을 보여 주는 명백한 증거이며, 한편으로는 각 나라의 단어를 더 풍부하게 만들었다.

스페인식 이름	번역된 영어	아랍 원어
zanahoria	carrot	isfannâriya
chirivia	parsnip	jiriwiyya
azufaifa	jujube	al-zufayzaf
arroz	rice	al-ruz
algarrobo	carob	al-kharrûba
albaricoque	apricot	al-barqûq
azafran	saffron	al-za'farân
azúcar	sugar	al-sukkar
berenjena	eggplant	bâdhinjâna
aceituna	olive	al-zaitûna
alcachofa	artichoke	al-karshuf
limón	lemon	laimûn
naranja	orange	nâranjâ
toronia	grapefruit	turunja

강수량이 적은 스페인 남부에서는 관개농업이 필수적이었다. 유대교의 경우가 그랬듯이, 이곳에 오렌지 나무를 심은 이유도 종교 때문이었다. 오렌지 과수원의 경제적 성공은 사회적, 지리적 결과로 이어졌다. 천국이 정원과 같은 곳이라고 반복해서 강조하는 코란의 말씀을 따라 안달루시아의 정원들은 하나의 모델을 만들고자 했다. 정원은 네 개의 사각형 땅으로 구획되있으며, 각각의 구획지에는 축을 이루는 수로를 따라 나무들이 줄지어 서 있도록 했다. 이러한 디자인은 페르시아에서 직접 수입한 것

이었다.

알안달루스의 정착민들은 관개 지역에서 이주해 온 사람들이었기에 자신들에게 친숙한 관개시설을 자연스럽게 사용했다. 예를 들어, 에스파냐의 무르시아에 정착한 이집트인들은 나일 계곡에서 익힌 기술을 세구라 강 유역에 적용했다. 반면에 발렌시아 지역에 터를 잡은 북아프리카 출신 베르베르족은 큰 강에서 물을 끌어오는 방법을 사용하지 않았다. 이들은 9세기 초반 무렵에 시리아의 우마이야 왕조를 통해 농토에 물을 대는 관개 법을 배운 것으로 보인다. 구타(다마스쿠스 부근의 관개 수로 지대)에서 북아프리카로 도입된 관개 방식은 강을 지류로 나누고, 지류는 다시 여러 개의 수로로 세분한다. 하루를 24시간으로 나누는 시간 분할 방식에 따라 수로를 나누는 체계이다. 물의 양이 충분하면 수로들은 각각의 용량에 따라 강에서 물을 끌어들인다. 그러나 가뭄이 들면 수문을 열었다 닫았다 하면서 각각의 수로에서 계속 물을 끌어낼 수 있도록 한다. 마찬가지로 수로에 물이 충분하면 관개 경작자들은 원하는 만큼 자신의 수문을 열어 놓을 수 있다. 그렇지 않은 경우에는 차례를 기다려야 한다. 관개 경작자들은 저마다 자신의 토지와 접해 있는 수로에 대해 유지 및 보존할 책임을 진다.

안달루시아 시기 후반부인 13세기 이후에는 관개 시스템에 중요한 발전이 있었는데, 노리아noria라 부르던 수차를 이용하기 시작한 것이다. 노리아의 원리는 동물 한 무리가 바퀴를 돌려서 들통이 달린 줄을 들어올리도록 하는 것이었다. 그 밖의 지역에서는 물레방아를 직접 돌려 관개 수로에 물을 끌어올렸다.

관개 기술과 그로 인한 농업의 번영 덕분에 알안달루스의 특정 사회 계급이 부를 축적했는데, 바로 도시의 상인들이었다. 그들은 이윤을 도시 주변 농촌의 토지에 투자했다. 그 결과 도시는 농촌에 지배력을 갖게 되었고, 우에르타huerta라고 하는 지형적 특징을 낳았다. 다시 말해, 관개 농토 지대로 둘러싸인 도시가 형성된 것이다.

그리하여 1000년 전 스페인은 관개농업과 수목 재배를 통해 경제의 번영을 경험했다. 관개 경작의 발전 덕에, 자체적으로 감귤 지대를 보유한 수많은 도시들(세비야, 발렌시아, 그라나다, 사라고사)은 번성해 나갔다. 20세기에는 남부 캘리포니아도 이와 비슷한 조직화를 경험하게 되었다. 처음에는 패서디나와 리버사이드 지역 사이의 감귤 지대가 더 큰 로스앤젤레스의 성장으로 이어졌고, 새크라멘토와 샌와킨 강 사이에 위치한 센트럴밸리가 그 뒤를 이었다.

크리스마스트리에 오렌지가 달리다

이베리아 반도에서 무슬림과 기독교도가 충돌했던 일은 이제 역사가 되었다. 감귤 재배를 포함한 하이브리드(이종 간의 결합-역주) 문화가 바로 그 결과이다. 11세기에서 12세기가 되자 감귤나무가 스페인과 포르투갈에 들어온 것은 기정사실이 되었다. 에스파냐의 코르도바에 있는 대형 모스크에는 오렌지 나무가 심거진 멋진 안뜰 '오렌지 파티오Patio of the Orange'가 있었으며, 세비야의 모스크에는 '오렌지 궁정Court of the Oranges'이 있다.

무어인들이 결국 포르투갈과 스페인에서 밀려난 이후에도 기독교도들은 이국적인 감귤 나무를 선뜻 받아들이려 하지 않았다. 감귤 나무를 여전히 무슬림과 연관 지었던 것이다. 적들에게서 감귤 나무를 빌려 왔다는 비난을 듣고 싶지 않았던 기독교도들은 처음에는 감귤 나무를 없애 버리려 했다.

무어인들은 북부 지역을 점령하지 못했는데, 이곳에서는 1128년에 포르투갈 왕국이 건설되면서 반도에서 아랍인들의 군사적 영향력이 위축되고 지리적으로도 축소되기 시작했다. 그러나 아랍인들이 최종적으로 추방된 것은 15세기, 스페인의 이사벨과 페르디난트가 권좌에 있을 때였다. 실제로 포르투갈의 포르투 지역에서 에스파냐의 산티아고데콤포스텔라, 즉 현재 포르투갈의 미뉴 지방과 인접한 스페인 갈리시아 지방에 이르는 반도의 북서부 지역에서는 아랍의 영향력이 전혀 없었다.

감귤 나무가 포르투갈 북부에 유입된 것은 좀더 늦은 15세기 말에서 16세기 초의 일인 것으로 보인다. 한 예로 후아 데 쿠임브라João de Coimbra는 1512년에 브라가에 있는 귀족풍의 저택을 수리하면서 60그루의 오렌지 나무를 심었다. 이곳 주교의 총대리인이었던 그는 상당한 영향력이 있는 인물이었다. 포르투갈의 또 다른 지역인 미뉴에서는 최초로 심은 오렌지 나무들이 전설적 존재가 되었다. 지금까지도 사람들의 존경을 받는 것은 물론이고, 성인으로 추앙받는 종교 관리들에 버금가는 대접을 받는다. 일설에 따르면, 오렌지 나무를 포르투갈에 들여온 이들은 보로 수도원(1148년에서 1834까지 존재했다) 출신의 베네딕트 교단 시토 수도회 사제들이라고 한다. 이는 근거가 있는 이야기다. 이 수도원에 관한 19세기 기록에는 스위트오렌지sweet orange에 대한 언급이 있는데, 이 오렌지를 심은 것은 분명 건물을 수리한 해인 1567년 이후일 것이다.

오렌지 나무를 심은 사람은 돔 프라이 바르톨로뮤 도스 마르티레즈Dom Frei Bartolomeu dos Mártires(1514~1590)라는 인물로 전해진다. 그는 1528년 도미니크회 수사가 되었고 1558년에는 브라가의 대주교가 되었는데, 라넬라스라는 마을의 탑에 오렌지 나무를 심었다고 한다. 아마도 그가 대주교로 재직하던 때의 일이었을 것이다. 매우 존경받는 인물이었던 그는 요한 바오로 2세에 의해 시성되었다.

이베리아 반도와 이탈리아 전역에서 감귤 나무와 과일이 '기독교화'된 사례는 이 밖에도 많다. 중세 동안 레몬과 오렌지가 남부 유럽 전체로 확산되었으며, 이교도 시대에는 오렌지 나무가 겨울에 과일을 맺는다는 이유에서 재생과 회춘의 소망을 기리는 종교의식에 사용되었다. 나중에는 크리스마스 축제에도 오렌지를 사용했다. '크리스마스 오렌지'는 원래 부유하고 권세 있는 자들만 살 수 있었는데, 산업혁명으로 생활 여건이 향상되면서 보편화되었다. 오렌지와 탄제린은 장식용으로 쓰였으며 값이 두 배까지 뛰기도 했다. 아이들은 이 비싼 진미를 선물로 탐내곤 했다.

그르노블에서 보낸 내 어린 시절, 크리스마스 때면 특별한 혜택을 누릴 수 있었다. 저녁 식사가 끝난 후에도 늦게까지 잠자리에 들지 않아도 됐으며, 부모님은 나무에 달린 감귤을 마음껏 떼어서 먹도록 허락해 주셨다. 그러면 나와 형제들은 감귤 껍질을 가지고 실컷 장난을 쳤다. 촛불을 향해 작은 물방울을 쏘는 장난은 특히 재밌었는데, 휘발성 기름이 타면서 불꽃과 함께 미세한 폭발이 일어나는 걸 볼 수 있었다(어쩌면 내가 장차 화학자가 되리라는 최초의 징조가 이 놀이 속에 드러났던 것인지도 모르겠다).

1940년대와 1950년대 초반 프랑스에서는 고작 몇 주 남짓한 축제 기간이나, 아니면 기껏해야 3~4월까지만 채소가게에서 감귤을 살 수 있었다. 남부 유럽에서는 크리스마스트리에 다는 오렌지들이 조금 달랐는데, 이국적인 상록수 오렌지 나무를 그대로 썼다. 각 가정들은 실제 의미야 어떻든, 그 춥고 메마른 계절에도 열매를 맺는 오렌지 나무를 소유한다는 사실만으로 제왕적 환상을 누렸다. 프랑스의 지방에서 1년 내내 이 황금 과일을 구매할 수 있게 된 것은 슈퍼마켓이 지역의 재래시장을 대체하게 된 1950년대 이후였으며, 더 폭넓게는 그 이름도 적절한 '황금의 60년대Golden Sixties'가 되어서였다.

향기로운 사치품, 베르가모트

종교 외에, 문화사에서 지속적이고도 강력한 동력으로 작용하는 또 다른 요소가 바로 경제이다. 감귤 나무와 열매는 아주 일찍부터 가치 있는 교역 상품이었다. 먹을거리로서 감귤은 특히 탐나는 진미였다.《파리의 주부Mesnagier de Paris》같은 중세 프랑스나 영국의 요리책에 감귤이 소개되면서, 감귤은 껍질까지 상업적 거래의 대상이 되었다. 오렌지 꽃이 내뿜는 천상의 향기와 잘 익은 오렌지와 탄제린의 화려한 향취 덕분에 감귤류는 값비싼 사치품으로 부상했다.

베르가모트오렌지bergamot orange는 그중에서도 대표적인 사례이다. 베르가모트오렌지는 수백 년의 세월 동안 칼라브리아와 아이보리코스트처럼 멀리 떨어진 지역들을 거쳐 이동했다. 베르가모트가 그렇게 널리 확산된 이유는 놀라운 함유 성분 때문이라고들 하지만, 잘못 알려진 부분도 몇 가지 있다. 베르가모트는 쓴맛 나는 오렌지로, 향기로운 껍질은 향수와 얼그레이 차에 모두 사용된다.

'베르가모트'라는 단어의 어원은 분분하다. 전설에 의하면 크리스토퍼 콜럼버스가 이 식물을 서인도, 혹은 카나리아 제도에서 스페인으로 가져왔다고 한다. 그 다음에 바르셀로나 근처의 베르가 시에서 칼라브리아로 들어오게 되었는데, 이때부터 베르가모트란 이름을 얻게 되었다는 것이다(만약 사실이 아니라면, 아주 잘 꾸며낸 이야기다). 하지만 사실 이 단어의 어원은 이탈리아어 베르가모토bergamotto로, 이탈리아의 도시 베르가모, 또는 베르가와는 아무런 관련이 없다. 실상은 '군주의 배'라는 의미인 터키어 벡아르무디beg-armûdì에서 유래되었는데, 이 사실을 통해 이 과일의 원산지가 터키나 중앙아시아라는 것을 알 수 있다. 이와 관련하여 프랑스 단어 베르가모트bergamotte는 1536년에 다양한 종류의 배를 가리키는 데 처음으로 사용되었으며, 이후 1699년 무렵 온갖 감귤류를 지칭하게 되었다.

이즈음 베르가모트 에센셜 오일은 향수의 핵심 성분으로 자리를 잡았다. 이것을 발견한 사람은 피에몬테의 행상인 조반니 파올로 페미니스Giovanni Paolo Feminis로 그는 1666년 크라나에서 태어났다. 1680년대 초반 그는 콜롱(독일어로는 쾰른) 근처의 라인 계곡에서 장사를 했는데, 아쿠아 미라빌리스aqua mirabillis, 즉 증류 와인과 베르가모트, 라벤더, 로스마리의 에센셜 오일 등으로 만든 '기적의 물'을 주력 상품으로 취급했다. 베르가모트 오일은 혼합물이 최고의 신선도를 유지하도록 해 주며, 향기가 휘발되지 않게 하고, 다른 성분들을 강화하거나 부드럽게 만드는 효과가 있다. 페미니스는 이 향수 제조법을 어느 수도사에게서 비밀리에 전수받았다고 주장했다. 그는 이 물이 모든 병을 치료할 수 있으며, 특히 위의 통증과 잇몸에서 피가 날 때 효험이 있다고 소문을 냈다. 아쿠아 미라빌리스로 그는 떼돈을 벌었다.

그의 친척 조반니 마리아 파리나(1685년 산타마리아 마지오레에서 태어났으며, 페미니스의 어머니가 파리나 증조모의 사촌이었다)는 쾰른에서 이 사업에 합류했다. 1732년경 파리나는 '콜롱의 물' 판매권을 넘겨받았고 페미니스는 1736년에 세상을 떠났다. 이때 중부 유럽에서는 7년전쟁이 벌어지고 있었는데, 군인들은 고향에 돌아가면서 콜롱의 물을 가져갔다. 프랑스 왕 루이 15세의 수많은 정부 가운데 한 명이었던 뒤바리 백작부인(1741~1793)은 이것을 패션에 도입했으며, 훗날 나폴레옹은 이 물을 몸에 뿌리거나 목욕할 때 콜롱의 물이 담긴 병을 욕조에 넣곤 했다.

이 물의 비밀 제조법의 출처로 흔히 지목된 사람들은 수도사, 해적, 혹은 현명한 아시아인들이었다. 아시아인들은 얼그레이 차의 유래와도 관련이 있다. 19세기 초반 영국의 수상이었던 찰스 그레이Charles Grey(1764~1845) 백작이 친구인 중국 관료에게서 이 차를 끓이는 법을 전수받았다고 한다. 당시 영국은 프랑스와 나폴레옹전쟁을 벌이던 중이었다. 얼그레이는 원래 증제하지 않은 중국 홍차로 만들고 베르가모트 오일로 향을 냈으나 지금은 인도와 실론(스리랑카) 홍차에 베르가모트 오일을 넣고 만든다. 베르가모트오렌지는 18세기 중반 이후 콜롱과 얼그레이 차의 인기로 수익성 높은 작물이 되었다.

1750년에서 1950년까지 베르가모트 나무는 전체 면적 약 13 제곱킬로미터 정도의 협소한 칼라브리아 지대에서만 대부분 재배되었다. 이 지대는 푼타페조에서 카포아르미에 이르는 티레니아 해와, 카포아르미에서 푼타스틸로에 이르는 이오니아 해를 따라 형성되어 있었다. 평균 1만 제곱미터 정도 되는 작은 농장들은 오늘날의 가치로 매년 약 1만 7000달러의 소소한 수입을 올렸다.

이미 1815년에 미국의 루이지애나, 플로리다, 캘리포니아 등에 이 나무를 이식하려는 시도가 있었지만 모두 실패했다. 남아프리카, 북아프리가, 시칠리아, 프랑스령 기니 등도 기후가 적절치 않아 베르가모트 나무를 심을 수 없었다. 베르가모트는 칼라브리아의 풍토에만 적응할 수 있고, 그곳에서만 잘 자라는 것 같았다.

그러나 칼라브리아에서는 베르가모트 재배가 곧 시들해지고 말았다. 남부 캘리포니아의 오렌지 경작자들이 패서디나와 리버사이드의 감귤 지대에서부터 센트럴밸리로 내몰렸던 것과도 똑같은 요인이 작용했던 것이다. 그 요인이란 바로 도시화, 산업화, 실제 토지 가격의 상승, 레조디칼라브리아 전역으로 확산된 관광사업 등이었다.

베르가모트 오일의 전 세계적 수요는 연간 120톤가량인데, 이를 생과일로 환산하면 2만 4000톤에 달한다(과일에서 추출되는 오일은 0.5퍼센트이다). 베르가모트 오일은 작황이 좋을 때 도매가로 킬로그램당 170달러에 거래되므로 수익성이 꽤 높다. 이러한 가능성을 보고 20세기 중반 일부 프랑스인들이 코트디부아르의 사산드라 지역에서 베르가모트 재배를 시작했다. 드디어 베르가모트 재배에 적합한 또 하나의 지역을 찾은 것이다. 코트디부아르 정부는 1970년에 코트디부아르감귤컨소시엄Consortium des Agrumes de Côte d'Ivoire 기금을 통해 경작을 더욱 발전시켰다. 이곳의 플랜테이션 농장들은 대략 0.5~2.5제곱킬로미터로 이탈리아의 농장보다도 훨씬 컸으며, 연간 수입은 수십만 달러에 달했다. 일용품이든 정밀화학제품이든, 천연제품이든 아니면 합성제품이든 모든 화학제품의 경우 높은 수익의 열쇠는 수요와 생산 능력의 결합이다. 베르가모트 오일의 가격이 치솟으면 구매자들, 특히 향수와 화장품, 식품 분야의 구매자들은 값싼 대체재를 찾는다. 천연 오일은 핵심 구성물인 리나로올linalool과 아세트산리날린linalyl acetate로 대체할 수 있는데, 이 합성제는 값이 훨씬 싸다.

붉은빛 섹시한 열매, 블러드오렌지

메시나 해협을 건너 시칠리아로 넘어가면 또 다른 종류의 오렌지를 볼 수 있다. 쓰지 않은 달콤한 맛의 이 오렌지는 입맛을 돋울 뿐 아니라 냄새도 향기롭고 보기에도 탐스러우며, 상상력과 환상 등 마음의 눈도 자극한다. 과즙은 진한 붉은빛을 띤다.

시칠리아는 삼각형의 섬으로, 장화 모양 이탈리아 반도의 발가락에 위치한 칼라브리아와 마주하고 있다. 수백 년 동안 침략자들은 사방에서 쳐들어와 이 섬을 점령했다. 시칠리아는 문화적으로 풍요로웠다. 아그리젠토 등의 도시에서 볼 수 있듯이 그리스 신전들도 많다. 북쪽에서는 바이킹이 내려오고 남쪽에서는 아랍인들이 들어오는 활발한 흐름 속에서 팔레르모의 찬란한 궁전 몬레알레 같은 기념물도 세워졌다. 지중해 주변 지역에서도 알바니아인 등의 이민자들이 이곳으로 건너왔다.

시칠리아 같은 섬은 그 특성상 문화의 용광로가 될 수는 있지만, 그 영토는 자연적으로 고립되어 있다. 찰스 다윈이 갈라파고스 군도의 섬에서 콩새, 거북이, 이구아나 등 여러 동물 종들이 단일 변종으로 존재하는 것을 발견할 수 있었던 것도 같은 이유 때문이다. 시칠리아에서 블러드오렌지blood orange가 생물학자들의 용어로는 돌연변이라고 하는 우연 변종accidental variety으로 발견된 것 또한 섬의 특성으로 설명할 수 있다. 이 식물은 언제 그곳에 처음 등장했을까? 몇 백 년 전으로 추정할 수 있으나 정확한 시기는 알 수 없다.

이 돌연변이는 중요한 경제적 자원이 되었다. 블러드오렌지는 이탈리아 감귤 생산량의 60퍼센트를 차지하며 유럽 시장에서 비싼 값에 팔린다. 소비자들은 블러드오렌지를 귀한 과일로 여긴다. 길고 황량하며 음울한 유럽의 추운 겨울 동안 상귀넬로 Sanguinello, 모로Moro, 타로코Tarocco 등 블러드오렌지의 세 가지 주요 품종들은 식탁에 디저트로 올라 햇살을 선사한다.

석양을 닮은 이 과일은 불그스름하며 표면과 속살의 빛깔이 아주 흡사하다. 크기는 삭거나 중간 정도이며, 씨를 품고 있고, 붉은 빛깔의 과즙은 햄린Hamlin이나 발렌시아Valencia 같은 일반적인 오렌지들보다 신맛이 조금 더 강하다.

블러드오렌지의 색은 염료 분자로 인한 것인데 가끔 안료 때문인 것으로 오해받기도 한다. 안료는 불용성 고체인 반면 염료는 가용성이며, 분해되면서 액체를 물들인다. 이러한 붉은빛 분자들은 동일한 화학주기에 속하며 체리, 딸기, 나무딸기 같은 열매들의 색을 만든다. 이러한 염료들의 일부는 카로티노이드(동식물계에 널리 분포하는 색소군-역주) 계통이며, 북아메리카 북동부 지역의 나뭇잎들이 가을 동안 밝은 빛을 내게 하는 분자와도 관련이 있다. 과일이 익을 때는 염료의 양이 다섯 배 정도 증가하여 색을 더욱 짙게 만든다.

동장군이 가을을 장식하는 것과 똑같은 기후 요소가 이러한 염료의 존재를 드러낸다. 겨울과 여름의 명확한 구분이 없는 열대나 아열대 기후에서 자라는 감귤은 연두색이며, 엽록소의 녹색을 유지한다. 반면에 계절의 구분이 명확한 온대 기후에서 자라는 감귤은 처음에는 오렌지색을 띠다가 익어 갈수록 빨개진다. 이러한 유전적 특징이 우연히도 시칠리아의 블러드오렌지에서 나타난 것이다. 블러드오렌지는 시칠리아 동부의 에트나 산 경사면에서 자란다. 이곳의 계단식 과수원에 나타나는 온화한 낮과 추운 겨울밤의 교차 현상이 이 과일을 빨갛게 물들이는 요인이다. 카로티노이드 외에도 밝은색의 안토시아닌 때문에 과일들은 딸기와 같은 맛과 색을 지니게 된다. 안토시아닌은 빨간색, 자주색, 때로는 보랏빛으로 나타난다.

이 과일들은 입에 즐거움을 줄 뿐 아니라 눈을 기쁘게 하며 건강에도 아주 좋다. 이 사실을 증명하는 증거는 많다. 내가 사는 곳에서 가까운 프랑스 툴루즈와 북아일랜드의 벨파스트 지역을 비교한 연구에 따르면, 툴루즈 주민들은 동맥질환 발병률이 훨씬 낮은 것으로 나타났다. 이들의 혈액 속에는 두 배 이상의 하이드록시hydroxy 카로티노이드가 검출되었는데, 이는 무엇보다 감귤 때문이라는 것이다. 블러드오렌지 주스는 산화 방지 효과가 있는데, 이것은 안토시아닌 염료 분자와 관련이 있다. 이러한 분자들은 특정 암 질병에도 효과가 있는 것으로 알려졌다.

사실 '블러드오렌지'라는 이름은 인간 혈액과의 유사성을 강조한 것이다. 어떤 이들은 맛보기 힘든 이 과일을 씹으며 가벼운 일탈의 감정을 경험할 수도 있을 것이다. 성적인 의미를 부여하는 사람들도 있는데, 프랑스의 시인 자크 프레베르Jacques Prévert는 이렇게 읊었다.

블러드오렌지
어여쁜 과일
네 가슴 젖꼭지가
새로운 운명의 선을 긋는다
내 손 안에서

어느 수도사의 손길을 담은 클레멘타인

블러드오렌지는 자연발생적인 변이에 의해 생겨났다. 같은 돌연변이이지만 좀더 최근에 발생한 또 다른 감귤로는 클레멘타인이 있다. 클레멘타인 역시 지중해 연안에서 자라며, 이탈리아나 스페인이 아닌 바다 건너 북아프리카에서 주로 볼 수 있다. 이번 장을 유대교에서 시트론이 담당하는 역할을 논의하면서 시작했으니, 기독교 수도사가 처음 발견한 클레멘타인으로 이 주제를 갈무리하는 것도 괜찮은 방법일 듯하다. 하지만 적어도 이번 경우에는 클레멘타인이라는 이름의 출처를 놓고 공상을 펼치지는 않아도 된다.

클레멘타인은 이 과일을 발견한 클레망 로디에Clément Rodier 신부의 이름을 딴 것이다. 감귤과에 속하는 다른 과일의 이름이 언어(만다린), 국가(스위트오렌지의 이름은 수백 년 동안 '포르투갈'이었다), 여러 도시(세비야, 탕헤르, 워싱턴 D.C.) 등에서 유래한 것과 달리, 로디에는 운 좋게도 자신의 이름을 과일에 남긴 것이다.

그런데 진실은 조금 더 복잡하다. 정확히 말하자면 클레망은 그의 이름도, 성도 아니었다. 로디에는 서약과 함께 수도사가 되면서 자신의 이름을 포기해야 했다. 클레망은 그가 종단에 들어가면서 받은 세례명이었다.

그러면 그의 이름은 과연 무엇이었을까? 그는 몇 년도에 어디에서 태어났을까? 그는 1839년 5월 25일 남중부 프랑스의 퓌드돔 주, 생제르맹레름이라는 지역의 샴봉 마을에서 비탈 로디에라는 이름으로 태어났다. 그는 생에스프리 종단의 수도사가 된 후 무슬림들을 복음화하기 위해 알제리로 파견되었다. 그와 동료 수도사들은 오란 근방의 미세르힌에서 고아원을 운영했다. 그의 이름을 딴 과일을 발견한 날짜는 역사의 안개 속으로 사라졌으며, 1892년에서 1902년 사이에 일어난 일이라고 추측을 할 따름이다. 1902년은 알제(알제리의 수도-역주)의 농업협회가 클레멘타인이라는 이름을 '아펠라시옹 콩뜨롤리appellation controlee'로 승인한 해이다. 이는 최고의 과일에 부여하는 영예로 금메달도 함께 수여하는데 아마도 로디에 종단의 대표 수도사가 받았을 것이다.

이 과일이 발견된 정황이나 이 새로운 과일의 태생 또한 우리는 알지 못한다. 로디에가 이 과일을 발견하는 데 어떤 역할을 했는지도 알 수 없다. 그가 자연 교배된 과일을 발견한 것일까, 아니면 직접 이종교배를 했을까? 전문가들은 클레멘타인이 홍귤Citrus deliciosa Tenore 종의 보통 탄제린과 관상용 비터오렌지bitter orange 종인 광귤나무Citrus aurantium L. 열매, 그라니토Granito와의 교배종일 것으로 추측한다.

역사를 쓰는 작업은 무수한 어려움으로 가득 찬 과정이다. 클레멘타인이 발견된 지는 100년도 채 지나지 않았지만 기록된 자료는 없고 목격자들은 모두 세상을 떠났다. 게다가 생에스프리의 신부들도 교회사가의 요청이 아니면 자신들의 기록관을 열어 주지 않는다. 증거의 대다수는 떠도는 소문이 되어 버렸다. 그렇다면 여기에서 무엇을 추론할 수 있을까?

고백하건대, 나는 이 특별한 사건을 바라보면서 한쪽으로 치우쳐 있는 것이 사실이다. 이전에 살았던 프랑스 마을, 어느 성직자의 품성에서 상당한 영향을 받았기 때문이다. 그의 취미는 나무였다. 그는 나무를 기르고 가지를 치고 접붙이기를 좋아했다. 외모만 보면 그 지역의 여느 농사꾼으로 오해하기 딱 좋을 정도였다. 그는 영혼이 소박한 사람이었다. 지적인 사람이었지만 결코 지식인은 아니있다. 성경, 미사 전례서, 신문 외에는 글을 별로 읽지 않았다.

나는 클레망 수사로 알려진 비탈 로디에가 그와 비슷한 소박하고 친근한 영혼의 소유자였으리라고 생각한다. 그는 아마도 자신의 작은 종교 공동체를 위해 채소밭을 돌보는 책임을 맡았을 것이다. 거기에는 감귤 밭이 있고, 다양한 종류의 나무들이 심겨졌으리라. 클레망 수사는 밭에서 일하는 걸 좋아했을 텐데, 아마도 이 일이 지독하게도 말을 안 듣는 고아들을 돌보는 것보다는 더 쉬웠을 것이다. 동시대인이었던 수도사이자 유전학자 멘델과 마찬가지로 그 역시 식물, 완두콩보다는 특히 감귤 나무의 전문가가 아니었을까? 이러한 편향적 해석은 그에게 경의를 표한 클레멘타인이라는 이름과도 꽤 잘 어울린다.

오늘날 클레멘타인은 주로 모로코에서 수출하며 그 뒤를 튀니지, 알제리, 스페인이 잇는다. 이 과일은 1909년 미국에 소개되었고, 캘리포니아에는 1914년에 들여왔지만 거의 대부분이 모로코에서 재배된다.

강인한 생명력과 무수한 변종

이번 장에서는 시트론, 베르가모트오렌지 그리고 클레멘타인 등 세 종류의 감귤에 초점을 두었다. 이 세 종류는 모두 셈족 유대인과 아랍인들이 유럽으로 들여왔다. 유대교는 시트론의 확산에 기여했으며 아랍 무역상들은 중동에서 레몬과 오렌지 나무를 가져왔다. 그 뒤 아랍인들은 남부 이베리아 반도와 북부 아프리카를 식민화하고 문명화했으며 이 땅에 관개, 농업 그리고 감귤 재배를 도입했다. 남부 이탈리아에서 베르가모트를, 시칠리아에서 블러드오렌지를 경작하게 된 것 역시 아랍에 그 기원이 있는 것 같다.

이번 장에서 내릴 수 있는 확실한 결론 한 가지는 감귤의 유전적 적응력이 아주 뛰어나다는 것이다. 교배가 수월한 특성은 야생에서 길러진 자연적 성향일 수도 있고 인위적인 개발의 결과일 수도 있다. 어찌되었든 이로 인해 발생한 돌연변이의 순수한 숫자만 수천 가지에 이른다는 사실은 믿기 어려운 결과다. 레몬, 클레멘타인, 베르가모트, 블러드오렌지처럼 맛있고 향기로우며 입맛을 돋우는 많은 과일들은 그러한 엄청난 생명력에서 비롯된 것이다. 이 과일들을 풍요를 상징하는 뿔, 코르누코피아에 비유하는 것은 지나친 일이 아니리라. 감귤은 참으로 풍부하다. 끊임없이 새로운 품종을 만들어 낸다.

아메리카의
황금이 되다

사랑과 오렌지 서로 닮았어.
그러나 달콤한 그것은
언제나 약간의 신맛 또한 남긴다네.
_아르헨티나의 민요

21세기 초, 말벡Malbec 포도로 만든 아르헨티나와 칠레의 적
포도주가 전 세계적인 사랑을 받았다. 이 포도주의 성공은 프랑
스 와인의 위치를 위협했고 프랑스 와인 산업계는 적잖이 당황
했다. 아이러니하게도 이 독특한 포도 종은 19세기 말 '케르시'
로 알려졌던 프랑스 남서부 카오르 근방에서 발생했다. 프랑스
이민자들이 남부 아메리카에 이 포도를 이식했던 것이다.

아르헨티나와 칠레의 적포도주가 이제는 프랑스, 이탈리아,
스페인산 적포도주의 라이벌이 된 것과 마찬가지로 브라질, 플
로리다, 캘리포니아 등 아메리카 대륙에서 재배되는 감귤들이
점차 전 세계의 농업 시장을 독점하고 있다. 이 지역에서 생산되
는 오렌지, 그레이프프루트, 레몬, 라임을 비롯한 온갖 종류의
감귤들은 이곳을 제외한 전 세계의 생산량을 능가한다.

사실 이런 일들은 흔히 일어난다. 여행자들이 원산지의 식물

을 멀리 떨어진 곳까지 가져가 새로운 땅에서 재배하기 때문이다. 1961년에 페르낭 브로델이 독창적인 한 논문에서 지적한 바와 같이, 이러한 이전 현상은 문명들 간 음식 문화의 교환으로 이어진다. 역사학자들은 경제사의 뿌리를 여행과 발견의 역사에서 찾는다. 뒤에서 더 자세히 다루겠지만, 캘리포니아와 플로리다가 현재 감귤 재배의 거인이 된 것은 최초의 스페인 정착민들이 아메리카 땅에 도착하면서 곧바로 감귤 나무를 심었기 때문이다. 16세기에 아메리카 대륙이 발견된 이래로 스페인과 포르투갈의 정복자들은 사탕수수, 코코아, 감귤 나무, 그리고 나중에는 면화와 커피 등의 식물을 들여와 수익성 작물로 탈바꿈시켰다. 더불어 이들은 노예 노동력을 플랜테이션 농업에 도입했다.

위의 내용은 대부분의 사람들이 알고 있는 관습적 지식의 일부이다. 그러나 실제 이야기는 훨씬 더 흥미롭다. 게다가 놀랍게도 주요 사건들은 비교적 최근에 일어났으며, 특정 개인들이 여기에서 중요한 역할을 담당했다. 감귤이 전파된 이야기는, 감자가 파르망띠에(감자로 장식하거나 감자가 들어간 요리 일체를 일컫는다-역주) 덕분에 프랑스에 도입되었던 이야기와도 흡사하다. 만약 이야기의 일부가 신화이고 나머지는 역사라 해도, 사람들은 감귤이 유럽에서 아메리카 대륙으로 건너온 이야기 전체를 정체불명의 설화나 신화로 받아들일 테지만 말이다.

브라질 감귤의 아버지가 된 한 추방자

브라질은 감귤 이야기가 펼쳐지는 중요한 무대 가운데 한 곳이다. 브라질에서만 전 세계 오렌지 주스 농축액의 절반 이상이 생산된다. 이 경우에는 역사를 통해 경제학을 이해할 수 있을 것이다. 16세기 초반부터 포르투갈인들은 브라질 해안가에 감귤나무를 심었다. 참고로, 포르투갈의 항해자이자 탐험가인 페드로 알바레즈 카브랄은 1500년에 브라질을 발견했다. 16세기 초반 포르투갈은 죄인들을 추방하는 유배지로서 해외 영토를 이용했다. 왕에게 밉보인 자는 전 세계 포르투갈 제국 중에서도 아주 먼 곳으로 추방당했다. 이러한 사람들을 '데그라다도degradado'라고 불렀는데, 왕의 총애로부터 멀어진 자를 의미했다.

이 단어가 처음 만들어진 것은 페르난도 로페스Fernando Lopes 때문이었다. 그는 1513년 인도에서 돌아오는 항해 길에, 남부 대서양에 있는 세인트헬레나 섬(이 섬은 같은 추방자 신세였던 나폴레옹 때문에 악명이 높아졌다)에 버려졌다. 이곳에서 로페스는 세상에 알려진 이 섬 최초의 주민이 되었다. 인도의 포르투갈인 총독 알폰소 알부케르케Alfonso d'Albuquerque(1453~1515)는 국가의 반역자인 로페스를 불구로 만들라고 명령했다. 비참한 불구의 몸이 된 로페스는 포르투갈로 돌아오느니 차라리 노예 서너 명과 함께 세인트헬레나에 남는 것을 선택했다. 몇 년이 지난 후 포르투갈 국왕은 로페스에게 본국 送還을 명령했는데, 아마도 정말 불구가 되었는지 확인하기 위해서였던 것 같다. 국왕은 로페스를 다시 세인트헬레나로 돌려보냈고, 로페스는 1546년 눈을 감을 때까지 이곳을 떠나지 못했다.

로페스의 동료 수형자들 중에는 브라질로 추방된 사람들도 있었는데, 감귤이 신세계로 이동하게 된 여정은 이들과 얽혀 있다. 이 이야기에는 이름 없는 영웅이 한 명 등장한다. 이 신비스러운 인물의 정체는 밝혀지지 않았으며, 추방된 이유 또한 정확한 역사로 남아 있지 않다. 그는 교육을 잘 받은 사람이었으며, 지식인이거나 학자였을 가능성도 있다. 명민한 발명가로 추측되는 그는 감귤 나무를 많이 심었고, 이 과정에서 상당한 돈을 벌었던 듯하다. 또한 현지 원주민 여성들과 수많은 아이를 낳은 것으로 보아, 성적 욕구가 강한 사람이었다고 추측할 수 있다. 당시 포르투갈인들은 토착 여성들과 결합하여 자신들이 새로 정복한 영토에서 하루빨리 인구를 늘려야 한다는 정책을 잘 이해하고 있었다. 이 이야기는 상파울루 주의 해안가에서 유래되었는데, 이곳은 현재 브라질에서 인구밀도가 가장 높고 가장 부유한 지역이며 지금까지도 브라질산 감귤의 대부분이 이곳에서 공급된다.

이 이야기의 자세한 윤곽은 이렇다. 1501년, 그러니까 브라질이 발견된 이듬해에 곤살로 코엘류가 이끄는 함대가 약 3200킬로미터에 이르는 브라질 해안을 탐사했다. 이 배에 탄 선원 중 한 명은 나중에 유명인이 된 인물로, 바로 피렌체의 지도 제작사 아메리고 베스푸치Amerigo Vespucci였다. 아메리카 대륙은 이 사람의 이름을 딴 것이다. 이 배에는 다른 사람들도 한 무리 타고 있었는데 이런저런 이유로 포르투갈 국왕이 추방한 자들이었다. 그 수형자들 중 한 명이 카나네이아 섬에 내려졌다.

이 추방자는 '카나네이아의 바샤렐O bacharel de Cananéia'이라는 이름으로 역사에 남았는데, '카나네이아의 졸업생' 혹은 '가나안의 현인'으로 변역할 수 있다. 즉, 교육받은 사람이라는 뜻인데 '바샤렐'이라는 단어가 현대의 문학, 혹은 이학 학사쯤 되는 학위와 관련이 있기 때문이다. 이 교육받은 인물은 유대인이었을 가능성이 매우 높으며, 포르투갈에서 추방된 이유도 바로 이 때문이었을 것이다. 혹시 자신의 종교를 포기하지 않았던 것일까? 어쩌면 1492년 스페인에서 추방되어 포르투갈에 잠시 피난 와 있던 유대인 중 한 명은 아니었을까? 새로운 기독교(개신교)를 믿는 사람은 아니었을까? 그래서 개종을 강요당하고 지위를 빼앗긴 채 조국을 떠난 것인지도 모른다.

대부분의 역사가들은 이 가나안의 현인을 코스메 페르난데스 Cosme Fernandes로 규정한다. 실제로 이 사람은 1502년 가스파를 데 레모스와 아메리고 베스푸치가 이끌었던 항해에서 추방된 자였다. 나중에는 스페인과 포르투갈의 항해자들 모두 카나네이아에서 멀지 않은 상비센테 섬에 닻을 내리게 된다. 페르난데스는 카나네이아에서 쌍돛대 범선 브리그를 만들며 살았으며 부와 권력을 모두 쥐게 되었다. 일례로 그는 스페인의 항해자 디오고 그라시아 데 몬규에와 단 한 번의 거래를 통해 600여 명에 이르는 인디언들을 팔았다.

상비센테의 행정을 담당하던 대위 마르팅 알폰소는 페르난데스와 줄다리기를 벌였고, 페르난데스는 카나네이아를 떠나서는 안 된다는 명을 어기고 말았다. 결국 1531년에 왕령이 갱신되자 현인은 대가족을 거느리고 그해 7월 상비센테를 떠날 수밖에 없었다. 아마도 포르투갈의 국왕으로서는 한 유대인(프리메이슨도 마찬가지일 것이다)이 자신이 소유지 가운데 한 곳에서 권위를 누리는 것이 못마땅했던 것일지도 모른다.

어떤 작가들은 페르난데스가 상비센테에서 추방된 것은 왕궁의 계략 때문이라고 주장한다. 이에 따르면, 스페인 사람 후안 디아스가 인솔하던 브라질 원정대의 베테랑이자 또 다른 유대인인 엔리케 몬테스가 페르난데스의 재산을 탐낸 것이 사건의 발단이었다. 몬테스는 국왕 동 주앙 3세Dom Joao III에게, 페르난데스가 국왕의 명령을 무시하고 카나네이아를 떠났으므로 그의 재산은 불법이라고 고했다. 국왕은 페르난데스의 사위 곤샬로 다 코스타를 리스본으로 불러 그에게 소함대의 책임을 맡겼다. 이 배는 상비센테로 가서 페르난데스의 권력을 빼앗았다.

가나안의 현인은 이민 물결의 선구자라 할 수 있을 것이다. 16세기 말 포르투갈에서는 새로운 종교재판 열풍이 다시 시작되어 유대인과 새로 개종한 자들은 모두 추적을 당했고, 일부 도망자들은 안식처를 찾아 스페인으로 되돌아갔다. 그러나 새로운 신분증을 만들고 때로는 외모를 바꾸면서까지 신세계로 건너가는 이들도 있었다. 그중 많은 사람들이 브라질로 향했다. 18세기 초반의 몇 십 년 동안 브라질에 자리를 잡은 유럽 인구 대부분은 이렇게 이민한 사람들이었다. 이민자들은 리우데자네이루 같은 곳에 도시 공동체를 형성했는데, 여기에는 변호사와 의사들이 많았다. 이 교육받은 사람들이 기독교로 개종했는지 아니면 철저하게 비밀을 유지하며 자신들의 유대교 율법을 계속 지켰는지는 알 수 없다.

신비로운 가나안 현인은 바로 브라질 감귤 재배의 아버지가 된 것으로 보인다. 그 후 브라질을 여행한 사람들은 이곳에 감귤나무가 아주 많다고 언급했다. 1540년 스페인 방문객 가르시아는 재배 중인 오렌지와 레몬, 감귤에 관한 기록을 남겼다. 또한

1555년 브라질에 왔던 장 드 레리에 따르면 포르투갈인들이 재배하는 오렌지와 레몬들은 최소한 어른 주먹 두 개를 합한 것만큼 크면서도 달다고 했다.

역사적으로 모호한 가나안 현인의 이야기는 브라질의 건국 신화 중 하나가 되었다. 이 이야기 속에는 유럽인 부랑아, 원주민 여자를 유혹한 자, 수십 명의 아이들을 둔 아버지, 식민지에 수목 재배를 시작한 농장주 등이 등장한다. 이 모든 내용은 브라질 남성의 전형이자, 오늘날에도 여전히 강력한 힘을 발휘하는 '사나이 세계'에 대한 전형적 묘사라 할 수 있다. 게다가 이 신화는 현인 '카나네이아의 바샤렐'을 지식 있는 학자로 묘사함으로써, 불한당 군인으로 나타나는 동시대의 다른 모험가들과 대비시키고 있다. 사실 이 이야기는 역사에서 거의 잊힌 사건과 인물들을 뽑아낸 후 신화적이고 영웅적인 한 인물을 다시 창조해 낸 것으로, 카나네이아의 바샤렐이라는 표현은 상투적인 수법이라 할 수 있다.

브라질의 플랜테이션과 노예제

감귤 플랜테이션을 비롯한 브라질의 플랜테이션 농장들은 노예 형태의 값싼 노동력을 확보하기 위해 고군분투했다. 최초의 아프리카 노예 수송선은 1538년 브라질에 도착한 것으로 알려져 있는데, 브라질의 노예 규모는 놀랄 만하다. 1451년에서 1600년 사이에 아메리카 대륙으로 유입된 노예의 18퍼센트에 해당하는 4만 9500명의 아프리카 노예들이 브라질로 갔다. 이후 그 숫자는 크게 증가하여 1601~1700년에는 전체 노예의 41

퍼센트(54만 810명), 1701~1810년 사이에는 31퍼센트(187만 6120명)가 브라질로 수송되었다. 최종적으로는 1811~1870년 사이 전체 아프리카 노예 가운데 60퍼센트(113만 8800명)가 브라질에 도착했다.

브라질의 노예제는 강제 노동이라는 점에서 카리브 해나 미국 남부 영국 식민지의 경우와 차이가 없었으나, 노동의 수준은 서로 달랐다. 영국의 자본주의자들에게 노예제란 무엇보다 값싼 노동력으로 경제적 이윤을 얻어 내는 장치였으며, 이를 통해 아메리카 식민지들에서 설탕과 면화를 거두어들이고자 했다. 서인도제도는 특히 수익이 높았다. 이 지역의 노예제는 강력한 이윤 동기 때문에 가혹한 면도 있었지만 한편으로는 노예들의 복지에 더 신경을 쓰기도 했다. 단, 백인과 흑인이 결혼하는 일은 드물었다.

브라질의 포르투갈 식민지의 경우, 노예제는 국가 조직을 본떠 가부장적 계통에 따라 운영되었다. 플랜테이션의 주인은 그의 가계에 속한 모든 사람들에게 신과 같은 존재였다. 사실상 노예들에게는 덜 가혹했으며, 백인과 흑인의 결혼은 흔한 일이었다. 이러한 현상은 아프리카인과 지중해인이 혼합된 사회가 열대에서 살아남기 위한 하나의 수단이었다.

새덕 선장의 전설, 그리고 그레이프프루트

아프리카 노예들 중 많은 수가 서인도제도로도 이송되었다. 포르투갈과 프랑스, 영국이 이 무역에 적극적이었으며, 일부 카리브 해 제도에서 지금도 계속 사용되고 있는 파피아멘토어(스페인어, 포르투길어, 네덜란드어, 영어가 혼합된 방언-역주)에 그 흔적이 남아 있다. 감귤 재배는 카리브 해에서도 일찌감치 시작되었다. 크리스토퍼 콜럼버스는 1493년 항해 때 라임 씨앗을 가지고 돌아왔다. 200여 년 후 감귤은 이윤이 더 많이 남는 사탕수수에 밀려났지만, 감귤 재배가 서인도제도에 미친 생태적 영향과 문화적 흔적들은 꽤 많이 존재한다. 예를 들자면 1671년 장 에스티앙블은 프랑스령 과들루프 섬의 그랑테르 지역에 살았는데, 이곳은 레몬 나무라는 뜻의 시트로니에르Citronniers라고 불렸다.

감귤 나무가 서인도제도에서 재배되기 시작한 것은 아주 오래전이기에 어떤 종을 어느 곳에 최초로 심었는지는 알기가 어렵다. 어떤 경우에는 뜬소문 같은 이야기만 남기도 한다.

왕귤shaddock로 알려진 그레이프푸르트grapefruit가 바로 그런 예이다. 현재는 동인도회사의 영국인 선장 새덕이라는 사람이 1683년 말레이 군도로부터 이 과일의 씨앗을 들여왔다고 알려져 있다. 동시대인인 한스 슬론Hans Sloane은 1707년 자신의 저서《마데라, 바베이도스, 니브스, 세인트 크리스토퍼스, 그리고 자메이카 섬으로의 항해A Voyage to the Islands Madera, Barbados, Nieves, S. Christophers and Jamaica》에서 이렇게 밝혔다. "바베이도스의 왕귤은 자메이카 것보다 품질이 뛰어나다. 동인도 상선의 지휘자인 새덕 선장이라는 사람이 영국으로 가는 길에 이 섬에 들려 씨앗을 남기고 가면서 바베이도스에 처음 들어왔다." 또한 1683년 11월 9일자《킹스턴 타임스 앤드 헤럴드The Kingston Times and Herald》에는 이 선장이 아시아산 식물, 혹은 나무 씨앗을 맨더빌 지역의 경작자인 윌리엄 존스에게 넘겨줬다고 되어 있다.

우리가 아는 것은 이것이 전부이다. 새덕 선장이 에식스 주 커제스홀 근처에 살았던 버뮤다 총독의 손자 존 새덕의 형제일지도 모른다고 추측할 따름이다. 하지만 1843년 조지프 헌터Joseph Hunter가 저서 《뉴플리머스의 설립자들The Founders of New Plymouth》에서 "단지 영국의 어느 가문과 성이 같다는 이유로 그 가족과의 관련성을 증명할 수는 없다"고 지적했듯이, 근거가 불안한 것은 사실이다.

그렇다면 그레이프프루트를 지칭하는 수많은 이름들은 어디에서 비롯되었을까? 포멜로pomelo? 폼멜로Pommelo? 푸믈로pummlo? 어떻게 말해야 정확한 것일까? 이 과일은 팡플무스pamplemousse, 발리레몬Bali Lemon, 리마우브사르Limau besar, 새덕이라고도 불린다. 마지막 이름의 출처는 분명해 보이지만 의문이 남는 것은 마찬가지다. 새덕은 영국 동인도회사의 명을 받고 항해한 것인가(아마도 그랬을 가능성이 높은 듯하다), 아니면 후에 경쟁자가 되는 네덜란드 동인도회사의 명령을 받았는가? 새덕은 말레이 군도를 탐험하여 경작 가능한 곡물을 카리브 해로 가져왔다. 이것은 국왕이 내린 임무였을까, 아니면 자신의 생각이었을까? 이 과일이 카리브 해와 이후 플로리다까지 확산되기까지는 어느 정도 시간이 걸렸을까?

선장이 어떤 사람일지에 대해서는 무한한 상상의 나래를 펼 수 있다. 얼굴은 붉은색이며 칼에 베인 흉터가 위협적이지만, 후원자에게 충성스럽게 보이기 위해 턱수염을 넙수룩하게 길러 부드러운 인상을 더했으리라. 그의 짐 속에는 선물용 고대 중국 갑옷과 아내에게 줄 중국산 도자기 찻잔 세트, 상아를 박아 넣은 은수저가 들어 있지 않았을까? 선장은 사람들에게 자신의 항해 경험을 들려주었을 것이다. 위기일발의 상황에서 가까스로 탈출한 이야기도 물론 빼놓지 않았을 것이다.

혹은 동인도회사의 관리 새덕 선장의 모습을 상상해 보면 어떨까? 투자자들에게 이렇게 설명하는 모습이 떠오른다. 다양한 포트폴리오의 일부로서 그레이프프루트 주식을 보유하는 것이 현명한 선택이 될 것이라고. 새덕 선장은 가장 유망한 자본집약적 산업의 재료가 될 과일을 들여온 인물로서 서인도제도에서 환영받았을지도 모른다(혹은 그 반대일 수도 있다). 그레이프프루트는 가치 있는 투자 대상으로 판명될 수도, 아니면 트라브존 광산의 청금석이나 아조레스 제도의 바닐라 열매와 같은 단순한 유혹거리로 전락할 수도 있었다. 그 판단은 새덕이 가져온 씨앗을 재배하는 일에 뛰어든 농장주나 투자자들의 몫이었다.

새덕 선장은 실제로 존재했으며, 그레이프프루트는 18세기 카리브 해의 어떤 섬(자메이카일 수도 있다)에서 스위트오렌지와 푸멜로(새덕 선장이 서인도제도에 가지고 온 품종일 가능성이 있다)의 자연발생적 혼합종으로 처음 생겨났다는 주장은 일리가 있다. 이 과일이 그레이프프루트로 불리는 이유는 나무의 열매 송이가 포도를 닮았기 때문이다. 1750년, 그레이프프루트라는 이름을 처음 기록으로 남긴 사람은 바베이도스에 있는 세인트루시의 교구 사제 그리퍼스 휴스였다. 매디슨애비뉴 거리에 광고가 걸리기 전이었지만, 이곳에서 그레이프프루트는 이미 '금단의 열매'로 불렸다(뉴욕의 매디슨애비뉴는 대형 광고 업체들이 밀집된 거리이다. 여기에서 '금단의 열매'는 소비자들의 호기심을 유발하는 매디슨애비뉴의 광고 전략을 일컫는 말이다-

역주).

　그레이프프루트를 플로리다에 도입한 사람은 프랑스인 필리프 오데 백작이었다. 그는 1823년 플로리다 탬파 만의 세이프티 항구 근처에 정착했으며 그레이프프루트의 씨앗, 혹은 묘목과 다른 감귤류들을 바하마에서 들여왔다. 이로 인해 텍사스나 플로리다 같은 미국의 수많은 지역에서 그레이프프루트의 경작이 시작되었다.

　최초의 씨 없는 그레이프프루트 품종인 마시Marsh는 플로리다 레이크랜드 근처의 한 농장에서 운 좋게 발견되었다. 그다음에 나온 것은 톰슨 변종으로, 이것은 플로리다 오네코에 있는 톰슨W.B. Thompson이 소유한 과수원에서 마시 나무의 가지가 돌연변이를 일으킨 것이다. 1924년, 오네코 왕립종려나무묘목원Royal Palms Nurseries은 S.A 콜린스가 1913년 발견한 톰슨 종을 소개했다. 톰슨 종은 최초의 유색有色 그레이프프루트로서 과육과 껍질이 레몬 빛깔보다 붉은색을 띠는 오렌지이다. 이후 텍사스인들은 레드블러시Redblush를 가지고 이동해 왔는데, 톰슨 종의 변종인 레드블러시는 1931년 텍사스 도나에 사는 J.B 웨브가 최초로 발견했으며, 1934년에 소개되었다. 이 장의 끝부분에서 설명하겠지만, 레드블러시 이후로도 새로운 그레이프프루트 품종은 더 개발되었다.

바다를 긴넌 기라임과 발렌시아오렌지

　카리브 해에서 대규모로 라임 재배를 하게 된 과정을 보면, 때로 공상가들이 얼마나 뛰어난 사업적 재능을 발휘하는지 알 수 있다. 사위라임sour limes은 북동부 인도에서 기원하여 아랍인들과 함께 알안달루스로 들어왔다. 사워라임 나무는 아마도 십자군이 돌아온 12~13세기경에 이탈리아에서 재배되었던 듯하다. 16세기 스페인과 포르투갈의 항해자들이 사워라임을 아메리카 대륙에 들여온 후 이곳에서 플랜테이션이 시작되었으며, 그중 일부는 남부 플로리다와 카리브 해 등의 황야에서 야생으로 자라게 되었다.

카리브 해에서 라임 플랜테이션이 시작된 것은 19세 중반 동안 영국 시장에 공급하기 위해서였다. 조지프 스터지Joseph Sturge(1793~1859)는 급진적인 정치적 소신을 갖고 있던 영국의 기업가이자 자선사업가였다. 퀘이커교도였던 그는 당연히 평화주의자였다. 실패하긴 했지만, 크림전쟁의 발발을 막기 위해 상트페테르부르크로 떠난 적이 있을 정도였다. 그는 보통선거를 강력히 신봉했으며 노예제도 반대 캠페인을 벌였다. 그리고 이러한 실천들이 자신의 신념과 일치한다고 믿었다.

1857년경 스터지는 카리브 해의 몬트세라트 섬에 있는 앨버튼 사탕수수 농장을 샀다. 버밍엄에 있는 그의 가문 기업은 구연산의 제조와 판매를 위해 시칠리아에서 라임 주스를 수입했는데, 시칠리아의 감귤 작황이 실패하면서 대체 원료를 찾아야 하는 상황이었다. 1860년 조지프가 사망한 후, 당시 18살이었던 그의 아들 존(1842~1880)과 조카 마셜은 몬트세라트로 떠났다. 그리고 이 섬에 이미 라임 나무 플랜테이션을 소유하고 있던 프랜시스 버크에게서 조언을 듣게 되었다. 버크는 자유민 노동력만을 이용해야 하리라는 생각에, 라임을 사탕수수로 대체하도록 스터지 가문을 도왔다.

파이 재료로도 많이 쓰이는 키라임key lime은 가시가 아주 많은 관목인 키라임 나무에서 자란다. 키라임은 감귤류 중 가장 작아서 크기가 탁구공만 하다. 껍질은 얇고 부드러우며 익으면 황록색을 띤다. 열매 하나당 과즙이 풍부한 과육 조각이 열 개 내지 열두 개가량 들어 있으며, 약간 신맛이 난다. 다배형성(한 개의 씨앗에서 두 개 이상의 배胚가 생기는 현상-역주)인 이 식물은 생식이 활발하며, 각각의 씨앗에는 두 개 혹은 그 이상의 배아가 들어 있다.

키라임은 남동부 아시아에서 유래했다. 아랍 상인들이 이것을 알안달루스로 가져왔으며, 이곳에서 경작되었다. 16세기 전반에 스페인과 포르투갈인들은 키라임을 신세계로 들여왔고, 그후 키라임은 다시 야생으로 돌아가 서인도제도에서 토착화되었다. 그리하여 플로리다 해안 주변의 지리적 '요지key(즉 섬을 말함)'들에서 자란다는 뜻에서 '키라임'이라는 명칭이 유래한 것이다. 오늘날 키라임은 인도, 멕시코, 이집트, 카리브 해 등에서 재배되며 주스나 라임에이드 등으로 상업화되었다.

발렌시아는 가장 널리 재배되는 오렌지 종의 하나로 캘리포니아와 플로리다에서 엄청난 규모로 경작하고 있다. 열매는 달고 과즙이 풍부하며, 따기 쉽고 씨도 없다.

이 오렌지는 사실 이름이 잘못되었다. 스페인의 지중해 해안에 있는 발렌시아에서 유래한 것이 아니기 때문이다. 발렌시아 스위트오렌지는 중국이 원산지로, 스페인과 포르투갈의 항해자들이 이것을 유럽에 들여왔다. 오늘날 우리에게 친숙한 발렌시아 재배 변종은 스페인 것이라기보다는 포르투갈산에 가깝다.

1860년대 초반 영국 소우브릿지워스에 살던 묘목업자 토마스 리버스(1798~1877)는 아조레스에서부터 이것을 수입하여 '엑셀시오Excelsior'라는 이름으로 목록에 올렸다.

1870년에 리버스는 이 오렌지 나무를 가지고 대서양을 건너가 롱아일랜드의 묘목업자 S.B. 파슨스와 캘리포니아 샌가브리엘 지역의 A.B. 채프면에게 주었다. 파슨스가 이 나무를 다시 페더럴포인트에 있는 E.H 하트에게 팔고 선적하면서 플로리다까지 거래가 시작되었다. 하트는 1877년에 이 종의 이름을 자신의 이름을 따 하트스타디프Hart's Tardiff로 바꾸면서 상업화했다. 이때는 미국 북동부 감귤 시장의 지배권을 놓고 캘리포니아와 플로리다의 경쟁이 첨예했던 시기였다. 같은 해에, 샌가브리엘의 J.R. 도빈스는 최초로 발렌시아 오렌지를 화차에 실어 동부 시장으로 선적했다.

그러는 동안 채프면 역시, 자신의 이름을 붙이지는 않았지만, 과일의 이름을 바꾸었다. 스페인을 방문한 누군가가 이 과일을 보고, 발렌시아 지역의 숙성이 늦은 다른 오렌지 종과 비슷하다고 말한 데서 힌트를 얻은 것이다. 그리하여 발렌시아오렌지는 샌가브리엘 산맥의 끝자락에서 그 이름을 얻게 되었다.

발렌시아 오렌지 튀김

씨 없는 오렌지 큰 것 4개
흑설탕 4큰술

너트메그(육두구 열매로 만든 향신료-역주) 1/8작은술

메이스(육두구 씨 껍질을 이용한 향신료-역주) 1/8작은술

시나몬 1/4작은술

밀가루 1컵

베이킹파우더 1과 1/2작은술

소금 1/4작은술

흑설탕 3큰술

달걀 1개

우유 1/3컵

올리브 오일

양념 준비

겨자 4큰술

흑설탕 4큰술

- 오렌지 껍질을 조심스럽게 깐 후 과육을 분리한다.
- 설탕, 너트메그, 메이스, 시나몬을 첨가한다.
- 다른 그릇에 밀가루, 베이킹파우더, 소금, 흑설탕을 섞는다.
- 오일 2큰술과 달걀을 넣고 잘 저어 준 다음 우유를 넣는다.
- 걸쭉한 혼합물이 되도록 완전히 휘저은 후 두꺼운 반죽을 만든다. 반죽이 얇으면 밀가루를 조금 더 넣는다. 너무 두꺼워서 오렌지 과육에 고르게 입히기 어려우면 우유를 더 넣어 희석시킨다.
- 반죽을 한 시간 반 동안 냉동한다.
- 남은 오일을 연기가 나기 직전까지 냄비에 끓인다.

- 오렌지 조각이 반죽에 완전히 뒤덮이도록 담근 다음 뜨거운 오일에 떨어뜨려 예쁜 갈색이 돌 때까지 튀긴다.
- 따뜻할 때 겨자와 흑설탕을 별도의 양념 접시에 곁들여 함께 내놓는다.

  자파Jaffa 스위트오렌지는 '샤무티Shamouti'라는 또 다른 이름으로도 불린다. 이 오렌지는 1844년 팔레스타인(지금의 이스라엘) 자파 근방의 한 나무의 변종에서 유래되었다. 두껍고 질긴 껍질은 쉽게 벗겨지며, 과일은 과즙이 풍부하고 달다. 이 오렌지는 레바논과 이스라엘 감귤 재배량의 4의 3을 차지할 정도로 플랜테이션 농장을 빠르게 잠식해 갔다.

  자파오렌지는 1883년 무렵 플로리다에 도입된 후 이곳의 많은 지역에서 재배되었고 미국의 다른 지역으로도 퍼져 나갔다. 그러나 이 오렌지는 마치 유동자산처럼 불안정한 특성이 있다. 자파오렌지 나무는 한 해 건너 한 번꼴로 열매를 맺으며, 과일이 가지에서 쉽게 떨어지고 곰팡이에 약하다. 때문에 현재 미국에서는 자파오렌지가 많이 사라진 상태이다.

  씨가 없어 더욱 달콤한 움비고

  네이블 변종 오렌지는 품질이 아주 뛰어나지만 대를 잇지 못한다는 점에서 카스트라토(변성기 전의 소년을 거세하여 성인이 된 후에도 소프라노나 알토의 성역을 지니도록 한 가수-역주)와도 비슷하다. 원래 네이블오렌지는 포르투갈에서 셀레타seleta, 혹은 셀렉타selecta 라고 불리던 스위트오렌지이다. 이것이 브라질로 건너온 후 바이아 주에서 우연한 교배를 통해 변종이 생산된 것이다. 과일 꼭지의 모양새가 배꼽navel을 닮았다는 이유로 이 고상한 개량종의 이름은 배꼽이라는 뜻의 포르투갈어 움비고umbigo가 되었다. 브라질 외의 지역에서는 처음에 바이아로 알려졌다.

19세기 초반부터 브라질을 여행하던 사람들은 이 범상치 않은 과일을 보고서, 껍질을 까기 쉬우며 과육은 쉽게 쪼개지고 과즙은 풍부하면서도 달다고 설명하기 시작했다. 독일의 의사이자 식물학자인 마르티우스Karl Friedrich Philipp von Martius와 그의 친구인 동물학자 스피크스Johann Baptist von Spix는 1817년 셀레타와 움비고의 우수성에 대해 기록했다. 로벨로Domingos Robelo 또한 1829년에 쓴 책에서 기존의 오렌지 품종들 가운데 움비고를 언급했으며, 프랑스 화가 장 밥티스트 드브레Jean Baptiste Debret는 15년간 브라질에서 머물렀던 개인적 경험을 적은 책《브라질 피도레스크와 역사 기행Voyage pittoresque et historique au Bresil》(1839)에서 움비고를 "은은한 향기가 나고 말할 수 없이 달콤하다"라고 묘사했다.

움비고가 씨가 없는 이유는 이 나무가 꽃가루를 만들지 않으며 밑씨(수정 후 성숙하여 씨앗이 되는 식물의 생식기관-역주)가 거의 없기 때문이다. 따라서 움비고 나무는 다른 품종에 접붙이기를 해야만 한다. 이 과일이 특이한 점은 이뿐이 아니다. 이른바 네이블 품종은 최상급 과일로 분류되지만 사실상 제대로 발달하지 못한 이류 과일이다.

1849년의 골드러시와 남북전쟁 이후, 수많은 동부인들이 캘리포니아에 정착했다. 대개 가족 단위로 이주한 이들은 함께 마을을 건설했다. 이러한 집단은 대개 종교적 신념으로 뭉치거나 같은 이상을 공유했다. 이들의 지도자 중 존 노스John North라는 사람이 있었다. 노스는 뉴욕 주 북부 지방 출신으로 극렬한 노예 제 폐지론자였으며 1870년에 캘리포니아로 와서 리버사이드 밸리에 이상적 공동체를 건설했다.

동료 주민인 루터와 엘리자 티베트는 미국 북동부의 지긋지긋한 추위와 억센 겨울을 겪으며 자랐다. 1873년에 엘리자는 워싱턴 D.C.의 농무부에 편지를 보내어, 집 앞마당에 재배할 만한 캘리포니아의 기후 조건에서 잘 자라는 나무가 있는지 자문을 구했다. 그녀는 브라질산 움비고 바이아오렌지 묘목을 세 개 받았다. 그중 하나는 소가 짓밟아 버렸지만 나머지 두 그루는 잘 자랐다. 그녀는 나무에 물을 줄 때 개숫물을 사용했다고 하는데, 아마도 너무 게으르거나 아니면 너무 인색해서 관개를 하지 않았던 모양이다. 이 나무들 중 한 그루는 아직도 매그놀리아와 알링턴 거리가 교차하는 리버사이드 중심가에 살아 있다.

소문에 따르면 엘리자는 이 오렌지를 집들이 파티에 내놨고 큰 호응을 얻었다고 한다. 그녀는 우편 판매 사업을 시작했다. 어떤 자료에 의하면 싹 하나당 5센트를 받고 접가지를 팔았다고 하고, 또 다른 자료에 의하면 5달러까지도 받았다고 한다. 빅토리아 여왕을 닮은 엘리자 티베트는 돈을 많이 벌었고 영향력 있는 인물이 되었다. 그녀의 오렌지 나무 세 그루는 캘리포니아 감귤 재배의 시초가 되어 처음에는 리버사이드에서, 그 다음에는 패서디나에서부터 리버사이드에 이르는 감귤 지대로 확대되었다.

사실 캘리포니아 네이블오렌지 재배의 시조라는 영예는 엘리자에게 나무 세 그루를 보냈던 한 남자와 나누어야 한다. 스코틀랜드인으로 런던의 큐왕립식물원Kew Gardens에서 교육받은 식물학자 윌리엄 선더스William Sanders(1822~1900)는 20대 중반에 미국으로 왔다. 그는 묘목원을 소유하고 있었고 볼티모어와 워싱턴 지역의 조경사로 일했으며, 게티즈버그 국립묘지 등 미국 동부 지역의 많은 공원들을 설계하기도 했다.

1862년 선더스는 신설된 미국 농무부의 식물학자이자 원예국장으로 임명되었다. 이곳에서 그는 오랫동안 일하면서 아주 역동적이고 창조적인 성과를 거두었다. 그가 개인적으로 수집한 농업 및 원예 서적들과 자료들은 그가 생존하는 동안 미국에서 가장 큰 규모를 자랑했다.

이 이민자는 자신의 새로운 국토를 원예 공원과 이국 식물로 가꾸어야 할 황무지라고 생각했다. 특히 외국의 수많은 과일을 들여와 재배하도록 했는데, 추위에 강한 러시아 사과를 미국 최북단에 심었고 일본의 감나무도 들여왔다.

선더스는 감귤 재배에도 중요한 역할을 담당했다. 1869년에는 추위에 강하고 쓴맛이 나는 일본산 탱자나무를 도입했으며, 엘리자에게 움비고 바이아오렌지를 보낸 것도 그였다.

한 편의 영화와도 같은 떠돌이의 삶을 살았던 프랭크 마이어Frank N. Meyer(1875~1918)는 1875년 암스테르담에서 프란스 니콜라스 마이어라는 이름으로 태어났다. 소년 시절 암스테르담식물원에 매료되었던 그는 시간이 날 때마다 그곳을 찾곤 했다. 그러다가 관리자 휘고 드브리스Hugo Marie de Vries(1848~1935)의 눈에 띄게 되었고 드브리스는 열네 살 소년에게 정원사 보조 자리를 주었다.

암스테르담대학의 식물학 교수였던 드브리스는 멘델 유전학을 재발견한 것으로 잘 알려진 인물이다. 그는 마이어에게 관심을 보이고서 영어와 프랑스어 등 외국어를 가르쳤으며 과학 분야의 공부를 할 수 있도록 지원해 주었다. 드브리스의 의도는 마이어를 과학자로 키우는 것이었다. 그렇게 마이어는 암스테르담 식물원에서 군복무 기간을 제외하고 모두 8년 동안 교육을 받았고, 실험 정원의 임무를 담당하는 수석 정원사로 성장했다.

이 청년은 천성적으로 고독한 사람이었으며 행복이란 자신과 거리가 멀다고 생각했다. 1901년 한 친구에게 보낸 편지에는 이런 내용이 적혀 있었다. "나는 회의론자로 타고나서 여유를 즐기는 방법을 모르는 것 같아. 사람들에게서 도망쳐 나와 식물들을 보며 즐거움을 찾으려 하지." 마이어는 벨기에와 가까운 독일, 프랑스, 스위스, 이탈리아 등을 돌아다녔다. 스페인도 여행했는데, 이곳에서는 오렌지 과수원이 가장 큰 관심사였다.

하이킹 여행은 어느덧 마이어의 일상이 되었다. 묘목원에서 일을 해 돈이 좀 모이면 다시 길을 나서 새로운 식물을 탐사하고 새로운 풍경을 보며, 떠돌이 생활을 만끽하곤 했다. 영국으로 떠난 그는 런던의 상업 묘목원에 잠시 머문 후 1901년 10월, 다시 여행을 시작하기 위해 필라델피아 호를 타고 뉴욕으로 향했다. 그는 도착과 함께 이름을 프랭크 N. 마이어로 바꿨고 미국 농무부에 곧장 일자리를 얻어 온실에서 일하게 되었다. 그 후 4년 동안 마이어는 캘리포니아, 멕시코, 쿠바 등을 여행했다.

마이어는 농무부에서 데이비드 페어차일드David Fairchild (1876~1954)와 친분을 맺게 되었다. 페어차일드는 스물두 살밖에 되지 않았지만 외국의 씨앗 및 식물을 수입하는 부서를 창설한 인재였다. 페어차일드 역시 전 세계를 여행했는데 미국의 풍토에 적합한 식물 종을 찾아 37년 동안 여러 나라를 돌아다니게 된다. 마이어에게 영향을 준 또 한 사람으로 나이 든 식물학자가 있었다. 부유한 보스턴 상인이자 은행가, 철도 자본가의 아들인 찰스 S. 사전트Charles Sprague Sargent(1841~1927)는 1872년에 하버드의 식물원 관리자로 임명되었으며, 그전에는 홈레아에 있는 가족 토지에서 사유 식물원을 관리한 경험도 있었다. 마이어의 어쩔 수 없는 방랑벽을 잘 알고 있던 페어차일드와 사전트는 농무부에서 지시한 아시아 출장에 동행하자고 제안했고 마이어는 쉽게 승낙했다. 이 출장에서는 관심이 가는 표본은 무엇이든 미국으로 가져올 수 있었다.

공교롭게도 정작 페어차일드와 사전트는 동행하지 못한 채, 마이어는 홀로 첫 중국 여행길에 올랐다. 당시 중국은 의화단운동의 명암 속에서 서구인에 대해 관심이 급증하던 시기였다. 첫 번째 탐사(1905~1908)에서 그는 상하이에서부터 후베이성, 만주를 거쳐 돌아왔다. 이때 그는 은행나무, 중국 말밤나무, 중국 노간주나무, 그리고 두 종류의 중국 감나무를 비롯한 많은 식물들을 배에 싣고 돌아왔다. 당시 마이어는 일찌감치 머리가 벗어지고 말쑥한 콧수염을 기른 모습이었다. 그는 놀랍도록 풍요로운 자연의 종들을 보며 경외감을 느꼈다. 1907년 페어차일드에게 그는 이런 편지를 남겼다. "우리의 짧은 생애 동안 이 엄청난 땅을 모두 알아내기란 불가능할 거야. 아직까지 탐사하지 못한 지역들을 생각하면 놀랍기만 해. 한 사람이 이 모든 것들을 다 돌아볼 수는 없을 거야. 다음 생에나 둘러봐야겠다."

이 편지는 그의 미래를 예견하는 듯했다. 마이어의 생애는 정말 짧았다. 그는 1909~1911년, 1912~1915년, 1916~1918년 세 차례에 걸쳐 식물 채집 탐사를 위해 중국에 갔다. 그 광활한 곳을 모두 다니면서 수만 종을 채집했으며, 미국에 들여온 활용 가능한 식물의 숫자는 2500종에 달했다. 실로 엄청난 수였다.

그러나 1918년 무렵, 중국 여행은 모든 외국인에게 위험천만한 일이 되었다. 정치 상황이 극도로 혼란해졌기 때문이다. 마이어는 미국으로 돌아가겠다는 현명한 선택을 했다. 1918년 5월 28일 그는 양쯔 강을 따라 상하이로 항해했다. 아마도 상하이에서 미국으로 돌아가려는 계획이었던 것 같지만, 계획을 이루지 못했다. 겨우 43세의 나이에 이 마지막 여정에서 그는 불가사의하고 미심쩍은 죽음을 맞이했다.

그가 남긴 유산 한 가지를 살펴보자. 마이어는 베이징 근처에서 우연히 장식용 도자기에 담긴 작은 나무 한 그루를 보게 되었다. 달콤한 과일을 달고 있는 그 매력적인 나무는 겉보기에 레몬과 신기할 만큼 닮아 있었다. 마이어는 이 식물에 'S.P.I(미 농무부 선적 지점 검사) no. 23028'이라는 번호를 붙여 미국에 들여왔다. 그리하여 이 식물은 마이어오렌지로 알려지게 되었고, 원산지와 기후가 가장 유사한 캘리포니아의 수많은 주택 뒷마당에서 재배되기 시작했다.

월터 테니슨 스윙글Water Tennyson Swingle은 1871년 1월 8일, 펜실베이니아의 한 농장에서 태어났다. 가족이 캔자스에 정착한 이후 어린 소년은 그 지역의 식물에 흠뻑 빠져들었다. 이후 캔자스 주립 농업대학에서 그레이Gray의 《식물학 개론Manual of Botany》을 빌리게 된 것을 계기로 15세에 이 대학에 등록하게 되었다. 윌리엄 켈러만William A. Kellerman의 지도를 받은 그는 균류학 과정을 공부했다. 1891년 미국 농무부에 합류했을 무렵 스윙글은 이미 27개 이상의 과학 논문을 단독, 혹은 공동으로 저술한 상태였다.

워싱턴 D.C.에 도착한 후 스윙글은 플로리다의 감귤 재배 지역 조사를 위해 파견되었는데, 여기서 감귤에 큰 관심을 갖게 되었다. 하지만 1894년 서리가 플로리다의 감귤 작황을 망쳐 놓자 이곳에서의 연구도 인정사정없이 중단되었다.

스윙글은 이때의 좌절에서 교훈을 얻어 생태학을 좀더 깊이 공부하기로 결심했다. 그는 세계 최고로 손꼽히는 본대학 에두아르트 아돌프 슈트라스부르거Eduard Adolf Strasburger의 연구실로 갔다. 1895~1896년 사이 이곳에서 스윙글은 식물의 세포 구조에 관한 연구를 수행했으며 중심체centrosome의 존재를 밝혔다. 이 연구로 그는 캔자스 주립 농업대학에서 이학 석사학위를 받았다. 그는 1898년 다시 한 번 휴직을 하고 라이프치히로 가서 이미 이곳에 와 있던 슈트라스부르거 밑에서 연구를 했다. 유럽에서 그는 프랑스어를 가르쳐 수던 가성교사 투시에와 사랑에 빠졌고 1901년에 결혼했다.

20세기의 첫 10년 동안 스윙글의 임무는 미국에서 대추야자

열매 재배를 발전시키는 것이었다. 그는 수분을 위해 무화과 말벌을 미국에 도입했다. 이 당시 그는 균류학에는 관심이 줄었고 대신 감귤에 새로운 관심을 기울였다. 처음 그가 미국 농무부에 고용된 것은 감귤궤양병에 관한 연구를 진행할 균류학자가 필요했기 때문이었지만, 이제는 병균의 저장소인 나무 그 자체에 더 큰 관심을 갖게 된 것이다.

그는 감귤 유전학과 수목 경작기술 분야를 독학했으며, 특히 돌연변이를 일으키는 주요 지점을 이용하여 혼합종을 생산하는 기술을 습득했다. 20세기 들어 드브리스를 비롯한 다른 학자들이 멘델의 법칙을 재발견한 직후, 스윙글 또한 과학적 호기심에 이끌려 멘델의 유전학에 탐닉했다. 그는 스스로 훈련하면서 식물 유전학자의 길로 나아가고 있었다.

1910년 장티푸스 열병으로 아내를 잃은 스윙글은 이듬해 워싱턴을 방문한 식물학자 한 명을 만났다. 과학 분야에서 그를 지도해 준 윌리엄 A. 켈러만의 딸 머드 켈러만이었다. 스윙글과 머드는 결국 1915년 결혼했다. 이후 스윙글은 대추야자열매와 감귤에 관해 집중적인 연구를 시작했다. 미네올라minneola와 탄젤로tangelo 등 수많은 새로운 품종들과 재배변종들이 그의 작품이다.

월터 스윙글은 끈질긴 수집가였다. 그의 관심은 이국의 감귤종에서 이국 서적으로 옮아갔다. 그는 의회도서관에 동양학 서가를 세우는 데도 중요한 역할을 담당했으며, 약 10만 권의 식물학 관련 중국 서적을 발굴해 의회도서관이 구입하도록 도왔다. 또한 미국 농무부의 중국어 번역자 마이클 J. 해거티와 함께 중국의 식물학 관련 논문과 서적을 번역하기도 했다.

허버트 존 웨버Herbert John Webber(1865~1946)는 21세기 전반기 동안 전형적인 미국인 과학자의 삶을 살았다. 그는 중부 아이오와의 농장에서 태어나 1883년 네브래스카대학에 입학했으며, 이곳에서 찰스 E. 베시의 영향으로 식물학자가 되었다. 그는 매사추세츠 우즈홀 지역과 세인트루이스의 워싱턴대학에서 수정과 분열 과정 중 세포의 변이에 관해 연구했다.

1892년은 웨버의 인생에서 분수령이 된 해였다. 그는 미국 농무부에 고용되어 월터 스윙글의 보조원으로 플로리다에 파견되었다. 순수과학도였던 웨버는 이곳에서 감귤궤양병 및 다른 질병들을 접할 수 있었다. 1897년 워싱턴 D.C.의 미국 농무부 실험실로 돌아온 웨버는 연구 분야를 바꾸었다. 박사학위 주제를 감귤의 생식 작용으로 정하고 1900년 워싱턴대학에서 학위를 받았으나, 미국 농무부는 그가 식물 품종 개량 분야에서 일하도록 했다.

멘델 법칙의 재발견이 이루어지자 웨버는 식물 유전학이 자신과 관련된 두 분야 모두에서 통용되는 토대가 되리라고 판단했다. 이러한 직관으로 그는 식물학 연구에서 선구자의 위치에 서게 되었다. 실제로 코넬대학은 1907년 웨버를 식물학 교수이자 새로운 분야인 식물품종개량실험학과의 학장으로 선임했다.

몇 해가 지난 1912년, 이번에는 캘리포니아대학이 그를 초빙했고 웨버는 리버사이드의 감귤실험연구소Citrus Experiment Station 소장이자 열대농업대학원 학장으로 임명되었다. 이 연구소는 1905년도에 감귤 경작자들이 주 의회와 캘리포니아대학에 도움을 요청하여 설립된 것으로, 1907년 이래로 리버사이드의 루비도 산 동쪽 능선에 9만 3000제곱미터의 땅을 소유하고 있었다. 감귤실험연구소는 비료, 접본, 감귤궤양병과 선충, 서리 방지를 위한 과수원 난방, 그리고 신종 개량 감귤 품종 등 모든 사안을 다루었다.

1913년에는 주목할 만한 일이 있었는데, 연구소의 기금을 증액하기로 결정한 것이다. 이에 연관된 대부분의 사람들(캘리포니아대학의 교수와 이사들, 그리고 의원들)은 확장일로에 있던 도시 로스앤젤레스에서 가까운 산페르난도밸리로 이전을 추진했다. 그러나 웨버 박사는 이러한 움직임에 강하게 반대했다. 그는 감귤실험연구소가 리버사이드에 있기를 원했으며 입장을 굽히지 않았다. 그러다가 1917년, 동쪽으로 겨우 6.5킬로미터 떨어진 박스스프링스 산의 낮은 능선에 위치한 새로운 시설로 이전하겠느냐는 제안을 받자 이번에는 그도 흔쾌히 받아들였다. 웨버는 이곳에서 1929년 은퇴할 때까지 동료 연구원들과 함께 연구에 매진했다.

웨버의 강력한 직관과 실용적인 접근법은 은퇴 후에도 빛을 발했다. 은퇴한 지 몇 년 뒤인 1942년 자메이카산 우글리프루트가 뉴욕으로 운송되어 처음 판매하게 되었을 때였다. 켄들 모턴은 뉴욕의 한 노점상에게서 이 과일 네 개를 구입한 후 리버사이드에 있는 웨버에게 발송했다. 웨버 박사는 그 씨앗을 심었고 열세 개의 묘목을 얻었다. 그런 후에 웨버는 나뭇잎의 냄새를 맡아 보았다. 여섯 개는 강한 만다린 향이 풍겼으며, 세 개는 약한 만다린 향내가, 그리고 네 개에서는 그레이프프루트 혹은 스위트 오렌지와 비슷한 향기가 났다. 우글리프루트를 분석하는 데 필요한 만큼 충분한 시간을 들이지는 못했지만, 그의 코는 이 혼합종의 정확한 조상이 무엇인지 알고 있었던 것이다!

미국의 감귤 재배를 이끈 원동력

이상에서 살펴본 일화에는 몇 가지 공통적인 측면이 있다. 그중 한 가지만 뽑자면 대규모 경제 프로젝트가 추진되는 데 정부가 중요한 역할을 하기 시작했다는 점이다.

여기에는 1862년 에이브러햄 링컨 행정부와 의회가 결정적인 역할을 했다. 이 해에 미국의 자영농지법인 홈스테드법이 통과되었으며, 동시에 제1차 모릴법이 추진되어 모든 주에 랜드그랜트칼리지라는 고등교육기관을 설립함으로써 농업과 기술의 개선을 도모하게 된 것이다.

다만, 이처럼 앞을 내다본 시도가 결실을 맺기 시작한 것은 한 세대가 지난 후였다. 선더스의 선구적 노력 덕에 캘리포니아 감귤 재배는 호황을 맞았다. 플로리다도 이에 뒤지지 않아서 웨버, 스윙글, 그리고 그 밖의 여러 사람들의 노력으로 이곳 기후에서 잘 자라는 감귤 품종들이 도입되었다. 댐을 건설해 캘리포니아 센트럴밸리의 감귤 지대에 관개를 제공한 사례에서도 알 수 있듯이 국가의 개입은 필수적이다.

미국 연방정부의 명백한 간접적 영향으로 감귤 재배가 개선된 사례는 또 있다. 농업 관련 산업은 과학 기술을 적극 활용해야 하는데, 텍사스산 리오레드 그레이프프루트Rio Red grapefruit가 바로 그런 경우였다. 이 과일이 루비 빛을 띠는 것은 껍질과 과육 모두에 카로티노이드 색소 분자인 리코펜lycopene이 풍부하기 때문이다. 리오레드 종은 인위적으로 만들어 낸 것일 뿐 아니라 (사실 모든 경작 식물은 '유전적으로 개량된 유기물'이라 할 수 있다), 알려진 수천 가지의 감귤 종들 가운데서도 비교적 최근에 추가된 것이다.

여기에 더해 텍사스의 기후는 감귤 나무들을 개량하여 더욱 견실하게 만드는 또 다른 원동력이 되었다. 1949년, 1951년, 1962년, 1983년, 그리고 1989년의 서리는 수백만 그루의 나무를 앗아 갔다. 텍사스의 농학자들은 서리 방지에 열중하는 한편, 더 붉은 빛이 도는 그레이프프루트 종을 만들려고 노력했다.

텍사스의 원예학자인 리처드 A. 핸즈Richard A. Hensz는 뉴욕 주 롱아일랜드 섬의 업턴에 위치한 브룩헤이븐국립연구소Brookhaven National Laboratory를 방문했다. 이 연구소는 미국 에너지국의 한 부서이지만, 대학들과의 컨소시엄을 통해 학술적인 성격으로 운영되는 기구였다. 특히 고에너지 물리학high-energy physics 분야에서 많은 노벨상 수상자들을 배출했으며, 고에너지 광선 입자와 방사선을 생산하는 가속기들도 여러 대 보유하고 있었다.

핸즈는 브룩헤이븐국립연구소에서 추가적인 돌연변이를 유도하기 위해 그레이프프루트 씨앗에 열성중자나 엑스레이 등으로 빛을 비추기 시작했다. 1965년에 그는 스타루비Star Ruby 종을 생산했고 1970년 경작자들에게 배포했다. 그러나 서리에 저항력이 있는 스타루비도 약점은 있었다. 제초제에 너무 취약했으며 열매도 불규칙적으로 맺었던 것이다.

핸즈 박사는 처음으로 돌아가, 브룩헤이븐국립연구소에서 다시 연구를 시작했다. 1976년 그는 새로운 변종을 접하게 되는데 바로 리오레드였다. 이 과일은 광고 그대로 '빨간 그레이프프루트 중 최상품'이었다. 1984년에는 경작자들이 리오레드를 재배할 수 있게 되었으며 지금은 전 세계에서 자라고 있다.

리오그랜드 계곡에는 강의 북쪽에서 몇 킬로미터 떨어진 곳에 과수원들이 자리하고 있다. 이곳의 토양은 알칼리 성분이 높고 모래가 많은 충적토여서 플로리다의 그레이프프루트 재배 지역과 유사하다.

텍사스 주 미션 지역의 경작자이자 리오퀸 감귤회사의 현장 부책임자인 폴 헬러는 그레이프프루트를 이렇게 설명한다. "우리 나무들은 2월과 3월에 꽃을 피워 4월이면 완두콩 크기 만해지며, 5월에는 골프공 크기 만해진다. 9월이나 10월에 수확을 시작하는데 4~5월까지 계속된다." 이 나무들은 생산성이 매우 높으며, 재배 과정에서 한 단계가 생략되어 작물의 저장은 문제가 되지 않는다. 헬러에 따르면 "때로는 한 나무에서 동시에 두 번의 작황을 하게 된다. 그래서 한 번에 조금씩만 따면 된다. 지금까지는 과일을 저장하는 최적의 장소가 바로 나무 그 자체이다." 지금의 개량된 리오레드 그레이프프루트가 탄생하기까지는 과학자들의 불굴의 노력이 있었으며, 그 과정에서 정부의 작은 도움 또한 빼놓을 수 없었다.

감귤이 전하는
삶의 이야기

만약 신께서 그대에게 레몬을 주셨다면,
레몬에이드 만드는 데 힘을 쏟아라.
_스페인 속담

그리스 신화에 나오는 처녀 사냥꾼 아탈란테는 사랑을 고백
하는 남자들이 많았지만 아무에게도 관심이 없었다. 결혼하라는
압박에 그녀는 고분고분 따랐지만 한 가지 조건을 내걸었다. 자
신과 달리기를 해서 이기는 사람과 하겠다는 것이었다. 만약 그
녀가 이기면 도전자는 죽게 될 터였다.

한 달리기 선수가 도전해 왔다. 사랑의 여신 아프로디테에게
도움을 청한 그는 헤스페리데스 정원에서 황금 사과 세 개를 받
았다. 남자는 경기장을 냅다 달렸다. 아탈란테가 가까이 쫓아오
자 그는 첫 번째 사과를 떨어트렸다. 그녀는 허리를 굽혀 사과
를 주웠고 그는 계속해서 앞서 나갔다. 아주 발이 빨랐던 아탈란
테는 또 다시 남자를 따라잡았다. 그러자 남자는 두 번째 사과를
떨어트렸다. 그녀는 사과를 낚아챘고 또 한 번 뒤쳐졌다. 아탈란
테가 세 번째로 그를 앞서려 위협하자 남자는 세 번째 사과를 던

졌다. 결국 그는 경기에서 이기고 아탈란테를 차지하게 되었다.

아탈란테 신화는 풍요의 여신 아프로디테를 떠올리게 할 뿐 아니라 정숙한 아르테미스의 제의祭儀를 생각나게 한다. 한 여성을 차지하기 위해 남자가 얻은 세 개의 황금 사과(분명히 오렌지였을 것이다) 이야기는 또한, 세 여신 중 자신이 선택한 한 명에게 선물로 사과를 주었던 파리스의 심판 이야기와도 비슷한 면이 있다.

아탈란테는 운동경기를 통해 남녀의 차이를 뛰어넘으려 했다. 한편으로 이 경주는, 아탈란테가 독신을 고집함으로써 위협받았던 자연의 질서가 회복됨을 상징한다. 이번 장에서는 오렌지와 연관된 여신들, 여성의 처녀성과 다산성이라는 두 가지 극단을 상징하는 여신들에 대해 다룰 것이다.

황금 사과와 오렌지를 동일시하는 것으로 볼 때, 아탈란테 신화는 알렉산더 대왕의 정복 활동으로 아시아에서 감귤이 최초로 들어왔던 시기에 탄생했으리라는 추측을 해 볼 수 있다. 헤라클레스의 모험 이야기에도 황금 사과가 등장하는데 여기서는 헤스페리데스 정원의 황금 사과를 손에 넣는 사람은 영원히 죽지 않는다는 대목이 나온다. 갑절은 더 귀한 사과인 셈이다.

한편으로 이 신화는 비슷한 시기인 BC 4세기경, 중국과 인도에서 그리스와 헬레니즘 세계로 들어온 연금술과도 연관을 지을 수 있다. 중국 연금술의 중요한 특징은 먹는 금을 만든다는데 있다. 중국 최초의 화학자들은 귀금속을 아주 작은 입자의 수용성 부유물, 즉 사람이 마실 수 있는 콜로이드(보통의 분자나 이온보다 큰 미립자가 기체 또는 액체 중에 분산된 상태를 말함 - 역주) 상태의 금으로 바꾸는 과정을 연구했다. 금속의 고귀한 불변성은 그것을 마시는 사람에게 전이될 수 있으며, 이를 마신 사람은 건강과 영생을 얻게 되리라고 생각했던 것이다.

실제로 연금술에 관한 옛 필사본에는, 아탈란테 신화와 헬레니즘 연금술 간의 관련성이 드러나 있다. 가장 유명한 것 중 하나가 독일인 미첼 마이어가 1617년에 펴낸《하늘을 나는 아탈란테Atalanta Fugiens》이다.

그리스 고전기에는 종교와 문화가 상당히 중첩되어 있었다. 종교는 감귤과 같은 자연의 물질에서 상징적 의미를 추출하고 그것에 문화를 부여한다. 예를 들어 시트론은 유대교에서 아주 중요하며, 오렌지는 그리스 신화에서 중요한 자리를 차지한다. 오렌지 나무는 하얀 꽃과 황금 과일을 동시에 갖고 있다. 여기에서 하얀 꽃은 처녀성을 상징하고, 오렌지는 다산성을 암시한다.

보티첼리(1446~1510)는 오렌지 나무의 꽃과 열매를 주제로 불후의 상징적 의미를 그려 낸 화가이다. 그의 유명한 작품 두 점, 〈비너스의 탄생The Birth of Venus〉(1485~1486)과 〈프리마베라La Primavera〉(1478)에는 오렌지 꽃과 과일이 모두 두드러지게 묘사되어 있다. 이 피렌체 예술가는 〈비너스의 탄생〉의 오른쪽 위편에 헤스페리데스 정원을 그렸다. 꽃이 활짝 핀 오렌지 정원은 금빛으로 빛나며, 나무줄기는 금색의 비스듬한 붓 터치로 강조되었다. 짙은 녹색 잎사귀의 둘레 역시 금색으로 처리했으며 잎맥도 금색으로 그렸다. 꽃잎의 끝부분은 금빛에 살짝 물들어 있다. 바다에서 떠오르는 사랑의 여신은, 사랑의 탄생을 상징하는 꽃이 만발한 오렌지 정원으로 막 들어서려는 참이다.

비너스는 〈프리마베라〉에도 등장한다. 이때는 오렌지 정원한가운데에 서 있는 모습이다. 이 작품은 세미라미데 아피아니와 로렌초 데 메디치의 결혼을 축하하기 위해 그린 것으로 알려져 있다. 자연을 예리하게 관찰했던 보티첼리는 오렌지 나무를 꽃(순결)이 **활짝** 피고 과일(풍요)이 주렁주렁 맺힌 모습으로 그려, 정숙한 숙녀와 기품 있는 남편의 결합을 적절하게 표현했다.

순결한 오렌지 꽃에 얽힌 전쟁 이야기

기독교 예술과 문학에서 흰색 오렌지 꽃은 동정녀 마리아를 상징한다. 이러한 상징성은 빅토리아 시대에 처음 시작되었다. 19세기와 20세기 초반, 프랑스에서 신부는 오렌지 꽃 부케를 들었으며, 나중에는 이것을 신혼 방에 있는 유리 지구본 아래에 보관했다. 신부의 처녀성을 상징하는 부케를 그곳에 둠으로써 다산을 기원했던 것이다.

잘 알려지지 않은 이베리아의 전쟁, 이른바 오렌지 전쟁War of the Orange은 오렌지 꽃의 이러한 상징성을 배경으로 한다. 스페인과 포르투갈 간의 이 다툼이 없었다면 오늘날 세계는 지금과 전혀 다른 모습일지도 모른다. 스페인이 어떤 정치적 제안을 하든 포르투갈은 무조건 반대를 표명하는 이유는 무엇일까? 포르투갈이 스페인의 갈리시아 주를 병합하고자 밀어붙였던 이유는 무엇일까? 스페인은 영국이 불법적이며 불공정하게 자신들의 영토 지브롤터를 점령했다고 효과적으로 광고를 할 수 있었던 반면, 포르투갈이 스페인 사람들이 올리벤사 시를 탈취했다고 비난했을 때 그 주장이 보기 좋게 무시당한 이유는 무엇일까?

이 이야기에 등장하는 배역의 수는 적다. 무자비한 황제, 유약한 왕과 허영심 강한 왕비, 밉살스러운 총리, 그리고 오렌지꽃 한 다발이 전부다.

때는 1800년 8월이었다. 무자비한 황제는 나폴레옹이었으며, 프랑스는 영국과 전쟁 중이었다. 스페인은 프랑스와 연합했고, 포르투갈은 영국 편이었다. 17세기 말 이후 포르투갈은 사실상 영국의 지배 아래 있었다. 만약 나폴레옹이 포르투갈을 영국의 동맹으로부터 떼어 놓아 군사적으로 점령하게 된다면, 영국으로서는 치명적인 타격이 될 터였다. 그래서 나폴레옹은 스페인이 포르투갈을 침략하도록 한 후 뒤에서 후원했다. 그는 가장 신뢰하는 장군 베르티에를 특별대사로 임명해 마드리드에 보냈다. 베르티에의 임무는 '가능한 모든 수단을 동원해 스페인이 포르투갈과 전쟁을 하도록 부추기는 것'이었다. 이와 동시에 나폴레옹은 포르투갈을 프랑스에 병합한다는 결정을 내렸다.

다음은 유약한 왕의 차례다. 스페인의 국왕 카를로스 4세는 1793년 기요틴에서 처형된 프랑스 국왕 루이 16세와 같은 부르봉 가문 출신이었다. 처형이 있은 후 카를로스 4세는 프랑스와 전쟁을 했는데, 이는 전쟁에 전력을 쏟은 것이라기보다 결속을 다지려는 상징적 제스처였다. 미래의 나폴레옹인 보나파르트가 권력을 잡았을 때는 이 두 나라가 평화를 이루었고 영국에 맞서 동맹을 맺게 되었다. 나폴레옹에게 꼼짝 못했던 카를로스 4세는 그의 뜻을 거스를 수 없었다.

게다가 카를로스는 여왕 마리아 루이자Maria Luisa와, 그녀의 옛 연인이자 자신의 충신이던 고도이Godoy(1767~1851)의 손아귀에 있었다. 스페인의 하급 귀족 출신인 고도이는 마리아 루이자와 열렬한 사랑에 빠짐으로써 찬란한 정치적 경력을 쌓았다. 그는 약관 22세에 이미 장관이 되었으며, 그 후 19년 동안 권력을 휘두르게 된다. 연애 행각이 끝난 후에도 그는 계속해서 여왕을 조종했다. 프랑스 대사 알퀴에는 1800년 11월, 고국에 있는 외무대신에게 다음과 같은 편지를 썼다. "군인이라도 매춘부에게 하지 못할 폭력과 잔인함을 고도이는 쉽게 행합니다."

1801년 봄, 카를로스 4세와 고도이는 질질 끌 만큼 끈 끝에 마침내 포르투갈과 전쟁을 시작했다. 전쟁은 5월 20일 올리벤사 시가 함락될 때까지 겨우 3주 정도밖에 걸리지 않았다. 포르투갈은 스페인 침략자들과 그들의 프랑스 동맹군에게 거의 저항하지 않았다. 전쟁은 마치 적의 영토 안에서 군인들이 산책하듯 진행되었다. 올리벤사는 스페인에 복속되었고, 오늘날까지 스페인 땅으로 남아 있다.

스페인 군대의 사령관 고도이는, 자신의 성격과는 상반되게도 섬세하고 우아하며 기사다운 태도를 보였다. 말을 타고 리스본으로 가는 길에 있는 엘바스의 감귤 정원을 지나던 그는 오렌지 꽃 한 다발을 뽑아 고국의 여왕에게 보냈다. 역사가들이 이 사건을 '오렌지 전쟁'이라 부르는 것은 바로 이 일화 때문이다.

포르투갈이 수백 년 동안 반환을 요구했던 올리벤사의 합병 사건을 통해, 이 나라가 스페인의 지브롤터의 반환 요구에 전혀 호응하지 않았던 이유와 수백 년간 영국과 포르투갈의 우애가 지속된 이유 역시 알 수 있다. 또한 문화 및 언어적인 면에서 스페인보다 포르투갈에 더 가까웠던 스페인의 갈리시아 주(산티아고데콤포스텔라 지역)의 자치권을 포르투갈이 독려했던 이유도 알 수 있다.

오렌지가 강을 이루는 뱅슈 카니발

전쟁의 긴장감은 축제를 통해 해소되기도 한다. '꽃 전쟁'은 리우데자네이루, 제노바, 니스, 샌안토니오, 샌디에이고 등 모든 도시 주민들이 즐겨 관람하는 퍼레이드에서 뺄 수 없는 순서다. 벨기에의 작은 도시 뱅슈에서 축제가 열릴 때면 수많은 군중들이 몰려든다. 그 축제의 특별한 볼거리는 '질'이라 부르는 거인들이다. 이 사람들은 잉카 복장에 타조 털 머리장식을 한 채 죽마를 타고 걸어 다닌다. 손에는 오렌지 바구니를 들고 다니는데 그 속의 오렌지를 구경꾼들에게 던진다. 아마도 잉카 복장은 16세기에, 오렌지는 좀더 늦은 시기에 이 의식에 첨가된 것 같다. 20세기 초까지도 질은 밤이나 빵 조각, 아니면 간혹 사과를 던졌다. 오렌지는 이렇게 소모하기에는 너무 비쌌기 때문이다.

뱅슈 카니발에서 던지는 오렌지는 이탈리아에서 들여오는데, 이탈리아는 이미 수백 년 동안 오렌지가 카니발의 전통으로 자리 잡은 곳이었다. 한 여행자는 1847년 로마의 카니발을 이렇게 묘사했다.

던지는 물체 중 세 번째 종류는 '아무거나'라 부르는 것들이다. 이것은 다양한 방식으로 던질 수 있다. 밝은 미소를 머금고 적당한 속도로 던질 때는 별 탈 없는 축하치레가 되지만, 폭력적으로 던지면 명백한 공격의 의미가 된다. 대개 오렌지, 레몬, 커다란 설탕 덩어리, 무거운 사탕, 꽃다발 등의 물건이 쓰이는데, 꽃다발에서는 줄기가 제일 중요한 부분이다.

이러한 관습은 지금까지 계속된다. 예를 들어 토리노 북부 피에몬테에 있는 작은 도시, 이브레아의 카니발에서는 3일 동안 오렌지 대격전이 벌어진다. 이 기간 동안 전투원들은 서로에게 과일을 던지는데, 말을 타는 사람이 있는가 하면 말 한두 마리가 끄는 마차를 타는 경우도 있다. 이들의 적은 보병이다. 양 진영 모두 합쳐 3000명 이상이 참여하는 이 오렌지 전투에는 역사적인 뿌리가 있다. 12세기의 거만한 압제자 라이네리 디 비안드라테와 몽페라토의 후작 굴리에모에 대항해 주민들이 일으켰던 피의 봉기를 상징적 폭력으로 재현한 것이다.

이 가짜 전투가 벌어지는 동안 상황은 격렬하게 치닫는다. 주변 건물들은 마구 던진 오렌지에 창문이 깨지지 않도록 망을 씌운다. 구경꾼들에게는 신분 확인 및 (상대적) 안전을 위한 장치로서 눈에 잘 띄는 빨간 모자가 제공된다. 잘 익은 오렌지 발사물들이 몇 시간 내내 날아다니며 몸에, 머리에, 얼굴에 그리고 카니발 의상에 튀고 목표물을 맞히지 못한 오렌지들은 땅바닥에 처박힌다. 이 엄청난 경기가 막을 내릴 때 즈음이면 거리와 이브리아 광장은 감귤 덩어리와 오렌지 과육이 20센티미터 두께로 가득 뒤덮여 소용돌이를 이루며 장관을 연출한다.

이탈리아 카니발의 상징으로 오렌지가 선택된 이유는 이 태양의 과일이 황금빛과 풍요를 상징하기 때문이라는 걸 쉽게 알 수 있다. 이 축제는 겨울의 끝머리에 햇빛이 다시 돌아와, 추웠던 지난달들을 태워 없애는 것을 축하하는 의식이다. 이것은 또한 풍성한 추수와 여성의 다산이 지속되기를 비는 풍요의 축제이기도 하다.

오렌지는 다른 시기에도 유럽의 여러 마을에서 축제의 단골 소재로 사용되었다.

오렌지와 사랑을 팔던 오렌지우먼

근대 서부 유럽에서는 적어도 19세기 말까지 오렌지가 풍요와 태평성대의 상징이었다. 값이 무척 비쌌던 오렌지는 값이 싼 사과나 자두 등 흔한 과일과는 대조적으로 축제 의식에서나 볼 수 있었다. 오렌지는 결혼식이나 연회, 혹은 극장에서도 맛을 볼 수 있었다. 가상으로나마 사회적 지위가 뒤바뀌는 특별한 시기였던 카니발 동안에는 귀족들을 경멸하는 표시로서 오렌지를 마구 던지곤 했다.

오렌지맨orange-man이나 오렌지우먼orange-woman이라 불리던 사람들도 있었는데, 이들은 전문적인 오렌지 행상으로 오렌지를 가득 채운 커다란 바구니를 끌고 대도시의 거리를 누볐다. 오렌지 상인들은 19세기 말에 대형 중앙시장이 생길 때까지 수백 년 동안 유럽 대도시에서 흔히 볼 수 있었는데 아랍권의 영향으로 생겨난 것으로 보인다. 19세기 후반까지 이탈리아 팔레르모와 시칠리아의 오렌지 행상들은 "꿀이 왔어요!"라고 특이하게 소리치며 물건을 홍보했는데 "꿀이요, 아, 오렌지요, 꿀이요!"라고 부르짖던 카이로의 오렌지 상인들과 아주 비슷했다. 보통은 새콤한 맛이 강한 오렌지의 단맛을 강조하는 말로 '꿀'보다 더 좋은 단어는 없을 것이다.

어떤 사람들은 오렌지 행상이 처음 등장한 곳은 지중해 주변의 도시였을 것이라 추측한다. 르네상스 즈음에는 여행이 더 안

전해지고 북유럽과 남유럽의 무역이 발달하면서 이 오렌지 판매 상들이 런던, 파리, 암스테르담, 함부르크를 비롯한 북부의 대도시에도 등장했다.

르네상스 이후 제1차 세계대전 기간까지 오렌지 상인들을 언제나 볼 수 있는 장소는 극장이었다. 이들이야말로 오늘날의 영화관 입구에서 팝콘을 팔고 운동경기장에서 핫도그와 감자튀김을 파는 상인들의 원조라 할 수 있다.

엘리자베스 여왕 시대에 윌리엄 셰익스피어, 벤 존슨, 크리스토퍼 말로 등의 극작가들이 글로브 극장의 무대에 오른 자신들의 연극을 보고 있을 때, 관객들은 생강 쿠키, 땅콩, 오렌지를 오물거렸으며 연기가 마음에 들지 않으면 이런 음식물을 서슴없이 배우들에게 던지곤 했다. 17~18세기 동안에는 생강 쿠키와 오렌지를 임금으로 주는 것이 런던의 극장 후견인들의 전통이었다. 요크와 맨체스터 같은 도시의 극장이나 거리에서는 감귤 행상을 쉽게 찾을 수 있었다.

한편으로 영국에서 극장은, 엘리자베스 시대와 그 이후로도 오랫동안 부도덕의 대명사였다. 성적인 탐닉과 광란의 놀이판이 벌어지던 고대 그리스와 로마의 축제 관행을 영국의 연극 관객들이 이어받았던 셈이다. 소위 신사들은 런던의 극장에 서서 와인이나 맥주, 진을 마시곤 했다. 이들은 가까이 있는 여성에게 접근하여 무뢰배나 난봉꾼처럼 굴기 일쑤였다. 한편으로 꽃 파는 소녀나 오렌지우먼들은 이 기회를 통해 비천한 처지를 벗어날 수 있었기에 이러한 관심을 바라기도 했을 것이다. 거리에서 오렌지를 팔다가 부유한 신사의 정부나 첩이 되는 것은 충분히 실현 가능한 목표였다.

이와 관련하여 1700년 12월 20일의 기록이 남아 있다. 그 내용을 보면 오렌지우먼들이 상습적으로 어떤 모욕을 당했는지 알수 있다.

한 오렌지우먼과 잠깐 알고 지내던 앤드루 슬래닝 경은 드루어리레인 극장의 아래층에 있었다. 그는 연극이 끝나자마자 그녀와 함께나왔고, 카우랜드 씨와 몇몇 다른 남자가 그 뒤를 따라 나왔다. 얼마안 가 카우랜드가 그 여성의 목에 팔을 두르자, 그것을 본 앤드류 경은 그녀가 자신의 부인이라고 하면서 그만두라고 말했다. 앤드류 경이 정결한 여인과 이미 결혼한 몸임을 알고 있던 카우랜드는 거짓말을 폭로했고, 두 사람 모두 손에 칼을 들었다.

우렌지우먼 가운데는 찰스 2세의 첩이 된 넬 귄 같은 경우도있었다. 19세기 말이나 사라 베르나르(프랑스의 연극배우로 19세기 후반의 대표적 여배우로 꼽힌다-여주)가 활약하던 시대까지도 극장과 오페라 공연장은 부유한 남성과 신분 상승을 꿈꾸는 노동계급 여성의 은밀한 만남의 장으로 계속 이용되었다.

비록 포도가 디오니소스를 상징하는 과일이지만, 오렌지 역시 이 그리스 신의 영향을 담은 또 하나의 과일이라 하겠다.

음식으로 전해지는 브라질 식민지의 역사

고대 세계에는 오늘날 미국의 추수감사절과 상당히 비슷한축제가 있었다. 바로 데스모포리아 축제로, 그리스의 기혼 여성들이 데메테르와 페르세포네에게 바치는 풍요로운 추수 의식이었다.

크리스마스와 신년 축하 때 오렌지와 탄제린을 선물하는 유럽의 풍습은 이 전통에서 비롯되었다. 음울한 겨울에 치르는 이러한 축제는 재생을 의미하는 태양 숭배 의식이자, 땅과 인간 모두의 번성을 비는 의식이었다.

나는 이러한 풍요의 축제를 개인적으로 체험했던 기억이 있다. 아버지와 나는 1950년 7월 프랑스를 떠나 리우데자네이루에 도착했다. 시 전체가 이상하리만치 조용했다. 바로 며칠 전 줄리메컵 대회로 불리던 월드컵축구대회 결승에서 브라질 국가대표팀이 파라과이에 진 충격으로 도시는 아직까지 슬픔에 잠겨 있었다.

나는 어린 소년이었고, 남미를 방문한 것은 이때가 처음이었다. 이 이국적인 도시의 첫 풍광과 냄새, 그리고 소음이 나에게는 아주 인상적이었다. 우리는 리우데자네이루의 번화가에 위치한 엑셀시오라는 호텔에 묵었는데, 아버지가 근무하던 사무실 빌딩과는 몇 블록 떨어져 있었다. 당시 이 호텔은 호화로움과 구세계의 우아함을 그럴듯하게 결합한 곳이었다. 몇 년도 채 되지 않아 코파카바나 해변에 미국식 호텔들이 줄지어 서면서, 이 궁전 같던 곳도 완전히 구닥다리 건물이 되었지만 말이다.

우리가 체크인할 때는 아마 한낮이었을 것이다. 몇 가지만 적어 넣고 방으로 왔는데, 시차 때문인지 봄이 너무 피곤하고 멍한 상태였다. 에어프랑스 비행기가 파리를 출발해 마드리드, 다카르, 헤시피에 들러 연료 주입을 하는 바람에 우리는 꼬박 26시간 동안 비행을 한 후였다.

첫 번째로 생각나는 특별한 기억은, 다음날 아침 방에서 아침 식사를 서빙해 준 웨이터에 관한 것이다. 그는 엄청나게 큰 접시에 에덴동산을 가득 담아 왔다.

물론 커피도 있었으며, 막 구운 크루아상과 롤빵, 패스트리, 버터, 잼도 있었다. 그러나 가장 놀라운 것은 그 웨이터가 갖고 온 풍성한 열대과일이었다. 갓 짜낸 주스 두세 가지와 수박 조각 몇 개, 통째로 내온 파인애플도 있었다. 나는 이때 파인애플이라는 것을 처음 봤다. 적어도 서너 가지 종류는 되는 바나나도 있었다. 파파야도 있었다. 망고도 있었다. 오렌지도 몇 종류는 되었다. 마라쿠야도. 구아바도. 고이아바다도.

18세기 유럽의 항해자들이 태평양 섬 원주민들에게서 환영의 선물로 가장 먹음직스러운 지역 산물을 받았을 때 어떤 감정이었을지 나는 정확히 이해할 수 있었다. 그들은 분명 파라다이스, 혹은 마법의 섬에 도착했다고 느꼈을 것이다. 폴리네시아 같은 새로운 땅을 디딘 항해자들은 이에 관한 글을 남겼다. 이들은 매력적인 여정을 기록하여 고국에 보냈는데, 여기에는 탐사대의 일원인 동식물학자와 화가가 그 지역 꽃과 동물들을 묘사한 글과 그림도 담겨 있었다.

엑셀시오의 아침 식사에 오른 그 풍성함에서 나는 17, 18세기 네덜란드의 정물화를 연상했다. 이러한 그림에는 자연의 엄청난 풍요로움, 열대과일의 다양한 형태와 색과 맛을 보고 느꼈던 경이로움이 그대로 담겨 있다. 네덜란드의 춥고 흐린 날씨 덕분에 네덜란드 선원들이 접했던 경이로움은 그림 속에서 더욱 절실하게 드러난다. 네덜란드에서 열대 및 적도의 풍경을 재현하려는 시도로서 원예가 유행한 것도 바로 이때였다. 네덜란드는 기후가 온대성인 데다가 온실까지 사용했기 때문에 꽃이 과일보다 훨씬 잘 자랐고, 그 결과 꽃 재배가 유행하게 된 것이다. 이 시기에 모든 장르의 꽃 그림 역시 네덜란드 학파 내에서 성행하게 되었다.

네덜란드가 대양을 휩쓸고 다니며 대륙 너머로 뻗어 나가는 동안 다른 나라들도 가만히 있지만은 않았다. 포르투갈인들은 유럽의 팽창에 핵심적인 역할을 했고, 스페인인들은 아메리카 대륙에서 나는 금과 은을 갤리선에 싣고 돌아왔다. 그러는 동안 포르투갈은 삼각무역을 출범했고 영국과 프랑스, 네덜란드가 재빠르게 동참했다. 이들은 서아프리카 해안에서 노예들을 배에 실어 서인도제도와 브라질의 플랜테이션 농장으로 보내 강제 노동을 시켰으며 이 플랜테이션의 생산물인 럼, 설탕, 바나나, 감귤 등을 싣고 다시 브리스틀, 리스본, 낭트, 보르도 등의 유럽 항구로 돌아왔다.

특히 포르투갈 사람들은 이종족과의 결혼을 시도하여, 노예 노동력은 브라질 인구 형성에 지울 수 없는 흔적을 남겼다. 지금도 브라질 문화 속에는 아프리카의 요소들이 수많은 관습으로 자리해 일상생활에서 강력한 영향을 미치고 있다. 이러한 영향력은 특히 종교와 요리에서 뚜렷하게 나타난다. 열대에서 풍성하게 자라는 감귤 나무는 쾌락적 관능과 연관되기 시작했으며, 때로는 아프리카계 브라질인들의 이미지를 대변하기도 했다.

이러한 역사가 브라질 음식의 역사 및 오늘날의 음식 전통과 어떻게 연결되는 것일까? 그 해답은 포르투갈의 브라질 식민화로 거슬러 올라간다. 브라질 문화의 상당수는 18세기 이후 계속된 식민기 동안 브라질 북동부 페르남부쿠 지역에서 번성했던 플랜테이션의 생활양식을 물려받은 것이다.

포르투갈인들은 16세기에 브라질에 정착하기 시작했다. 국왕으로부터 통치 지역과 주민에 대해 막강한 군사적 재량권과 절대적 권한을 위임받은 독신 남성들이 이 나라에 파송되었다. 이들은 대개 토착 원주민들 위에 군림한 작은 폭군이었다. 인디언들이 환대의 예절로 선물한 여성들을 마음껏 유린하고 남자들은 강제 노동으로 착취했다. 이들은 처음에는 보통 사탕수수와 감귤을 재배했다. 커피는 1770년대에 도입되었으며, 코코아는 약 1세기가 더 지나서 포르투갈 정부가 식민지 브라질의 진정한 경제적 잠재력을 이해하기 시작했을 때 도입되었다. 브라질의 경제적 가치는 그곳의 금, 은, 다이아몬드, 식물 염료 등 자연적 풍요보다는 주로 농업 생산물에서 비롯된 것이었다.

포르투갈 이민자들은 포르투갈에서 학습한 사회 관념을 들여왔고, 남아메리카에 포르투갈과 닮은꼴의 모자이크 사회를 이식했다. 포르투갈 문화에는 세 가지 주요 흐름이 뒤섞여 있다. 고대 로마 및 기독교 요소 외에도 아랍에서 기원한 농경 및 어업의 요소들이 혼재한다. 무어인들은 포르투갈에 레몬, 오렌지, 탄제린 과수원을 도입하는 등 감귤 재배에 큰 영향을 미쳤으며, 사탕수수 공정에 관한 전문적 기술을 제공했다. 아랍인들이 남긴 또 하나의 유산은 뛰어난 해군력이다. 포르투갈인들은 이들의 가르침을 모두 배웠다. 그리하여 알안달루스가 양도된 지 1~2세기 정도 지날 무렵, 스페인과 포르투갈은 인도 발견을 위한 항해를 시작했다. 세 번째 큰 흐름은, 16세기에 이르기까지 포르투갈의 인구와 문화에 미쳤던 유대인의 영향이다. 포르투갈의 유대인들은 대개 변호사, 의사, 은행업자, 회계사, 교수 및 고위 공직자 등 훌륭한 교육을 받은 전문인들이었다. 수많은 유대인과 개신교도들이 종교재판을 피해 신세계로 탈출함으로써, 이 마지막 인구 집단이 브라질의 식민화에 남다른 역할을 담당하게 된 것이다.

브라질 사회는 포르투갈 식민지 주민, 토착 원주민, 그리고 수입한 아프리카계 노예들(1700년에 50만 명, 100년 후 250만 명으로 늘어났다)로 구성되었다. 이를 바탕으로 포르투갈인들은 플랜테이션 체계를 구축했다. 브라질에서 코로넬coronel이라 불리던 포르투갈 영주는 궁전 같은 거대한 석조 가옥을 지었는데, 모국의 가정집을 그대로 모방한 것은 아니었다. 브라질에서 카사그란데casa-grande라고 부르는 이 커다란 집 옆에는 노예들이 사는 오두막이 있었다. 거대한 집에 사는 영주의 전형적인 이미지는 무료하게 시간을 보내며, 해먹에 누워 쉬고, 먹고 마시며, 첩과 희희낙락하고, 수많은 노예들에게 소리치며 명령하는 모습이었다.

브라질에서 포르투갈인들은 자신들의 전통적인 식단을 단념해야 했다. 브라질에 도착하면서 식량은 풍부해진 동시에 빈약해졌다. 이곳에는 우유도, 치즈도, 고기도 없었다. 그들이 소유한 땅에서는 가축을 사육하는 대신 단일 작물인 사탕수수를 재배했기 때문이다. 이 지역의 기후와 토착 기생충을 생각하면 가축 사육은 아무래도 위험한 일이었다. 따라서 포르투갈 식민지 주민들은 동물성 단백질을 구경도 못했을 뿐 아니라, 억지로 새로운 음식을 먹어야 했다. 밀 대신에 메니억 가루를, 포르투갈에서 재배되는 채소 대신에 옥수수를 먹었다. 물론 모국에서는 거의 대부분 이름도 들어 보지 못했던 풍성한 열대과일에도 입맛을 들여야 했다. 100여 년 후 북아메리카 식민지의 영국인들이 옥수수를 먹고, 꿀이나 설탕 대신 단풍당밀을 사용하고, 서코태쉬(옥수수와 콩 따위를 섞어 만든 야채 요리로서 미국 북부 지역 인디언들이 주로 먹었다-역주)를 흔히 먹게 되었던 것처럼, 포르투갈 정착민들도 점차 메니억, 옥수수, 검은콩, 바나나, 파인애플에 적응해 갔다. 이들의 먹거리 중 그 지역 고유의 식량이 아닌 것이 바로 감귤이었다.

포르투갈인의 바다, 브라질인의 바다

브라질인들은 처음 대서양 해안가에 정착했다. 오늘날까지도 인구의 대부분은 대서양을 따라 나 있는 상대적으로 좁고 길쭉한 땅에 살고 있다. 그런 이유로 이들의 식단에 단백질을 제공한 것은 해산물이었다. 그러나 고기를 잡는 법이나 고기를 요리하고 제공하는 방식에서 포르투갈인과 현지 브라질인들은 서로 달랐다. 포르투갈인들은 지중해 사람들의 방식대로 낚시를 한 반면, 브라질인들은 아프리카식에 훨씬 더 가까웠다. 아프리카계 브라질인들의 양식 속에 수반된 문화는 아프로디테와 아르테미스의 이중성을 다시 한 번 떠올리게 한다.

미식가를 사로잡는 요리는 분명 관능적 요소를 포함한다. 이런 점에서 음식은 성적 쾌락과 다르지 않다. 그렇다면 브라질 사람들은 음식을 어떻게 요리하기 좋아할까? 물고기 요리가 아주 좋은 예이다.

회향풀로 구운 농어는 대표적인 지중해식 요리일 것이다. 요리사는 신선한 포획물을 탁자 위로 가져와 검사한 후 승인한다. 그런 후 물고기 비늘을 벗기고, 조리 준비를 한 후 잔불에 굽는다. 이제 배에 칼집을 낸 뒤 그곳에 회향풀 잔가지를 집어넣어 향을 낸다. 나머지 회향풀 가지들은 불에 넣어 올리브기름을 살짝 바른 고기의 양면을 굽는 데 사용한다. 마치 신의 영감으로 재료를 준비하여 즉석에서 만든 듯, 정교하고 세련된 모양을 뽐내는 이 요리는 지중해식 요리의 우월함을 보여 주는 전형적 예이다. 콜리우르로부터 팔레르모, 미코노스, 말타, 사이프러스, 튀니스, 알제에 이르기까지 진정한 지중해 문화권에서는 이 요리가 사냥꾼이자 채집가였던 선조들의 유산을 상징한다.

이 요리에 쓰는 회향풀은 페룰라(디오니소스 숭배에서 다산을 상징한다)와 더불어 지중해 모든 해변에 서식하는 야생식물이다. 회향풀로 구운 농어는, 어부가 낚은 물고기에 여성들이 채집한 아니스 허브 향을 더한 것이다. 이 요리는 바닷바람이 휩쓸고 간 광활한 공간의 맛을 담고 있다.

이 전형적인 지중해 음식과 브라질 원주민들이 개발한 물고기 요리들을 대조해 보자. 일반적으로 사람들은 브라질 요리가 계통적으로 포르투갈과 연관이 있으므로 지중해의 전통 및 양식을 가득 담고 있으리라 예상한다. 그러나 브라질식 요리는 미세하지만 상당히 다르다. 유럽이나 북아메리카 사람들의 입맛에는 낯설게 느껴지는 아프리카의 요소가 지배적이기 때문이다. 브라질 사람들의 바다에 대한 태도는 지중해 사람들과 완전히 다르며, 바로 이러한 차이가 요리에 스며들어 있다.

지중해 전 지역에서 바다는 가족과도 같은 존재이다. 바다는 마치 여인네들처럼 예상할 수 없다. 그러나 수천 년 동안 사람들은 바닷길을 개척하고, 항해를 하고, 파도와 싸우고, 고기를 건져 올렸다. 프로방스 지역의 어부가 깊은 물에서 잡아 올린 농어는, 아프로디테처럼 근본적으로 사람들에게 자비로우며 친밀한 신화 속 여신과 연관되어 있다.

포르투갈 인구 중에서도 어부는 상당한 자리를 차지한다. 대담하고 억센 이들은 북대서양 전역을 가로지르며 뉴펀들랜드까지 가서 대구를 잡아온다. 이들은 용감하게도 오랜 세월 동안, 콜럼버스와 바스코 다 가마가 탔던 캐러벨과 꼭 닮은 배를 고집해 왔다. 이 과정에서 이들은 북아메리카 해안 아래, 특히 매사추세츠와 코네티컷 해안을 따라 작은 식민지를 건설했다. 지금까지도 포르투갈인들의 기본 식량으로 남아 있는 대구는, 아마도 단백질의 주공급원 중 하나였을 것이다.

한편 브라질인들에게 대서양은 결코 가족과 같은 존재가 아니었다. 바다는 사람이 살지 않는 위험한 곳이었다. 해변에서 서핑을 하거나 비치발리볼을 하면서 즐겁게 노는 브라질 사람들을 보면 오해하기 십상이다. 이러한 즐거움은 해변에 한정되어 있기 때문이다. 뻥 뚫린 바다, 서핑 보드 뒤에 펼쳐진 미지의 광활한 청록색 공간은 위험한 존재다. 수영하는 사람들은 바다에 상어가 들끓는다는 생각에 두려워한다. 브라질은 경작자와 플랜테이션의 나라이지, 바다의 풍요함으로 먹고 사는 어부의 나라가 아니다. 브라질은 나라의 크기에 비해 어부의 수가 아주 적으며, 당연히 어항도 매우 적다. 대체적으로 브라질인들은 해변 바로 앞 산호초에 드리운 어망에서 고기를 끌어올리거나 해변에서 작은 배를 타고 나가는 등, 아무튼 해변 근처에서 고기를 잡는다.

포르투갈어가 브라질의 언어가 되기는 했지만, 브라질은 결코 열대의 포르투갈이라 할 수 없다. 단순한 증거로, 브라질의 어부들은 긴 항해를 하는 유럽의 어부들과 달리 북아메리카인의 전통에 더 가까운 생활을 한다. 특히 사우바도르나 세아라 주 같은 브라질 북동부 지역에서는 고깃배로 '장가다스jangadas'라는 뗏목을 이용하며, 이 뗏목을 타는 선원들을 '장가데이로jangadeiro'라 부른다. 브라질 어부들은 갑판 위로 덮쳐 오는 파도에 속수무책인 이 괴이하게 생긴 도구를 타고 해안에서 수십 킬로미터 떨어진 바다 한가운데를 며칠 동안 항해한다. 이들의 용기는 포르투갈 어부들과도 견줄 만하다.

탄제린 주스를 넣은 바다 농어(4인분)

바다 농어 필레(혹은 맛이 좋은 흰 육질의 동종 고기) 500그램
다진 마늘 1작은술
소금 2큰술
탄제린 주스 1컵
올리브기름 1큰술
스타아니스 1작은술
아니스(혹은 코리앤더) 1팩
쌀식초 2큰술

간상 2작은술

탄제린 반쪽

양파 반쪽

당근 반쪽

- 알맞은 크기의 오븐용 질그릇이나 프라이팬에 오일을 뿌린 후 오븐의 온도를 200도에 맞춘다.
- 생선에 소금을 뿌리고 아니스를 제외한 양념을 한 다음 그 위에 오일을 붓는다.
- 양파와 당근, 탄제린을 얇게 썰어 생선을 장식한다.
- 요리 재료 위에 탄제린 주스를 붓는다.
- 뚜껑을 덮지 않고 20분 동안 굽는다. 프라이팬에서 고기를 조심스럽게 떼어낸다.
- 프라이팬에 남은 생선 국물에 식초, 간장, 아니스를 첨가한 후 끓인다.
- 이 소스를 고기에 부은 후 내온다.

이 요리의 특징은 탄제린 주스로서, 이것은 결코 보조 재료가 아니다. 농어의 맛을 풍부하게 하는 데 핵심이 되는 것이 바로 톡 쏘는 단맛의 탄제린 주스이다. 이 주스를 넣음으로써 야생의 생물에 경작된 토지의 풍미를 더할 수 있다. 주로 해안가에 정착해 살아 온 브라질 사람들은 이러한 과정을 통해 자연의 산물을 수목 재배의 영역으로 옮겨 온다. 이로써 삶의 수많은 다른 모습에서도 그러하듯, 통합적인 창조물을 만들어 내는 것이다.

브라질, 진정한 문화의 용광로

다양한 인종이 모인 결과 다양한 문화적 전통이 공존할 수도 있고, 용광로로 귀결될 수도 있다. 브라질은 후자의 경우에 해당된다. 오르페우스와 에우리디체의 이야기를 리우데자이네루 판자촌 지역의 이야기로 각색한 1959년의 영화 〈흑인 오르페Black Orpheus〉는 다양한 전통을 융합하는 브라질의 능력을 전 세계에 널리 알렸다. 또한 1950년대 프랑스의 연출가 장루이 바로Jean-Louis Barrault는 브라질을 여행하다가, 아프리카에서 유입된 브라질의 민속 종교 칸돔블레와 마쿰바 의식이 고대 그리스의 연극과 여러 면에서 닮았다는 사실에 충격을 받았다. 그래서 그는 이러한 요소들을 폴 클로델이 번역하고 자신이 연출한 아이스킬로스의 〈오레스테이아Oresteia〉에 결합했다.

하루하루의 삶과 지극히 세속적인 일상의 표면을 깊이 파고들어가면 예상치 못한 사실들을 발견하게 된다. 한 예를 들자면, 브라질의 몇몇 소도시들, 특히 감귤 생산 지역은 매년 오렌지 축제를 여는데 이 축제는 오렌지 여왕과 두 명의 공주를 선발하는 것으로 막을 내린다.

이러한 도시의 예로 리우그란데두술 주 남부에 있는 타쿠아리와 몬테네그로를 들 수 있다. 브라질 감귤 생산량의 대부분은 가장 산업화된 상파울루 주 내부에 집중되어 있지만, 리우그란데두술에서도 일부 생산된다. 이 주는 리우타쿠아리와 리우카이두 계곡 사이에 위치하고 있다. 타쿠아리 시는 같은 이름의 강변에 위치하고 있는 반면 몬테네그로 시는 카이 계곡에 있다.

상당수가 독일에서 온 이주민으로 구성된 식민지 리우그란데두술의 주민들은 시골의 농부들이 그러하듯 평균 약 25만 제곱미터에 이르는 농장을 건설했고 대부분의 일을 직접 담당했다. 포르투알레그레 같은 큰 도시들은 예외여서, 이곳 주민들은 국제 무역과 사업을 총괄했다. 이들은 곧 적극적인 감귤 경작자가 되었다. 1825~1850년 동안 타쿠아리 오렌지는 리우그란데두술에 뿌리를 내렸고, 포르투알레그레라는 그럴듯한 이름을 달고서 선적되어 나갔다.

오렌지 여왕 선발에는 심오한 의미가 있다. 이러한 행사는 바그너가 〈니벨룽의 반지Der Ring des Nibelungen〉에서 다루었던 것과 같은 고대 북유럽 신화와도 맥이 닿아 있다. 독일 신화에 나오는 여신 이둔은 시詩의 신 브라기와 혼인했다. 이둔은 젊음의 황금 사과를 지키는 관리인이었다. 독일계 신들은 보통 인간과 똑같이 노화를 두려워하는데, 황금 사과를 먹으면 젊음을 영원히 유지할 수 있다. 이둔이라는 이름 역시 '회춘한 자'라는 뜻이다.

그러므로 몬테네그로와 타쿠아리에서 매년 오렌지 여왕을 뽑는 것은 전혀 놀라운 일이 아니다. 오렌지 여왕은 곧 이둔을 상징한다. 다시 말해 생명의 힘, 원초적 관능성, 독일 이데올로기의 핵심 요소인 자연과의 합일을 재현하는 것이다. 브라질인들은 정착민의 문화적 유산을 이어받아, 이러한 유산을 표현할 자신들만의 방식을 찾은 셈이다.

문화를
재배하다

주님을 향한 경외와 주님의 돌보심 속에 자라다.

_《공중기도서》

미국 중서부에 한파가 시작되었다. 한파는 남쪽으로 빠르게 이동했기 때문에 그 속에 있는 공기들이 충분하게 데워지지 못했다. 1894년 12월 29일 밤, 한파는 플로리다를 강타했다. 웨스트팜비치 같은 남쪽 지역조차 기온이 결빙 온도 아래로 급강하했다. 타이터스빌, 잭슨빌, 탬파 등 그 밖의 지역도 온도계가 영하 3도 이하로 떨어졌다. 공기의 온도가 최소 세 시간 동안 영하 3도 이하에 머무르면 감귤 내부의 과액이 얼게 된다. 이번 기상 이변이 전체 플로리다 감귤 작황을 망쳐 버렸다.

기후는 변덕스러우며, 난폭함을 잇따라 드러내기도 한다. 1895년 2월 7일 밤, 한층 악화된 서리가 플로리다를 강타하자 플로리나 주는 이중으로 고통을 받게 되었다. 그 다음날 결빙 온도 이상을 기록한 지역은 얼마 되지 않았다. 전해 12월에는 작황만 손실을 입었었는데, 이번 두 번째 서리에는 감귤 나무들이 죽어 버렸다. 경작자들의 생계 수단이 모두 유린될 정도였다. 1894~1895년 서리로 인해 플로리다 오렌지의 연간 철도 선적량은 그 이전해의 550만 상자에서 15만 상자로 곤두박질했다.

신의 장난인지, 보험회사의 난해한 약관에서나 볼 수 있는 피해가 일어났다. 인류는 기후의 변덕과 그에 따른 파괴에 익숙하다. 일개 종으로서 인류는 파국에 맞서 제자리를 찾고 창의력을 발휘하도록 배웠다. 인간들은 식량을 보호해야 할 때 대단한 능력을 발휘한다.

경이로운 이탈리아의 온실, 리모나이에

아주 오래전 감귤 나무를 기르면서부터 인류는 곤충, 기타 선충류, 그리고 기후로 인해 끊임없이 어려움을 겪었다. 로마 시대 이후로 비교적 번성했던 이탈리아의 레몬과 오렌지 과수원들은 이른바 소빙기小氷期가 도래하면서 경작지가 줄어들 수밖에 없었다. 서유럽에서 이러한 현상은 1650년에서 1850년까지 지속됐다. 알프스의 빙하가 확대되었고, 사람들은 계속된 흉작과 또 그로 인한 기근 및 궁핍에 고통 받았다.

과일은 겨울에 영글기 때문에 감귤 수확은 서리에 피해를 받는다. 차가워진 날씨 때문에 이탈리아 북부(나폴리 북부 전 지역)의 플랜테이션은 황폐화될 위기에 처했다. 그러자 이탈리아인들은 감탄할 만한 정신력과 창의성으로 온실을 발명했다. 이들은 우선 감귤 나무 주위에 작은 나무 집을 세운 다음 좀더 견고한 구조물을 만들었다. 최초의 온실은 15세기 중반 토스카나의 빌라 팔미에리에 세운 것으로 보인다.

오렌지 온실은 감귤 나무를 추위로부터 보호하기 위해 세운 건물이다. 감귤 나무의 생존은 온도가 수시간 동안 결빙 온도 이하로 떨어지지 않도록 유지하는 데 달려 있다. 북부 이탈리아의 온실은 남쪽을 터서 바람과 추위로부터 과일을 보호하는 구조이며, 태양열을 저장하고 재방사하기 위해 돌이나 벽돌 등의 재료를 이용한다. 때로는 보조 난방 수단으로 난로에 나무나 석탄을 때기도 했다.

이탈리아의 이러한 구조물들은 소빙기 동안 토스카나, 피에몬테 등의 최북단 지역뿐 아니라 남부 스위스의 티치노 지역에서도 감귤 과수원을 유지하는 데 쓰였으며 아직까지도 상당수가 남아 있다. 이른바 리모나이에limonaie(이탈리아어로 '오렌지 온실')는 16세기 이후 토스카나의 수많은 주택을 건축하는 데 없어서는 안 될 요소가 되었다. 호숫가 근처 대부분의 지역들, 이를테면 라고데가르나 코모, 루가노, 라팔로 사이의 호수 지역들에서는 여전히 리모나이에를 건축한다.

온실과 그 건축가들은 해외로 비싼 값에 팔려 나갔다. 15세기 이후 프랑스 군대가 정기적으로 이탈리아를 침공한 후, 이탈리아인이나 프랑스인 모두에게 약탈은 일상의 한 측면이 되었다. 이 과정에서 프랑스인들은 약자인 이탈리아인들이 마지못해 건넨 선물에 큰 혜택을 입었다.

15세기 말에 프랑스 왕 샤를 8세는 이탈리아 장인들과 정원사들을 데리고 늘어왔다. 이들은 프랑스 귀족들에게 이탈리아의 르네상스 정원을 소개했다. 샤를 8세의 뒤를 이은 프랑수아 1세 등의 후대 왕들도 재능 있는 인재들을 계속 유입했다. 그리하여 루아르 성을 짓는 데 이탈리아의 정원설계사와 정원사들이 한몫을 하게 되었다. 르네상스 기간 동안 이런 건물들에는 온실도 포함되었는데 프랑스식 리모나이에는 오랑제리orangeriy로 알려졌다.

17세기 동안 프랑스의 정원과 온실에 미치는 이탈리아의 영향력은 훨씬 더 커졌다. 나바르 왕 앙리는 앙리 4세로 등극한 후 피렌체의 메디치 가문과 결혼했다. 왕비 마리아 데 메디치는 이탈리아인 건축가와 장인, 정원사들을 수행원으로 데리고 왔고, 이들은 보볼리 정원이나 크로체타 정원과 같은 피렌체의 경이를 프랑스 궁전에 재현하기 시작했다. 이들이 만든 파리의 뤽상부르 궁전(프랑스의 상원 건물)과 여기에 부속된 여왕 소유의 뤽상부르 정원은 지금까지도 사람들의 찬사를 받고 있다.

베르사유 궁전의 걸작, 오랑제리

태양왕 루이 14세는 앙리 4세와 마리아 데 메디치의 손자이다. 그가 베르사유에 지은 새 궁전, 특히 조경사 르 노트르Le Nôtre가 설계한 정원은 이탈리아식 정원 양식과 프랑스인들이 중시하는 질서 및 합리성이 융합된 결과물이다.

베르사유를 방문하는 여행객은 일종의 의무감을 가지고 이 궁전을 방문한다. 베르사유 궁전은 여행객들의 필수 코스이기 때문이다. 사람들이 이곳으로 이끌리는 또 한 가지 이유는 루이 14세가 홍보의 천재였기 때문이다. 빈의 쉔브룬 궁전, 포츠담의 상수시 궁, 런던 근교의 햄프턴 궁전 등에서 볼 수 있듯이, 루이 14세 시대에 수많은 유럽의 왕궁들은 베르사유 궁전을 판박이처럼 흉내 냈다. 그가 죽은 지 300년이 지난 지금까지도 수많은 군중들이 그의 명성에 끌려 이곳을 찾고 있다.

관람객들을 매료시키는 또 한 가지는 궁전의 내부이다. 그러나 실상 베르사유 궁전을 복구하고 재설비할 수 있었던 것은, 거의 절대적으로 미국의 자본 덕분이었다는 사실을 아는 사람들은 많지 않을 것이다. 사람들은 국왕의 주거지에 감탄하지만, 태양왕 시대에 이 궁전이 실제로 어떤 모습이었는지를 알면 놀랄 것이다. 당시의 현장은 미국식 정치 집회와 스페인의 산페르민 축제(투우 경기에 쓰일 소들이 거리를 질주하는 이벤트로 유명하다 - 역주) 중간 정도라고 설명하면 적절할 것이다. 하루에 약 3만 명의 궁정대신들이 돌아다니고, 먹고, 자고, 싸우고, 쑥덕공론하고, 과시하고, 매춘하고, 오줌을 싸고, 양탄자 위에 똥을 싸고, 때로는 쥐도 새도 모르게 사라지곤 했다. 대부분은 그저 빈둥거리면서 시간을 때웠는데 사실 이것이야말로 왕이 의도한 바였다.

현대로 돌아와 보자. 베르사유 궁전을 관람하기 위해 관광객들은 매표소 앞에 운집했다가 궁전 내부로 물밀듯 몰려간다. 여기에서 사람들은 중요한 한 가지 사실을 간과한다. 베르사유 궁전은 원래 정원으로 건설되었다는 사실이다. 이 궁전의 독창성은 바로 공원에 있다. 게다가 공원은 무료로 볼 수 있다. 역설적이게도 이 때문에 관광객들은 그저 몇 걸음 나아가 둘러볼 뿐, 자세히 감상하는 경우는 드물다.

그렇다면 베르사유의 정원의 뛰어난 점은 무엇일까? 전형적인 바로크 양식의 이 정원들은 매개 공간으로서 설계되었다. 정원에는 가로수 길과 화단, 토피어리(나무를 동물이나 기하학적 모양으로 다듬는 기술, 또는 작품-역주), 관목들뿐 아니라 눈에 확 띄는 대형 저수지도 있다. 베르사유 궁전으로 물을 끌어오려면 뛰어난 기술이 필요했다. 멩트농에 수로를 건설하기 위해 기술자들을 수도 없이 동원했으나 소득이 없었다. 엄청난 규모의 정원이 실패로 끝날 위기에 처했다. 태양왕의 무모한 요구에 해결책이 된 것은 마를리에서 공수한 물을 끌어올리는 거대한 기계(지금도 여전히 작동하고 있다)였다. 베르사유의 정원들은 파리 시 전체보다 훨씬 더 많은 물(약 1~2배 정도)을 소모했다.

이러한 정원들은 절대왕정의 이미지를 투영한 것이다. 설계자들은 나무들을 토착화한 것에 자부심을 가졌다. 심하게 가지치기를 한 나무들이 많았으며, 곧게 열을 세우거나 지형적 조건에 맞추어 나무를 심었다.

베르사유의 여러 정원에는 신상을 세우고 각각의 신 주위에 작은 공간을 마련해서 그리스신화에 대한 존경을 표하고 있다. 그래서 이 정원을 산책하는 사람들은 시간과 역사를 초월하여 영원한 현재에 머물러 있는 듯한 느낌을 받는다. 루이 14세는 그리스와 로마의 신 중에서도 태양의 신 아폴론을 자신과 일치시켰으며, 전쟁의 신 마르스에게도 특별한 친밀감을 보였다. 그는 실제로 전쟁을 무척 좋아했는데 사실 베르사유 공원은 모두 마르스에 관한 주제로 꾸며져 있다. 전쟁의 신이 되기 전 농업의 신이었던 마르스는 사람이 살지 않는 땅, 즉 중간 영역을 관장했다. 그리하여 베르사유의 정원들은 가장 세련된 문명과 자연의 야생성 사이의 완충지대를 표상했으며, 사냥을 좋아하는 왕을 위해 정원에는 사냥감이 어슬렁거리곤 했다. 17세기 동안 프랑스인들은 자연을 어둡고 원시적인 숲, 악몽의 장소, 유아기 두려움의 영역으로 보았으며 '악惡'의 개념과 결부시켰다. 정원은 이러한 야만적이고 위험한 자연을 억누르는 장치였다. 그들에게 먼 이국땅의 자연을 지배하고 식민화하고 착취하는 일은 더 바람직한 행위였다. 베르사유의 울타리는 저 먼 곳의 야만성을 봉쇄한다는 의미를 지니며, 독일 야만인들의 물결을 차단하기 위해 설계된 것이었다.

베르사유 궁전의 중심이자 걸작은 바로 오랑제리이다. 오랑제리라는 단어는 두 가지 다른 대상을 뜻하는데, 하나는 건축물이고 다른 하나는 정원이다. 이 건물은 기능주의 건축의 걸작이다. 1685년 쥘 아르두앙 망사르Jules Hardouin Mansart가 건축한 긴 신랑(교회 건축에서 좌우의 측랑 사이에 끼인 중심부- 역주)에는 반원형의 천장과 함께 거대한 이중 유리 창문이 연속으로 배치되어 있어 채광이 잘 되고 온기가 유지된다. 정원으로서의 오랑제리는 동양적인 오아시스라 할 수 있다. 거대한 원형 수조를 수많은 이국 나무들이 둘러싸고 있는데, 이 나무들은 커다란 나무 상자 안에서 재배되며 특히 야자수와 오렌지 나무가 주를 이룬다. 5월에서 10월까지 여름 동안은 나무들을 야외에 두며, 겨울철인 10월부터 5월까지는 서리로부터 보호하기 위해 나무를 상온이 유지되는 건물 안으로 들여온다. 이곳에서는 인공적인 난방 없이도 영상 5~6도가 유지된다

공원의 다른 나무들처럼 오랑제리의 장식용 나무도 안쪽 선과 바깥쪽 선에 맞춰 양편으로 줄지어 서 있다. 양쪽 나무들 모두 마치 퍼레이드를 하는 군인처럼 녹색 유니폼을 차려입고, 과

일을 메달처럼 주렁주렁 매달고 있으며, 고위 인사의 검열을 기다리는 듯 차려 자세로 도열해 있다. 토착화된 나무들, 특히 오랑제리 안에 있는 것들 중에는 프랑스 기후와는 상당히 이질적인 곳에서 가져온 종들이 포함되어 있다. 태양왕이 이런 나무를 진열한 이유는 자연에 대한 신과 같은 지배력을 과시하기 위해서였다.

이 나무들 중에서도 오렌지 나무는 태양과 연관된 이미지 덕분에 특별한 지위, 즉 최고의 자리를 차지하게 되었다. 오렌지 나무가 심겨진 정원의 이름 역시 오렌지 나무에서 따왔다. 루이 14세는 오렌지 나무를 좋아해서, 스물두 살 때 실질적인 권력을 장악한 후 부정 혐의로 종신형에 처한 재무장 니콜라스 푸케Nicholas Fouquet가 보르비콩트 성에 자랑스럽게 진열해 놓았던 수백 그루의 나무를 빼앗았다. 그는 이 나무들을 궁전 내부 거울의 방의 은제 통에 두었다.

결국 베르사유 궁전의 오랑제리는 궁정 대신, 외국의 사절과 귀빈들, 그리고 전 세계를 향해 왕의 권력을 표상하는 핵심 요소였던 것이다.

태양왕이 사망하고 프랑스 왕정이 몰락한 이후 오랑제리는 어떻게 됐을까? 마르크 블로흐Marc Bloch의 유명한 책에는 프랑스의 장원(봉건사회의 경제적 단위를 이루는 영주의 토지 소유 형태-역주)인 세너리와 영국의 장원 매너를 비교하는 부분이 나온다. 실제로 오랑제리는 18세기 혁명의 와중에 프랑스 성에서보다 영국의 장원에서 더 잘 살아남았다. 프롤레타리아가 일으킨 프랑스 혁명 과정에서 수많은 영주의 오랑제리들이 양도되었으며, 새로운 소유주들은 이를 대부분 헛간이나 마구간으로 바꾸어 버렸다.

100년이 지나 20세기가 시작될 무렵, 전 유럽은 이러한 화려한 건축 공간을 어떻게 처리해야 할 것인가라는 문제에 직면했다. 오렌지 나무를 부유한 귀족 수집가의 소유물로 진열하는 것은 더는 유행이 아니었고 건전한 사고도 아니었다. 이러한 대형 구조물들은 다양한 용도로 사용되었다. 예를 들어 런던 근처 템스 강변에 있는 큐왕립식물원의 오랑제리는 레스토랑으로 탈바꿈했으며, 빈의 쇤브룬 궁전에 있는 것은 콘서트 장소로 이용된다. 이렇게 구조물들 상당수가 식물보다는 예술을 위한 보호처가 되었다. 아마도 가장 널리 알려진 것은 파리 콩코르드 광장의 튈르리 정원 한쪽 끝에 위치한 오랑제리일 것이다. 이 구조물은 죄드폼국립미술관을 마주하고 있으며, 클로드 모네의 〈수련〉을 50년 이상 전시해 톡톡한 효과를 보고 있다.

감귤 속에 녹아 있는 문화의 씨앗

어찌 보면 비합리적으로 느껴질 수도 있는 말이지만 '자연 속에 문화가 있다'는 이야기를 한번쯤 생각해 보아야 한다. 식물의 씨앗은 자신의 유전적 속성을 통해, 어떻게 해서든 특정 식물이 중요하다는 메시지를 담은 문화적 요소를 전달한다. 좀더 구체적으로 말하자면, 오렌지 나무는 수백 년을 넘나들어 프랑스의 태양왕 루이 14세와 중국의 황제를 연결하고 있다.

분명 이들 사이에 직접적인 관련성은 없었다. 그나마 연결 고리를 찾자면 기나긴 동서무역이 진행된 향료길일 텐데, 이 길은 일찌감치 원예작물들이 다양한 중개 국가에서 점진적으로 토착화되는 통로 역할을 했다.

마르코 폴로는 어느 부유한 이탈리아의 후원자에게 자신에 찬 목소리로 이렇게 말했을지도 모르는 일이다. 중국의 황제는 겨울 동안 자신의 오렌지 나무를 특별한 건물에 안전하게 둔다고 말이다. 혹은 몬테카시노와 같은 중세 수도원에서 아랍의 필사본을 베끼던 필경사가 동료 수사들에게 위의 이야기를 전했을수도 있다. 그들 중 한 명은 이탈리아 용병대장의 신뢰를 받는 고해사제이자 절친한 친구였을지도 모른다. 그리하여 중세 후기 동안 아시아부터 서부 유럽에 이르는 중심 도시들에 오렌지 나무들이 줄지어 서게 되었던 것이 아닐까?

오랑제리와 같은 건물을 파괴한다고 해서 그 문화적 흔적마저 사라지는 것은 아니다. 사람들의 정신 속에서 감귤은 군주의 생활방식과 연관되어 오랫동안 남게 되었다. 이처럼 지속되는 흔적들 가운데 하나가 파리의 어느 주방장이 개발한 요리에도 남아 있다. 레스토랑 라뚜르다장에서 먹을 수 있는 '오렌지 소스를 곁들인 오리고기'가 그것이다. 이 요리는 가격도 상당하지만, 한 사람당 샬랑덕을 한 마리씩 서비스하는 기발한 판매 전략 덕분에 유명세를 탔다. 이 레스토랑의 웹사이트를 보면 역대 왕족들이 이 요리를 인정했음을 알 수 있다. 에드워드 7세는 1890년에 no. 328을, 스페인의 알폰소 8세는 1914년에 no. 40312를 먹었으며, 히로히토로 알려진 쇼와昭和 황제는 1921년에 no. 53211을 맛보았다.

그럼 감귤 나무와 과일의 귀족적 성격이 평등주의를 표방하는 미국에는 어떻게 정착했을까? 프랑스의 요리사들과 미식가용 조리법이 미국으로 들어올 때 귀족적인 이미지도 함께 따라 왔다. 줄리아 차일드Julia Child는 1960년대 초반《프랑스 요리 비법 정복Mastering the Art of French Cooking》이라는 책을 출판하여 미국 부엌에 프랑스 요리를 도입했고 거의 혼자 힘으로 미각 혁명을 일으켰다. 이어서 프랑스 요리사들이 밀려왔다. 예를 들어 장피에르 고엥발Jean-Pierre Goyenvalle은 1970년대 중반부터 그가 은퇴하던 20세기 말까지 자신의 레스토랑 르리옹도르를 통해 워싱턴 D.C. 요식업계의 왕자로 군림하게 된다. 그는 특히 줄리아 차일드의 텔레비전 요리쇼에 출연하여 선보였던 디저트 오렌지수플레로 각광을 받았다.

그러나 미국에서 오렌지 재배가 시작되었을 무렵, 오렌지수플레는 아직 요원했다. 캘리포니아와 플로리다에서는 19세기의 마지막 10년 동안, 가내공업에서 대규모 산업으로 중요한 전환이 처음 이루어졌다. 철도 회사에 맞설 힘도 없고 북동부의 대도시로 감귤을 운송할 비용을 댈 형편도 안 되었던 감귤 경작자들은 협동조합을 조직했고, 이를 통해 협상력을 높였다.

감귤 경작자들은 협동조합을 통해 감귤 가격을 통제할 수 있었고 광고도 할 수 있었다. 이들은 감귤만 판매한 것이 아니었다. 언제나 햇볕이 내리쬐고 여유로운 삶을 즐길 수 있는 에덴동산과 같은 캘리포니아 주를 더불어 홍보했다. 플로리다도 거의 동시에 비슷한 흐름에 영향을 받았다. 두 주 모두에서 감귤 재배가 간접적 요인이 되어 인구의 유입량이 동시에 증가하기 시작했다. 태양이 빛나는 이 두 주에 관광객들과 은퇴자들이 몰려들었다. 수많은 사회적 유행 현상이 그러하듯, 부유층이 움직임을 자극하고 훨씬 더 많은 중산층이 이를 따랐다. 이러한 흐름을 타고 캘리포니아와 플로리다에서는 감귤 과일이 대중적으로 소비, 생산되기 시작했다.

최고의 적, 추위를 물리치는 법

감귤 나무는 캘리포니아와 플로리다 양쪽의 풍토에 모두 적응했다. 처음 스페인 사람들이 가지고 온 감귤 나무는 원산지(품종에 따라 중국이나 인도로 나뉨)에서부터 지리적으로 엄청나게 먼 곳에 이식된 것이었다. 이탈리아나 스페인의 플랜테이션 농장에서 그랬던 것처럼 미국에서 재배된 감귤은 기후나 질병 같은 변동 요소에 취약했다. 감귤이 플로리다에서 단일 재배되기 시작하자 위협은 더 심해졌다.

최소 네 시간 이상 온도가 영하 2도 이하로 떨어지면 '약한 서리minor freeze'가 발생하는데 약한 서리는 나무의 과일에만 영향을 미친다. 플로리다는 19세기 이래로 약한 서리 때문에 수없이 고통을 겪었다. 영하 2도 이하의 온도가 오랫동안 지속되면 '파괴적 서리impact freeze'가 발생하는데, 이렇게 되면 나무는 죽고 만다. 플로리다 주는 모두 다섯 번의 파괴적 서리를 경험했다. 이때마다 감귤 경작자들은 좀더 남쪽으로 이동하면서 대응했다. 최초의 두 차례 파괴적 서리는 1894년과 1895년에 발생했으며, 1962년 12월 12일과 13일에 발생한 세 번째 서리는 이전 날씨가 온화했기 때문에 피해가 더 심각했다. 감귤 나무들은 반휴면 상태에 돌입함으로써 추운 날씨에 반응했는데, 덕분에 빈번하게 발생하는 서리에도 버텨 낼 수 있었다. 영하 9도 이하로 온도가 내려갔을 때 매리언, 레이크, 볼루시아 카운티 같은 플로리다의 북부 감귤 지대에서는 나무 160만 그루 이상이 죽었으며, 그 외 지역에서도 50만 그루 이상이 죽었다.

20세기 미국에서는 코앞에 닥친 추위로부터 감귤 과일과 나무들을 어떻게 보호했을까? 감귤 과수원이 사치품이 아니라 생계유지 수단이었던 이곳 민주주의 사회의 해결책은 기발하고 신속하며, 적은 비용이 드는 하급 기술 해법이었다. 근본적으로 두 종류의 방법을 이용했는데, 공기를 덥히거나 식물에 물을 뿌림으로써 결빙된 대기로부터 보호하는 것이었다.

나의 아내는 로스앤젤레스에서 태어났다. 주말이면 조부모님은 그분들 소유의 통나무집이 있는 산으로 가곤 하셨는데, 때로는 아내도 동행했다. 통나무집으로 가는 길에는 감귤 과수원이 있었다. 당시 어린 나이였음에도 아내는 연기항아리의 기억을 생생하게 간직하고 있다. 이 항아리는 60센티미터 정도 높이의 커다란 깡통 형태이며, 기름과 낡은 타이어 조각 같은 가연성 물질로 채워져 있다. 작은 구멍이나 째진 틈으로는 약간의 공기만 들어갈 뿐이다. 이것들이 추운 밤 동안 시커먼 연기를 가득 내뿜으며 탄다. 그 광경을 목격한 사람들은 자욱한 연기가 새벽녘 맑은 하늘을 완전히 가렸다고 기억한다. 이것이 바로 이 도구가 목적하는 바이다. 맑은 날 밤 서리가 과수원을 위협할 때면, 이름도 그럴듯한 연기항아리에서 나온 연기가 나무 위와 주변의 대기를 담요처럼 감싸서 불길하게 깔려 있는 추운 공기층과 격리하는 것이다.

연기항아리에서 배출되는 연기는 로스앤젤레스 중심가 전체의 공기 오염으로 이어졌다. 오늘날 자동차 배기가스와 스모그가 대기를 오염시키기 이전에 예행연습을 했던 셈이다. 사람들이 반발하자, 시 당국은 1950년 무렵 항아리의 사용을 금지했다. 이때는 대부분의 감귤 경작자들이 패서디나와 리버사이드의 감귤 지대를 떠나 캘리포니아의 센트럴밸리로 옮겨 가던 '이동'의 시기였다.

서리로부터 감귤 나무를 보호하는 또 다른 방법은 나무에 물을 뿌리는 것이다. 사막이 많은 남부 캘리포니아 환경에서는 선택의 여지가 많지 않았다. 이 기술은 두 가지 과학적 원리를 이용한 것이다. 첫 번째는 어떠한 상태가 변화할 동안 온도는 불변하며, 변화가 지속되는 동안 그 온도가 유지된다는 원리이다. 섭씨온도는 이러한 원칙에 정확하게 들어맞는다. 0도는 얼음이 어는 온도이며 100도에서는 물이 끓는다. 물이 액체에서 고체 상태로 전환될 때, 얼음과 공존하는 물이 단 한 방울이라도 남아 있으면 그 온도는 0도에 머물러 있다. 액체 상태의 물이 더는 존재하지 않을 때 비로소 온도는 급격히 하락한다. 그렇다면 서리 방지는 땅 짚고 헤엄치기만큼이나 간단하다. 추위가 위협을 해오는 동안 계속해서 액체 상태의 물을 끼얹거나 분무하면 되는 것이다.

전 세계 어느 곳이건 서리의 위협을 받는 지역의 농부들은 이 방법을 잘 알고 있다. 돌Dole과 펑당Fendant 와인을 생산하는 스위스 발레 주의 와인 경작자들도 이 방식을 사용하며, 캘리포니아의 센트럴밸리와 플로리다에 서리 예보가 있을 때마다 감귤 경작자들 또한 일상적으로 이 방법을 쓴다.

물은 가장 독특한 물질이다. 특히 칼로리를 공수하는 데 놀라운 능력을 발휘한다. 모든 화학물질 중에서도 물은 효율적으로 열을 전달하는 탁월한 유체이다. 이 두 번째 과학적 사실은 라디에이터의 뜨거운 물로 중앙난방을 하거나, 발전소의 원자로를 주변 강물로 냉각하는 현상에서도 분명히 확인할 수 있다. 물 용액이 (히터와 같은) 뜨거운 것에서부터 (욕조와 같은) 차가운 장소로 열을 전달하는 것과 똑같은 방식으로 물은 감귤 나무가 얼지 않도록 충분히 온도를 유지시켜 준다. 말 그대로 나무에게서 추위를 몰아내는 것이다. 더 나아가 최악의 상황이 되면 물은 얼음으로 고체화된다.

오렌지 과수원의 아주 추운 날 밤, 하늘에 물을 대량으로 분무하는 모습은 장관이다. 때로 온도가 너무 내려가면 노즐에 달린 고압 분출구가 공기에 노출되는 즉시 얼어붙는다. 분무 기계는 스키장에서 인공 눈을 내뿜는 제설기와도 닮았다. 사실 버몬트 주의 브롬리에 설치된 최초의 제설 기계에는 한 가지 일화가 얽혀 있다. 이 스키장의 소유주이자 개발자인 프레드 파브스트 Fred Pabst(밀워키 맥주 양조 가문)가 추운 날씨에 플로리다를 여행하다가 감귤 과수원에서 분무하는 광경을 본 후 이 기계를 설치했다고 한다. 하지만 이 이야기는 허구일 가능성이 크다. 파브스트가 브롬리 스키장에 첫 번째 로프토(스키어들이 손으로 잡고 슬로프 위로 올라가는 회전 로프-역주)를 설치한 것은 1939년이다. 브롬리의 슬로프에 첫 번째 제설 기계를 설치한 때가 언제인지는 모르겠지만, 아마도 웨인 피어스가 1950년에 이 기계를 발명한 이후일 것이라 판단된다.

감귤 나무의 또 다른 위협 요소는 바로 가뭄이다. 감귤 나무가 물을 황금으로 바꾸는 것은 분명한 사실이지만, 물이 없으면 번성하지 못한다. 이 사실을 알고 있었던 중세의 아랍인들은 경이로운 기술로 알안달루스에 정교한 관개망을 설치했다. 이와 비슷하게 19세기 남부 캘리포니아에서는 단지 관개를 시도함으로써, 모험사업이었던 감귤 재배를 농업 비즈니스로 전환할 수 있었다. 또한 조지 채페이George Chaffey와 같은 기술자들이 관개 시스템을 대규모로 도입하여 에티완다, 온타리오, 패서디나 등의 지역이 발전하게 되었다. 관개가 없었다면, 남부 캘리포니아의 감귤 경작자들이 센트럴밸리로 이주할 수도 없었을 것이다. 프랭클린 루스벨트의 뉴딜 정책이라는 거대한 공공사업도 이들에게는 행운이었다. 연방정부는 감귤 농장에 전례 없는 막대한 자본을 투자했고, 이는 개인 경작자들의 수입으로 돌아왔다.

감귤 나무들의 또 다른 취약성은 바로 질병에 걸리기 쉽다는 점인데, 플로리다나 브라질의 상파울루 같은 대규모 농지에 도입한 단일 작물 체제의 경우는 더욱 그러하다.

당연히 경작자들은 자신들의 수익, 그것도 큰 수익을 보장하는 감귤 작물을 보호하고 싶어 한다. 플로리다에서는 감귤 재배를 통해 매년 90억 달러를 벌어들이며 9200만 그루의 플로리다 감귤 나무가 미국에서 소비되는 감귤의 4분의 3을 생산한다. 감귤 나무를 공격하는 질병은 수없이 많지만 여기서는 몇 가지만 소개하도록 하겠다.

첫 번째는 월트 디즈니 만화의 이름을 딴 큰코바구미이다. 대부분의 사람들은 그냥 벌레라고 알고 있지만 이 곤충은 딱정벌레 군에 속하며, 이름에서 상상되는 모습보다 훨씬 더 멋지게 생겼다. 곤충학자들에게는 디아프레페세Diaprepes abbreviatus라는 학명으로 알려진 이놈은 사실 가장 잘생긴 곤충이다. 재규어 자동차처럼 생긴 성충은 흉부가 원뿔형이고, 머리는 로켓의 머리와 닮았으며, 뒷부분에는 도토리 모양의 복부가 자리하고 있다. 잘 빠진 몸체 표피에는 길고 어두운 줄무늬가 있으며, 머리 전면에는 아주 훌륭한 안테나 한 쌍이 뽐내고 있다.

성충 바구미의 생존 기간은 대략 네 달 정도이다. 암놈은 비교적 안전한 공간인 감귤 나뭇잎 중간에 최고 5000개의 알을 낳는데, 이것들은 모형 샌드위치 위에 바른 마요네즈처럼 생겼다. 지렁이처럼 생긴 유충이 이 공중의 둥지에서 땅으로 떨어진다. 여기에서 유충들이 땅을 파고 나무뿌리를 향해 나아가는데, 유충 몇 마리가 하부의 뿌리를 갉아먹어 다 자란 나무를 죽일 수도 있다. 카리브 해에서는 바로 이 해충 하나가 매년 1억 달러 정도의 감귤 작황을 파괴하고 있다. 바구미 한 마리가 일주일에 나무 한 그루를 해치는 꼴이다.

큰코바구미를 박멸하기 위해 온갖 종류의 박멸 기구들이 동원되었다. 하지만 아직까지 완벽한 효과를 본 것은 없다. 한 방법은 고령토를 물에 푼 후 그 부유물을 위험에 처한 감귤 나무에 분사하는 것이다. 나뭇잎에 막이 형성되면 암놈 바구미는 알을 깔 수 없게 된다. 게다가 나무에서 분출되는 방향 분자들은 이 막을 통과할 수 없다. 바구미들은 안테나로 방향 분자를 감지한 후 나무의 위치를 찾고 거기에 꼭 붙어살기 때문에, 이 방법은 어느 정도 효과가 있다. 고령토는 또한 성충 바구미의 위협도 4분의 3 정도 감소시킨다.

감귤을 공격하는 또 다른 해충으로는 진딧물이 있다. 갈색 감귤 진딧물(학명은 Toxoptera citricida)은 새로 난 감귤 가지를 먹고 산다. 이놈은 나무의 진액을 빨아먹어서 식물을 곧바로 쇠약하게 만든다.

어떤 진딧물 종들은 이것이 옮기는 트리스테이저 바이러스 때문에 훨씬 더 위험하다. 조팝나무진딧물, 갈색 진딧물 등이 그런 종류이다. 토착화된 품종들 중에서도 상당한 비율을 차지하는 사워오렌지sour orange 접본에서 재배되는 모든 감귤 나무들은 이 바이러스에 민감하다.

마지막으로 감귤의 치명적인 적, 감귤궤양병을 빼놓을 수 없다. 섬뜩한 이름만으로도 감귤 경작자들의 마음을 철렁하게 만드는 이 질병은 감귤궤양병균에 의한 박테리아성 감염으로 전파되는데, 세 가지 계통이 있으며 바람을 동반한 비를 타고 확산된다. 그중 하나인 아시아감귤궤양은 플로리다에서 약 100만 그루를 감염시킨 바 있다.

감귤궤양병에 걸린 감귤은 잎과 껍질에 갈색과 노란색의 점이 나타난다. 그런데 증상은 이것이 전부이다. 사람에게는 무해하며 과일의 맛과 성장에도 영향을 주지 않는다. 즉, 과일의 외관만 조금 못생기게 바뀔 뿐이다.

하지만 무엇이든 완벽함을 찾는 소비자들의 식욕이 떨어지게 되므로 이것은 무시할 수 없는 병이다. 플로리다의 경작자들은 감귤궤양에 걸린 나무와 과일을 폐기하는 데만, 연간 감귤 수입액의 4퍼센트 정도에 달하는 3억 5000만 달러를 매년 지출한다.

감귤과 자본주의의 관계

감귤 재배 과정에는 또 다른 문제들도 존재한다. 먼저 익은 과일은 약하다는 점이다. 땅에 떨어지면 뭉개진다. 그래서 나무에 달린 과일을 손으로 따야만 한다. 20세기에는 감귤이 소비자에게 운송되는 과정에 상징적인 변화가 일어났다. 값비싼 감귤 하나하나를 상자에 포장해야 했던 것에서 수만 톤의 오렌지 주스를 탱크차로 운송하게 된 것이다.

이러한 상황은 감귤과 자본주의 사이의 관계를 더욱 밀착하게 만든다. 일부 사람들은 주기적으로 감귤을 괴롭히는 질병을 통제할 수 있게 되었다. 대체로 제국은 투쟁의 시기에 탄생하며, 이는 경제적 제국도 마찬가지다. 앞으로 살펴보게 될 호세 쿠트랄레 주니어José Cutrale, Jr.도 그렇게 해서 브라질의 감귤 황제가 되었다. 비슷한 방식으로 플로리다의 감귤 귀족인 찰스 폰 맥시(1966년 살인청부업자에게 살해당함), 잭 몬티스 베리, 존 달보라, 벤 힐 그리핀 주니어 등은 파괴적 서리와 같은 위기를 이용해 재빨리 싼값에 땅을 사들이고 자신들의 감귤 농장을 확대했다. 그리핀의 경우 405제곱킬로미터에 달하는 땅을 소유했으며 약 1113제곱킬로미터의 소작지를 관리했다. 또한 플로리다의 감귤 작물을 휩쓸고 갔던 1962년의 무시무시한 파괴적 서리 이후, 잭 베리는 이를 기회 삼아 모든 사람들의 충고와는 반대로 라벤르 근처의 24제곱킬로미터 땅에 작물을 심었다. 1982년 엄청난 서리가 다시 한 번 지나간 후 베리는 2500만 달러를 들여 새러소타 카운티에 65제곱킬로미터의 땅을 추가 구입함으로써 감귤과 토지 소유를 늘렸다.

1980년대 즈음, 이들 감귤 귀족은 감귤 농업 산업을 지배하게 되었다. 그러나 21세기로 들어설 무렵 이들은 브라질 쿠트랄레 가문 소유의 수코시트리코 같은 다국적기업에게 자리를 양보하게 된다. 그 이유 중 하나는 다국적 생산자만이 코카콜라와 같은 다국적 배급업자들과 사업 협상을 할 힘이 있기 때문이다. 현재는 루이드레퓌스 등 거대 자본이 감귤 주스 자본을 인수하는 것이 주된 경향이다.

이렇게 토머스 제퍼슨의 꿈은 막을 내리게 되었다. 그는 특히 서부에서 사람들이 땅을 일구어 부자가 될 수 있는 평등한 사회를 건설하려 했으나, 소수의 부유한 사람들만이 정상에 서는 피라미드 구조밖에 남지 않았다. 캘리포니아에서 감귤 재배가 시작되던 처음 몇 십 년 동안은, 정착민들이 감귤 지대에서 공동체를 형성하면서 제퍼슨의 꿈이 구체화되는 듯했다. 또한 제2차 세계대전 이후 경작자들이 센트럴밸리로 이동하자 연방정부는 용수를 공급함으로써 이들에게 큰 도움을 주었다. 그러나 그 후 캘리포니아와 플로리다에서는 기업들이 그 자리를 넘겨받았다.

감귤 작물을 보호하는 일에 여러 경제 주체들이 뛰어들면 사태는 복잡해진다. 2002년에 플로리다에서 감귤궤양병이 발생하자 주지사 젭 부시Jeb Bush는 질병에 걸린 나무들을 없애라는 집행 결정을 내렸다. 그 결과 상업용 과수원에서 150만 그루의 나무들이 희생되었고, 25만 가정의 앞마당에 심겨진 60만 3000그루의 나무가 폐기되었는데 그들의 고함소리가 어떠했을지 충분히 상상이 갈 일이다.

이 사건은 정치이론가들에게는 친숙한 문제인, 정부의 권리와 개인의 자유 사이의 딜레마를 내포하고 있다. 그러나 부시 주지사의 결정은 조금 다른 것처럼 보인다. 그는 정치적으로 잘 조직된 인구 집단의 부를 보호하기 위해 플로리다 주의 유권자들 중에서도 상대적으로 적은 수의 사적 권리를 침해했던 것이다.

자연을 토착화하는 일은 언제나 모험으로 남아 있을 것이다. 자연은 파괴적인 서리나 박테리아, 곰팡이, 혹은 기생 초식동물의 공격이라는 수단을 동원해 주도권을 주장할 것이다. 하지만 인간들은 자연 정복의 욕망을 끝내 포기하지 않을 것이다.

Part 2

쓸모 많은
속살 맛보기

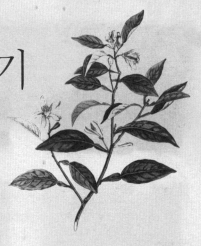

캘리포니아
드리밍

난 어제 당신 집에 들렀어요.
당신은 내게 레몬을 던졌죠.
레몬은 땅에 떨어졌고 주스는 내 마음속으로 들어왔죠.
_멕시코, 엘살바도르 및 기타 나라들의 민요

이번 장의 대부분을 차지하는 남부 캘리포니아의 감귤 재배 이야기는 미국의 종교, 제퍼슨의 이데올로기, 철도를 비롯한 현대 기술, 그리고 마술을 부려 심리적 이미지를 창출하고 돈을 벌어들이는 광고와 관련되어 있다. 이 이야기는 캘리포니아의 감귤 지대가 로스앤젤레스 지역에서 센트럴밸리로 이동했던 과정을 거쳐 멀리 떨어진 뉴질랜드의 비슷한 사례로 끝을 맺게 된다.

먼저 포르투갈이라는 나라를 예로 들어 이 이야기의 종교적 측면을 살펴보고자 한다. 포르투갈의 기후는 감귤 재배에 아주 적합하지만, 이 나라는 감귤로 돈을 벌려 하지 않는다. 언뜻 보기에 이해가 가지 않는 일이다.

포르투갈인들이 감귤을 제한적으로 재배한다는 사실은 이 나라가 의도적으로 국제무역을 꺼린다는 인상을 준다. 실제로 이곳에서 생산되는 감귤은 모두 이곳에서 소비된다. 수출이라 말할 것조차 없어서 이웃 나라 스페인과 확연하게 대비된다.

포르투갈, 스페인, 이탈리아, 프랑스 등 라틴어를 기반으로 하는 지중해 민족들은 무역에 대해 다양한 태도를 견지하지만, 그중에서도 포르투갈의 두 가지 생상품인 포트port 와인과 감귤은 종교가 경제에 강한 영향력을 미친다는 사실을 증명하는 대표적인 사례이다.

막스 베버는 종교개혁이 힘든 노동을 통한 사적 부의 형성을 조장함으로써 가톨릭 전통과는 대조되는 프로테스탄트 윤리를 낳았다고 주장했다. 도덕적인 삶에 관한 프로테스탄트의 관념은 자본주의의 발생과 직접적으로 연관된다는 것이다.

이제 근대 초에서 19세기와 20세기로 뛰어넘어 가 보자. 프로테스탄트 종교가 앵글로색슨 상인들에게는 긍정적인 자극을 주었지만, 종교재판의 참담한 기억을 간직하고 있던 포르투갈인들은 무역상이 되기를 꺼렸다. 이들의 선조가 16세기 초반 종교재판으로 고통 받았기 때문이다. 일례로 당시 포르투갈의 최남단에 위치한 알가르베에서는 종교재판관들이 유대인을 맹렬하게 색출했으며 개종한 유대인 즉, 신교도들을 탄압했다. 그 시절에는 상업이 유대인의 주된 영역이었기 때문에, 가톨릭교도 및 유대인 탄압자들은 상인들을 주된 표적으로 삼았다. 이 때문에 알가르베 및 포르투갈의 다른 지역에서는 포르투갈인들이 상업과 관련된 직업을 어쩔 수 없이 포기해야 했고, 영국인들이 이들을 대신해 들어오게 되었다.

이러한 역사는 포트 와인 병의 상표에도 아직까지 영향을 미치고 있다. 내가 몇 년 전 리스본에 머물 때였다. 한 친구 교수에게 어떤 상표의 포트 와인을 사야 좋은지 물어봤더니 간단한 대답이 돌아왔다. 영국식 이름으로 된 와인을 사라는 것이었다. 포트 와인은 전통적으로 바지선을 띄워 상류의 생산지로부터 도루 강을 따라 운송했다. 그런데 포르토 시에서 포트 와인의 수출과 무역을 담당하던 회사들 중 유명하면서도 견실한 회사 절반 정도는 영국 상인들의 가족 사업에서 시작된 것이다. 콕번, 테일러 스산데만, 오즈번, 도우스, 윌리엄피커링, 세인스베리스, 헤링턴 스, 하비니콜스, 위그햄스, 처칠스, 제닝스, 휘트샴스, 존그레이프, 크로프트, 하우스오브커먼스 등이 모두 영국 기업이다.

감귤 재배 역시 포트 와인의 경우와 다르지 않았다. 1780년에서 1880년 사이의 100년 동안, 현재 포르투갈의 영토인 아조레스의 산미겔 섬에서는 주로 영국 시장을 겨냥해 레몬과 오렌지를 생산했다. 1860년에 포르투갈 오렌지들은 런던, 리버풀, 헐, 브리스틀로 수입되는 전체 물량의 74퍼센트를 차지했는데, 그중 절반 이상이 산미겔에서 온 것이었다.

1751년 호아오 시마스 카멜루라는 한 포르투갈인이 대형 상자 세 개와 3분의 1에 오렌지를 담아 아일랜드의 코크로 보내면서 이 특이한 무역은 시작되었다. 하지만 나중에는 오렌지의 거의 전부가 외국인들의 손에 거래되었다. 1820년 무렵 산미겔의 중심 도시 폰타델가다에는 수출업자 아홉 명이 활동하고 있었다. 이들 가운데 하신토 이그나시오 로드리게스 실베이라 한 명만이 포르투갈인이었다. 숄츠라는 이름의 또 한 명은 프로이센 사람이었고, 토머스 히크링은 미국인이었다. 아이브스, 브랜더, 네스빗, 윌리엄 하딩 리드, 콕번, 그리고 레스비 등 나머지는 모두 영국인이었다. 십여 년이 지난 후에도 상황은 똑같았다. 이윤이 아주 높았던 산미겔 오렌지 무역은 거의 전부 외국인들이 통제했다.

종교재판 기간 동안 형성된 박해에 대한 두려움이 19세기까지도 강력한 영향을 행사했던 셈이다. 21세기 초에도 이러한 현상은 지속되고 있다. 교회가 막강한 영향력을 발휘하는 가톨릭국가 포르투갈에서는, 기독교인은 은행업이나 무역을 통해 돈을벌어서는 안 된다는 1000년 묵은 금기가 여전히 살아 있다. 감귤을 재배하는 데 완벽한 기후 조건을 갖춘 포르투갈이 왜 생산량의 극히 일부만 수출하는지를 이해하려면 이러한 역사적 배경이 큰 도움이 된다.

오렌지 향기 가득한 에덴동산

캘리포니아 남부에 위치한 로스앤젤레스는 기후 덕분에 온화한 에덴동산의 이미지로 기억되곤 한다. 마마스 앤드 파파스가부른 〈캘리포니아 드리밍California Dreamin〉의 한 구절은 그런 이미지를 명확하게 보여 준다.

남부 캘리포니아는 태양, 온화한 기후, 거의 발생하지 않는한파, 촉촉한 공기, 침투성이 강한 충적토 등 감귤 지대가 자리잡을 수 있는 결정적인 요인을 갖추었다. 1885년과 1945년 사이에 제작된 수많은 오렌지 상자의 상표를 보면 알 수 있듯이, 오렌지 농장이 언덕이나 산과 근접해 있다는 것 또한 긍정적 요인이다. 산맥이 있으면 바람을 막아 주고 저수지가 생기기 때문이다.

로스앤젤레스와 마이애미는 19세기 후반 들어 관광지로서, 그리고 동시에 살기 좋은 정착지로서 확장되었다. 모두 철도가 놓이면서 시작된 현상이었다. 한때 감귤이 따사로운 햇빛과 휴식이 가득한 이국땅의 상징으로 떠오르자, 두 지역은 모두 감귤을 내세워 지역 홍보에 효과적으로 사용했다. 달콤한 냄새가 나는 오렌지 꽃, 야자수, 올리브 나무, 풍요로운 이국종 등의 단어는 모두 성서에서 직접 따온 것이다. 이주를 희망하던 미국 북동부 사람들은 이러한 것들이야말로 서부, 혹은 남부가 새로운 약속의 땅이라는 증거라고 생각했다.

감귤은 캘리포니아와 플로리다로 이주할지 망설이는 사람들에게 가장 유용한 홍보 수단이었을 것이다. 이때 오렌지 나무는 1847년 앨프레드 테니슨Alfred Tennyson이 쓴 시 〈데이지The Daisy〉의 구절처럼, 열대의 이국적 풍경 속에서 매력적인 모습으로 이상화된다.

오 사랑이여 얼마만큼의 시간이 당신의 것 나의 것이었는가.
야자수와 남부 소나무의 땅에서
야자수의 땅, 오렌지 꽃의 땅에서
올리브, 알로에, 그리고 옥수수와 포도의 땅에서.

로스앤젤레스와 마이애미는 모두 기독교와 스페인의 문화적 유산을 간직하고 있다. 그중에서도 특히 캘리포니아는, 왕도土道 엘카미노레알이 멕시코에서 샌프란시스코까지 연결되어 스페인의 가톨릭 선교단들을 해안가에 집결시켰기 때문에 그런 경향이 강하다.

로스앤젤레스는 스페인 지배 시대 이후 이미 몇 차례의 현저한 변화를 겪었다. 1840년대까지 로스앤젤레스는 스페인과 멕시코의 식민 마을이었으며, 대규모의 사유지에는 주로 가축을 키웠다. 1850년대에는 란초스라 불리던 이런 사유지들이 4만 ~8만 제곱미터 크기의 농장들로 나누어지면서 포도 농장과 작은 오렌지 과수원이 형성되었다. 가축 사육을 그만둔 이후 농업에 주력한 로스앤젤레스 카운티는 미국 동부를 연결하는 남태평양 철도가 개통되어 로스앤젤레스와 세인트루이스를 경유하게 되면서 1876년까지 완만한 성장을 계속했다.

1849년 골드러시 이후 캘리포니아에는 최초의 대규모 이민자들이 밀려들어왔다. 그 직후 대륙횡단 철도가 서부의 문을 활짝 열자 동부로부터 인구가 대거 유입되었다. 로스앤젤레스에 철도가 들어온 지 불과 1년 만인 1877년, 감귤 경작자 조지프 울프스킬Joseph Wolfskill은 네이블오렌지를 가득 채운 차량 한 대를 세인트루이스로 보냈다. 아주 탐스러운 상태로 도착한 이 오렌지들 덕분에 화창한 남부 캘리포니아는 풍부한 농산물의 땅이라는 호평을 받게 되었다.

바로 뒤를 이어 남부 캘리포니아는 미국 동부 시장으로 안정된 오렌지 공급을 하기 시작했고 관광객들이 이곳으로 떼 지어 몰려왔다. 미국 동부에 캘리포니아산 네이블오렌지와 세빌오렌지Seville orange를 가득 실은 화물차가 도착하자 새 이주자들은 그 풍요로운 농업에 매력을 느꼈다. 1885년, 병충해가 감귤 플랜테이션에 타격을 입혔고 그 영향으로 1885~1888년 사이 부동산

붐이 이어졌다. 캘리포니아로 밀려오는 엄청난 이민자들의 압박 속에 오렌지 농장주들이 부동산 투기꾼들에게 땅을 팔았던 것이다. 로스앤젤레스는 신생 대도시가 되었다. 1880년대에 인구가 세 배로 늘었고, 1890년대에는 다시 두 배로 늘었다. 오렌지 농장들이 로스앤젤레스의 경이적인 도시 확산을 예고했던 셈이다.

로스앤젤레스 이야기는 몇 가지 갈래로 풀어 낼 수 있다. 울프스킬 가문의 대단한 기업가 정신, 다양한 철도회사들 간의 상업적 경쟁관계, 남부 캘리포니아의 기후에 적응하여 토착화된 다양한 감귤류 등이 여기에 속한다. 또한 19세기 후반 동안 골드러시, 가축 사육, 양 사육, 감귤 생산, 부동산 사태가 이어지며 약 10년에 한 번꼴로 호황과 투기가 몰아친 후 불황이 오는 사태가 반복되었던 일도 하나의 갈래로 들 수 있다. 또 하나의 갈래는 캘리포니아에 내재된 폭력적 성향이다. 개척시대에 서부의 전초기지에서 일어났던 인간의 폭력적인 행동은 지진이나 폭우, 가뭄 등 자연의 흉포함과 다를 바 없었다.

울프스킬 과수원의 번영과 몰락

그럼 울프스킬 이야기로 돌아가 보자. 캘리포니아가 여전히 멕시코 소유였던 1841년, 펜실베이니아를 떠난 워크맨롤런드 일행의 대륙 횡단 마차가 로스앤젤레스 지역으로 들어왔다. 같은 해 그 일원이었던 윌리엄 울프스킬이 캘리포니아에서 8000 세곱미터 규모로 최초의 상업용 오렌지 과수원을 시작했다. 1855년 즈음에는 과수원을 확장하기 위해 2000여 그루를 추가로 심었고, 1860년경에는 그의 오렌지 과수원이 40만 제곱미터 이상의 규모로 확대되었다. 몇 년이 지난 후 울프스킬 과수원은 이 신생 주의 전체 감귤 나무 중 3분의 2를 차지할 정도가 되었다. 1866년 윌리엄이 사망하자 그의 아들 조지프 울프스킬이 가문의 과수원을 물려받았다.

1885년에는 산타페 철도가 로스앤젤레스에 들어왔다. 이 철도가 남태평양 철도와 경쟁을 벌여 결국 운임 전쟁으로 치달았고, 기차 운송비는 크게 떨어졌다. 다음 해인 1886년 울프스킬 과수원은 최초로 오렌지만을 실은 기차 차량을 동부 시장에 보냈다. 동부인들에게 전달된 오렌지 상자는 서부로 오라는 유인책이었다. 오렌지 경작자들은 '건강에 좋은 오렌지, 건강에 좋은 캘리포니아'를 구호로 내걸었다. 1887년 남태평양 철도는 매년 12만 명의 방문객을 로스앤젤레스로 실어 날랐다. 게다가 철도 회사들이 감귤 생산자들에게 압박을 가하는 상황에서도 오렌지의 선적 가격은 점차 인하되어 1톤을 싣고 1마일 갈 때 3센트 하던 것이 1센트가 되었다.

미국 동부로 선적한 오렌지는 어떤 품종이었을까? 1873년에 루터와 엘리자 티베트가 로스앤젤레스에 최초로 심었던 네이블오렌지 씨앗은 브라질에서부터 워싱턴을 경유하여 온 것이었다. 겨울에 무르익는 네이블오렌지는 최적의 기후 조건을 갖춘 캘리포니아에서 잘 자랐다. 오히려 날씨가 더 덥고 습한 브라질보다 열매의 맛이 더 좋고 크기도 적당했다(브라질의 경우 오렌지가 너무 컸다). 1873~1888년 동안 로스앤젤레스 일대에는 100만 그루 이상의 네이블오렌지 나무가 심겼다. 1880년경에는 로스앤젤레스 카운티의 오렌지 나무가 20만 그루에 달했는데, 이는 1870년보다 다섯 배가 증가한 수치였다. 네이블오렌지 나무를 최초로 심은 지 얼마 되지 않은 1876년, A.B. 채프먼이 아조레스에서 수입한 최초의 발렌시아오렌지 나무 선적분이 로스앤젤레스에 도착했다. 그리하여 1870년대 후반부터 여름에 수확하는 이 과일의 생산이 시작되었다. 이제 남부 캘리포니아는 1년 내내 오렌지를 공급할 수 있게 된 것이다.

지금까지 이야기한 내용은 한편으로 진보와 조화에 관한 오해를 낳을 수 있다. 마치 미국 동부의 대형 시장에 오렌지를 수출하면서 캘리포니아가 번성했고, 로스앤젤레스 시가 성장하게 된 것이 감귤 작물의 수익성이라는 단 하나의 요인 때문이라는 인상을 줄 수 있기 때문이다. 물론 역사는 이렇게 쉽게 작동하지 않는다. 남부 캘리포니아에서 감귤 재배가 성장한 이면에는 그 나름의 재앙도 있었다.

남부 캘리포니아는 식민 기간 동안 엘카미노레알 일대가 스페인과 멕시코의 전초기지로 연달아 이용되면서 정체기를 맞았다. 그리고 1846~1848년, 미국이 이 지역을 군사적으로 접수하는 것과 동시에 이곳의 경제 및 사회 조직이 최초로 크게 붕괴했다. 그 결과 1849년 골드러시가 일어났다. 샌프란시스코와 새크라멘토 지역에 몰려들었던 이들 포티나이너스Forty-Niners(1849년 캘리포니아로 온 사람들을 지칭하는 말-역주)는 먹을 것을 달라고 아우성이었다. 로스앤젤레스나 그 주변 지역의 란초스에서 가져온 소고기는 아주 값비싼 상품이 되었다. 가격 폭등은 멈추지 않았고 이윤은 열 배나 뛰었다. 좋은 시기는 10년 하고 조금 더 지속되었을 뿐이지만, 그 기간 동안 이러한 수입원에 의존했던 사람들은 이 혜택이 신의 선물이며 영원할 것이라고 믿었다.

그러나 자연은 스스로 굴레를 벗고 신흥 축산업을 뿌리쳤다. 1861년 캘리포니아에는 130센티미터의 폭우가 내려 엄청난 홍수가 발생했다. 그 뒤를 이어 급작스러운 대책이라도 되는 듯 가뭄이 계속되었다. 1862년은 메마른 해였다. 1863년도 그랬다. 1864년, 또 1865년도 마찬가지였다. 이처럼 비가 오지 않는 해가 계속되자 가축의 80퍼센트가 죽었다. 하나의 시기를 마감할 때가 온 것이다.

포도밭은 골드러시를 따라 고무되었던 또 하나의 전통적 자원이었다. 1870년경 미국 와인 생산량의 6분의 1은, 란초스에서 독립해 나온 작은 농장들에서 경작되었다. 1880년 로스앤젤레스에는 500만 그루 이상의 포도나무가 있었다. 그러나 1880년대 초반 병충해가 포도밭을 망쳐 놓았다. 이곳은 이미 북부 캘리포니아의 포도 경작자들과 경쟁하고 있던 터였고, 철도회사가 정한 값비싼 운송비 때문에 고통 받고 있었다.

1880년 로스앤젤레스는 여전히 농업 중심이었다. 강과 산페드로 거리 사이에 있는 이 도시의 남부 지역을 과수원과 포도밭이 가득 메웠다. 20만 그루의 나무와 더불어 감귤 과수원은 어디에나 있었다.

오렌지 과수원은 수입이 좋았다. 울프스킬 과수원은 평균적으로 1에이커(약 4000제곱미터)당 연간 1000달러를 벌어들였다. 이렇게 이윤이 높아지자 감귤 나무 플랜테이션 붐이 일어났다. 산가브리엘밸리에서는 1877년 526만 제곱미터 정도이던 과수원이 1879년에는 약 890만 제곱미터로 늘어났다.

그러나 세 가지 요인이 오렌지 농장의 번영에 제동을 걸었다. 첫 번째는 로스앤젤레스 토지를 둘러싼 동부인들의 탐욕이었다. 이것이 1885~1888년 부동산 폭등으로 연결됐고 1887년 한 해에만 땅값이 다섯 배가 올랐다. 둘째, 생산자들이 과잉 생산을 하여 스스로 희생자가 되고 중계업자와 철도회사에 통제권을 빼앗겼던 점이다. 세 번째 요소는 해충이다. 일반인들에게 흰깍지벌레로 알려진 곤충이 1860년대 오스트레일리아에서 수입된 묘포와 함께 부주의하게 유입된 것이다. 1888년 10월 4일《로스앤젤레스 타임스Los Angeles Times》의 기사를 보면 "게걸스럽고 생식력 강한 이 곤충들이 유충에서 성충에 이르기까지 모든 잎과 가지와 줄기를 완전히 뒤덮고 있어 (나무가) 온통 하얗다"라고 설명하고 있다. 흰깍지벌레는 1880년대 말 D.W. 코퀼레가 오스트레일리아에서 천적인 무당벌레를 도입하면서 억제할 수 있었다.

1880년대 말 감귤 산업은 파괴되었다. 수많은 감귤 경작자들이 낙담하여 투기업자들에게 부동산을 팔았다. 1890년대에는 울프스킬 과수원이 사라졌다. 1888년 이 농장의 일부가 팔려 남태평양 철도의 유개차고로 사용되었고 나머지는 상업용, 혹은 거주용 건물 용지로 전환되었다.

20세기에 들어서야 생산자들이 협동조합을 조직함으로써 감귤 산업을 괴롭히던 경제적 난국은 해소되었다. 1893년 챔블랜과 드레어는 남부 캘리포니아의 주요 경작자들을 규합해 남부캘리포니아 과일거래소Southern California Fruit Exchange를 조직했다. 이 조직은 1905년에 캘리포니아 과일경작자거래소California Fruit Growers Exchange로 이름을 바꾸었고 썬키스트 상표를 도입하게 된다.

악마의 도시와 천사의 도시를 오가다

1850~1890년 사이에는 급격한 사회적 변화가 있었다. 1850년 캘리포니아가 미국의 주로서 지위를 얻었으며 로스앤젤레스가 시에 편입되었다. 1851년 초에 미국 토지위원회는 스페인인과 멕시코인을 대상으로 했던 무상불하 토지제도를 개정함으로써 이전 토지 소유자들의 토지를 박탈하는 법률적 조치를 취했다. 백인들이 멕시코 원주민들을 몰아낸 것이다.

로스앤젤레스는 악당과 무법자들, 창녀촌과 도박장이 넘치는 난폭한 도시가 되었다. 만연한 무법 행위 때문에 앤젤리노스 Angelinos(로스앤젤레스 사람들)는 '악마'라는 뜻의 '로스디아블로스 Los Diablos'라는 별명을 얻었으며, 1853년에는 자체적으로 로스앤젤레스 치안대라는 자경단을 조직하게 되었다. 그 후 몇 년 동안 치안대는 22명을 즉결 처형했다. 1855년에는 시장 스티븐 포스터가 이러한 처형에 가담하기 위해 일시적으로 사임하는 일까지 있었다. 1857년 로스앤젤레스 보안관이던 제임스 바턴이 살해되자 자경단원들은 광란의 징벌을 계속했다. 로스앤젤레스 치안대가 행한 마지막 처형은 1870년으로 기록되어 있다. 1871년 10월에는 반反 중국인 대학살이 발생했다.

한편 로스앤젤레스에 긍정적인 영향을 미치는 요소들도 있었다. 오렌지 농장으로 인한 번영, 인구의 증가, 철도 개설 등이 그런 요소였다. 디아블로스는 다시 앤젤리노스로 바뀌었다. 1856년에는 자비수녀회Sisters of Charity가 미국 최초의 병원을 개설했다. 얼마 안 있어 로스앤젤레스는 최초의 근대 시설들을 갖춘 도시로 변모했다. 최초의 도서관 협회(1858), 최초의 자선 조직인

레이디스스윙협회Ladies Swing Society(1859), 최초의 비공식적 은행 I. W. Hellman(1865)과 공식적(1869) 은행, 가스를 이용한 최초의 도시 점등 시설(1867), 최초의 자원 소방대(1869), 최초의 극장 머시드(1871), 최초의 대중교통인 말이 끄는 전차(1873)가 차례로 도입되었으며 1881년에는 캘리포니아대학교 로스엔젤레스캠퍼스 UCLA의 전신인 주립 사범학교 남부분교가 개설되었다. 이 기관들은 도시를 이전보다 활력 넘치고 훨씬 더 품위 있게 만들었다.

1850년과 1890년 사이의 혼란스럽고도 어려웠던 시기, 로스앤젤레스는 오렌지를 열망하는 동부 시장에 이 과일을 판매함으로써 양적, 질적 성장에 박차를 가했다. 이는 기독교 정신과도 부합하는 현상이었다. 인류는 에덴동산에서 쫓겨난 후 땀 흘려 먹고 살아야 한다는 신의 저주를 받았다. 이 저주를 유토피아를 찾아 나서라는 어쩌면 가장 강력한 명령, 즉 "스스로 신세계를 찾아라. 처녀지로 가라. 그 길에서 개인의 부와 행복을 거두어들이라"라는 명으로 바꾸어 놓았던 것이다.

남부 캘리포니아의 감귤 재배 이야기는 아메리칸드림을 통해 좀더 명확히 이해할 수 있다. 아메리칸드림에 얽힌 이야기들은 상당히 흥미롭지만, 주인공들을 선인과 악인으로 너무 단순하게 범주화하는 측면도 있다. 아마도 가장 흥미로운 이야기는 토머스 제퍼슨이 유대 및 기독교적 유토피아를 재천명했다는 사실일 것이다.

이 경우 새로운 유토피아는 18세기의 정치 이론에 뿌리를 둔 것이었다. 토머스 제퍼슨은 루이스와 클라크 대위를 중심으로 탐험대를 구상하고 조직했다. 이때 그는, 서부의 공간은 텅 빈

석판과 같은 곳으로서 이곳에 새롭고 더 정의로운 인류 역사의 한 장을 써 내려가야 한다고 생각했다. 이주민들은 이 새로운 땅에 새로운 사회 조직을 건설하고, 모든 가정은 똑같은 면적의 땅을 할당받게 된다. 이들은 땅을 경작하며 먹고살 것이다. 설령 번영하게 되더라도, 영국 같은 고급화와 사회적 계층화를 피하고 경제적 평등을 유지하리라. 이것이 바로 미국 서부 식민화의 배경이 되었던 제퍼슨의 유토피아이다.

19세기 중반 이후 소규모의 정착민 종교 단체들을 통해, 제퍼슨의 유토피아 이념이 캘리포니아로 들어왔다. D.M. 베리는 인디애나폴리스 출신의 가족 50세대를 조직해 '캘리포니아의 인디애나 식민지Indiana Colony of California'라는 집단을 만들었다. 이들은 산가브리엘 오렌지농장협회San Gabriel Orange Grove Assiciation의 지부로서 패서디나를 건설했다. 한편 문화적으로 동질성을 띠었던 몰몬교도들은 샌버너디노에 정착했다. 이전에는 로즈버그로 알려졌던 라베른 역시 브레스런 교회의 신도들이 터를 잡았다.

철도가 로스앤젤레스로 들어오고 경작자들이 오렌지 상자를 동부에 운송하게 되면서 오렌지 과수원이 거둔 상업적 성공은 유토피아적 이상을 입증했다. 실로 엄청난 성공이었다. 1920년대 말 캘리포니아 감귤 농부들은 일반 미국인들보다 네 배나 높은 수입을 벌었으며, 1913년 남부 캘리포니아 오렌지 경작자들의 투자 수익은 약 3000만 달러에 달했다. 20년이 지나자 액수는 약 1억 4500만 달러에 육박했다. 의기양양한 감귤 농장 소유주들은 새로 얻은 부를 과시하기 시작했다. 패서디나의 으리으리한 시내 거리를 보면 당시의 분위기를 짐작할 수 있을 것이다.

1895년 리버사이드는 미국 전체에서 1인당 소득 수준이 가장 높았다. 산가브리엘과 샌버나디노밸리를 거쳐 리버사이드에 이르기까지, 패서디나의 동쪽으로 100킬로미터 가까이 뻗어 나간 감귤 지대 도시의 주민들은 스스로 상류계층임을 자부했다. 이러한 도시는 시민들의 자신감으로 충만했다. 자신들이 벌어들인 돈이 있는 은행과 시청, 학교와 대학들, 도서관과 미술관, 호화로운 호텔, 기념비적인 교회, 대저택들은 그들의 자랑거리였다. 감귤 지대의 모든 위성도시들, 그리고 로스앤젤레스가 제시한 도시 모델은 이 거대한 도시의 다중심적 특성을 잘 보여 준다.

남부 캘리포니아를 일으킨 세 가지 요인

20세기의 3분의 1이 지날 때까지, 즉 대공황이 시작될 때까지 남부 캘리포니아가 이토록 번성할 수 있었던 이유는 무엇일까? 일부에서는 하층 노동자들이나 '위인' 이론을 이 현상에 결부시키기도 한다.

비非 앵글로색슨계와 가난한 사람들이 여전히 감귤을 추수하고, 오랫동안 멕시코 출신 외국인 노동자 치카노 브라세로Chicano bracero들이 값싼 노동을 제공한 것은 분명 사실이었다. 이들은 모두 불법 이주민이기에 적은 돈으로 일을 시킬 수 있었다. 하지만 이것이 감귤 지대 경작자들을 배불린 주요소는 아니다. 중국인, 시크교도, 일본인, 필리핀인, 멕시코인 노동자들은 농장에서 고된 노동을 했다. 감귤 추수는 1년 내내 꾸준히 노력해야 하는 일이었다.

이러한 노동의 기회는 대기하고 있던 이민자들의 유입으로 이어졌다. 처음에는 대개 남자 한 명이 들어오고, 여유가 생기면 즉시 나머지 가족들을 부르곤 했다. 실제로 감귤 지대의 유색인 인구는 1900~1930년 감귤 호황기 동안 앵글로색슨 인구보다 빠르게 증가했다. 그 결과 1920년대부터 일찌감치 노동 계급이 조직되었다. 노동자들은 임금 인상을 위해 파업했으며, 세계 산업노동자동맹IWW에도 참여했다.

'위인' 이론도 큰 도움이 되지는 않는다. 인디애나에서 이주해 와서 후에 패서디나가 되는 지역에 정착한 이주민들의 사례를 보면 이해가 쉬울 것이다. 그들 중 한 사람인 D.M. 베리는 지역을 정찰하고 가장 적합한 곳을 찾기 위해 미리 파견되었다. 그는 산가브리엘 강변에 있는 랜초산패스퀼 지역에 매료되었다. 1873년 그를 따라온 사람들이 이곳에 정착했을 때 처음에는 경제적 실패를 맛보았다. 하지만 베리는 자신의 첫 비전을 신뢰하고, 발 빠르게 움직여 식민지를 재조직했다. 그는 심사숙고하여 선택한 일부 서부 사람들을 추가했으며, 600만 제곱미터의 땅을 사들인 후, 1873년 말에 이들을 산가브리엘 오렌지농장협회라는 새 집단으로 편입했다. 이 토지는 6만 제곱미터 규모의 땅 수백 개로 다시 나뉘었다. 10년 후 이곳에는 200가구가 정착했으며 1875년 인디언식 이름인 패서디나를 채택했다. 패서디나 식민지가 성공할 수 있었던 것은 베리의 지도자적 역량보다는, 감귤 과수원에 관개를 실시했기 때문이다. 이들은 윌슨 개천을 파서 아로요세코 근방에서부터 물을 끌어왔다.

실제로 20세기의 전환점에 감귤이 노다지가 된 세 가지 주요 이유는 노동, 관개, 농업 연구였다. 감귤 과수원은 가만히 앉아

수지맞는 사업이 아니다. 매년 이윤을 내기란 아주 어려운 일이다. 과수원을 관리하려면 경작자들은 첫째로 바람막이를 설치해야 한다. 오렌지 경작자들은 로스앤젤레스와 리버사이드 사이의 감귤 지대에 토지를 매입한 직후, 나무로 높이 벽을 쌓아서 강한 바람을 저지할 방벽을 세웠다. 성장 속도가 아주 빠른 유칼립투스를 흔히 사용했는데, 2~3년이 지나면 방벽이 효과를 발휘하여 감귤 나무를 심는 작업을 진행할 수 있었다. 경작자들은 열을 맞춰 나무를 심는데 보통 6.7미터 간격을 둔다. 어린 나무들은 뜨거운 열기나 산토끼 등, 여러 가지 요소의 공격에 취약하기 때문에 고용된 노동자들은 나무줄기 주위를 옥수숫대로 감싼다.

또한 감귤 나무가 성장하려면 비료와 물이 필요하다. 최소한 한 달에 한 번은 나무에 물을 주어야 하기 때문에 관개는 성공의 가장 중요한 열쇠이다. 그 밖에도 나무에 정기적으로 약을 뿌려서 수많은 해충을 막고, 추운 겨울 밤 한파가 스며들지 못하게 나무들을 보호해 줘야 한다. 경작자들은 개개의 과일나무 주위에 불을 피워 두꺼운 연기 막을 만듦으로써 냉기가 침투하지 못하게 한다.

마지막으로 추수를 빼놓을 수 없다. 감귤 열매는 선적이 준비될 때까지 나무에 달려 있는 것이 가장 좋으므로, 과일 추수는 1년 내내 계속된다. 아시아나 멕시코에서 온 유색인 노동자들이 수확을 하고 나면 말이 끄는 화물차에 실어 과일을 포장하는 일꾼들에게 나른다. 전통적으로 포장은 노동자 아내들의 몫이었다. 이들은 과일을 세척하고 일일이 검사하여 크기별로 분류하고 등급을 매긴다. 그런 후에 색색의 상표를 붙여 상자 속 알록달록한 종이 받침 위에 정렬시킨다. 예를 들어 리알토 지역은 생산이 정점에 이르렀을 때 일곱 군데의 포장업체를 고용하는데, 이 중 네 곳은 독립된 업체이고 세 곳은 캘리포니아 과일경작자거래소와 제휴한 업체이다.

천재적인 관개 기술자, 조지 채페이

관개는 경작자들이 떨쳐버릴 수 없는 고민거리이다. 작가 수전 스트레이트Susan Straight는 어린 시절 리버사이드의 박스스프링스 산기슭에 자리한 감귤 농장에서 보냈던 행복한 시간을 이렇게 회상한다. "우리가 임대한 산림 전체에 반짝이는 은빛 자취를 만들던, 물이 가득한 관개수로에서 발을 식힌다. 벽돌로 지은 사각형 물 펌프는 고랑 맨 앞에 있는 둥그런 시멘트 탑 모양의 물 탱크 속으로 억수 같은 물줄기를 흘려보내는데, 이것이 우리에게는 폭포였다."

남부 캘리포니아 감귤 농장에서는 1880년대 플랜테이션이 확산됨과 동시에 조직적인 관개가 시작되었다. 산가브리엘 산맥 구릉지대 근처에 자리 잡은 감귤 지대의 위치는 이상적이었다. 오렌지 농장에 관개를 하려면 산에서 흘러내리는 계곡물을 수로로 끌어들일 수 있어야 했다.

이를 가능하게 한 사람은 조지 채페이(1848~1932)였다. 캐나다 출신의 다재다능한 기술자이자 몽상가였던 그는 아마도 천재였을 것이다. 그의 부모는 건강을 위해 온타리오의 킹스턴을 떠나 남부 캘리포니아로 이사를 했다. 채페이는 부모님을 만나러 이곳에 왔다가 남부 캘리포니아의 밝은 풍광과 신선한 공기에 사로잡혀 이곳에 머물기로 했다. 그는 원예학자인 동생 윌리엄과 함께 일을 했는데, 아주 성공적이었다. 오스트레일리아의 몇몇 지역에서 사업을 벌였을 뿐 아니라 산베르나르디노 지역의 수많은 도시 공동체를 계획하는 일도 담당했다.

이 모든 사업은 1881년 추수감사절에 채페이 형제가 오늘날의 에티완다에 있는 택지 220만 제곱미터를 조지프 가르시아에게서 구입하면서 시작되었다. 1882년에 채페이 가문은 2400만 제곱미터가 넘는 넓은 토지를 샀는데, 이것이 온타리오와 업랜드 같은 도시가 되었다. 온타리오라는 이름은 채페이 가문이 원래 살았던 캐나다 주의 이름을 딴 것이며, 가르시아 대농장에 세운 도시 에티완다의 이름은 미시건 호수의 아메리카 원주민 추장의 이름을 딴 것이다. 이 추장은 공동체를 결속하는 데 탁월한 능력을 발휘한 사람이었다. 그 밖에 업랜드, 쿠카몽가, 알타로마 등도 조지 채페이가 설계한 도시이다.

조지 채페이의 또 다른 독창적 아이디어로는 상호수리조합 Mutual Water Company이 있다. 이 조합의 구성원들에게는 물을 공급받을 동등한 권리가 있었다. 채페이가 이 조직을 세운 이유는 당시 서부에 새롭게 편입된 도시들 간에 툭하면 일어나던 물 전쟁을 막기 위한 것이었다. 그는 형제가 합병한 약 4047만 제곱미터의 토지를 4만 제곱미터 규모의 수목 재배지로 분할한 후 각각이 물을 공유하도록 했다. 형제는 온타리오에 들어설 미래의 감귤 농상을 위해, 이 새로운 도시의 불 공급원으로서 샌안토니오캐니언에 있는 킨케이드 대농장을 구입했다. 물의 증발을 방지하고 수로 증설을 용이하게 하기 위해, 물은 시멘트 파이프를 통해 개개의 토지로 공급했다. 파이프는 모든 감귤 농장의 북단에 물을 공급했으며 열 맞춰 선 나무들 맨 앞부분에 저수탑을 두었다. 각 저수탑에 달린 2~4개의 수문은 정규적으로 물을 흘려보냈다.

모든 경작자는 50마이너스인치miner's inch(시간당 흐르는 물의 양을 재는 단위. 수력 기술자들의 전문용어로는 '머리head'라고 한다)만큼 물을 할당받았다. 21~30일 기간의 용수 계획을 통보받은 후 물이 흘러오기 시작하면 수문을 조정하고 고랑을 내는 등 만반의 준비를 해야 한다. 수리조합에서는 계획에 따라 각각의 부지에 물을 분배하는 책임 기술자를 잔제로zanjero(깊은 개울이나 관개수로를 뜻하는 스페인어 'janja'에서 유래한 말이다-역주)라고 불렀다.

한때 해양 기술자로서 증기 보트를 만든 경력도 있던 조지 채페이는 산의 계곡물을 터빈(유체가 가지는 에너지를 유용한 기계적 일로 변환하는 기계-역주)으로 끌어들여 전력을 발생시켰다. 그는 에티완다에 있는 자신의 집에 3킬로와트 백열등을 달아 이 성공을 널리 알렸는데, 수킬로미터나 떨어진 리버사이드에서도 불빛을 볼 수 있을 정도였다. 이후 채페이는 로스앤젤레스 시에 채용되어 도시 전력을 담당하면서 연이어 명성을 떨쳤다. 그는 이곳에 최초의 가로등 여섯 개를 설치했으며, 나중에는 로스앤젤레스 전기 회사의 수석 엔지니어가 되었다.

동시대 작가 쥘 베른Jules Verne의 소설에도 자주 등장하는 이상적인 성품을 조지 채페이는 실제 삶에서 구현했다. 즉 지극히 합리적인 엔지니어였으며, 최근 과학의 발전상을 꿰뚫고 있었고, 사막에 유토피아적인 공동체를 건설하여 번영하게 만들었으며,

공동체 생활의 모든 측면을 자상한 아버지처럼 끊임없이 보살폈다. 채페이가 캘리포니아 온타리오에 만든 도로는 다른 모든 도로의 모범이 되었다. 그가 닦은 길이 24킬로미터, 폭 60미터의 쭉 뻗은 이중 가로수길에는 크고 잘빠진 야자수와 유칼립투스, 그레빌리아스grevilleas, 후추 나무가 줄맞춰 서 있었다. 그는 이 길을 의미심장하게도 유클리드 거리라고 명명했다. 실제로 채페이가 땅 위에 실현해 낸 것은 유클리드 장방형 격자의 전형이었다. 그의 방식은 미국의 자연을 인간이 채워 나가야 할 백지로 보았던 토머스 제퍼슨의 견해와도 일치했다. 그는 남부 캘리포니아 시골을 청사진으로 삼아 그곳에 앞으로 밀려올 사람들의 거주지, 식민지를 기획하고 설계했던 것이다.

남부 캘리포니아에 감귤 재배 지역을 확장시킨 지 20년도 채 안 되어, 조지 채페이는 큰 명예를 누리게 되었다. 1903년 연방 정부는 온타리오를 미국 관개 식민지의 모델로 제시했고, 같은 해 국제조경공학자위원회는 온타리오의 유클리드 거리를 세계에서 가장 아름다운 고속도로 중 하나로 선정했다. 1904년에는 온타리오의 격자형 관개시설을 축소해 만든 모형이 세인트루이스 세계박람회에 전시되어 인기를 끌었다.

감귤을 연구하고 창조하다

요약하자면 남부 캘리포니아의 감귤 재배가 큰 성공을 거두게 된 두 가지 주된 이유는 다음과 같았다. 첫째는 경작사들과 고용 노동자들이 조직화되어 중노동을 했으며, 둘째는 효율적이고 민주적으로 운영되는 관개 체계가 있었기 때문이다. 또 한 가지 중요한 요소가 있는데 바로 과학이었다. 아주 일찍부터 주 당국자들은 수목 재배 연구의 중요성을 인식하고 있었다.

20세기 초반 과일 경작자들은, 캘리포니아 원예위원회 California Commission of Horticulture와 캘리포니아 대학기구에서 설립한 농업연구소의 연구 성과를 이용할 수 있게 되었다. 1913년 리버사이드에 설립된 감귤실험연구소를 비롯한 이 연구소들은 지리학을 연구하여 개개의 감귤 품종에 가장 적합한 지역을 선별했다. 토양과 기후가 나무의 건강에 미치는 영향을 분석했으며 과일의 크기, 껍질을 벗길 때의 용이성, 색과 조직 등의 외관, 당분과 산의 비율, 그리고 맛 등을 최적화하는 농업 연구가 진행되었다. 또한 혼합교배를 통해 씨 없는 과일을 생산하는 등, 매력적인 새로운 품질을 발굴했다.

1880년대 초반에 심은 감귤 품종으로는 지중해 스위트오렌지, 세인트미카엘오렌지St. Michael's orange, 레몬, 그리고 연방정부 직원을 통해 워싱턴네이블로 알려진 브라질 바이아산 움비고오렌지 등이 있다. 남부 캘리포니아의 생산이 정점에 올랐던 1920년대 말과 1930년 초반에 패서디나로부터 리버사이드에 이르는 농장들에서 재배된 세 가지 기본 품종은 그레이프프루트, 발렌시아오렌지 그리고 워싱턴네이블오렌지였다.

개량 품종 중 주목할 만한 오렌지 종류로는 씨 없는 비非 네이블 종인 트로비타Trovita가 있다. 이 오렌지는 1914~1915년 감귤실험연구소에서 재배하고 1935년에 공개했다. 레몬 중에서는 1917년 마찬가지로 감귤실험연구소에서 프로스트H.B. Frost가 재배하고 1950년경에 공개한 리스본Lisbon이 있으며, 탄제린 중에서는 우연한 혼합교배종인 클레멘타인을 꼽을 수 있다. 클레멘타인은 1909년 미국에 소개되었고, 리버사이드 감귤연구센터의 포세트H.S. Fawcett가 플로리다에서 캘리포니아로 도입했다.

감귤 종들은 때로는 야생에서 우연히 혼합교배되기도 한다. 스위트오렌지와 일반 만다린의 교배로 탄생한 것들은 특히 매력적이다. 이 오렌지는 탄제린과 오렌지의 합성어인 '탄골tangors'로 알려졌다. 내가 아주 좋아하는 오르타니크Ortanique라는 이름의 종도 있다. 이 이름은 마르티니크 섬의 이름과도 운율이 맞는데, 자메이카에서 가져온 과일로서 카리브 해의 향취를 떠올리게 한다. 이 과일을 발견하게 된 믿기 힘든 일화도 전해지는데 내용은 다음과 같다. 자메이카 맨체스터 출신인 스와비라는 남자가 크리스티나 시장에서 이상한 과일 여섯 개가량을 발견하고는 그 씨를 심었다. 묘목들 중 두 개에서 열매가 열렸는데 이것들은 1900년 무렵 농업품평회에 전시되었다. 자메이카 맨더빌의 C.P. 잭슨이 그중 두 개를 사서 130개의 씨를 심었다. 열매가 열리자 가시가 가장 적고 씨가 가장 없는 표본을 선택했다. 그는 오렌지, 탄제린에 특별하다는 뜻의 '유니크unique'를 합성해 오르타니크라는 이름을 지었다. 1944년 캘리포니아의 감귤경작자협회는 오르타니크의 수출 업무를 시작했다. 오르타니크는 수요가 아주 컸으며 높은 가격에 팔렸다.

자연에서 우연히 이루어진 것을 인간은 선택이란 행위를 통해 시도한다. 월터 테니슨 스윙글은 북동부 마이애미의 리틀리버 구에 위치한 미국 농무부 묘목장에서 스위트오렌지와 만다린의 혼합교배에 성공했다. 1913년 무렵 스윙글은 플로리다의 세이프티하버에 있는 R.D. 호이트에게 시험용 나무를 보냈다. 호이트는 그의 조카 찰스 머코트 스미스에게 씨앗을 넘겨주었고, 1922년경 머코트는 이것을 증식했다. 이 식물은 큰 성공을 거두었고 1928년 몇몇 묘목 밭은 허니머코트Honey Murcott, 혹은 그냥 머코트라는 이름으로 상업화를 시작했다. 취급이 편리하고 저장도 용이한 이 과일은 과육 조각이 개당 열두 개가 들어 있으며, 과즙은 불그레한 오렌지색으로 풍부하다. 머코트는 시간이 지나면 과즙의 향이 변질되므로 신선할 때만 잘 팔린다.

탄젤로에는 또 다른 혼합교배종이 있는데, 이번에는 만다린과 그레이프프루트 사이에서 생긴 것이다. 어떤 탄젤로들은 자연발생하기도 하는데 가장 잘 알려진 것이 우글리프루트이며 다른 것들은 모두 인간이 만든 것이다. 이 중에는 스윙글레츠swinglets(월터 스윙글에 대한 헌사)라 부르는 혼합교배종이 있다.

1890년대에 이미 월터 스윙글과 허버트 존 웨버는 독자적으로 보웬그레이프프루트Bowen grapefruit와 댄시탄제린Dancy tangerin을 혼합한 교배종을 개발했다. 이 혼합교배종은 미네올라Minneola로 알려졌다. 이 과일의 탄제린 조상은 과육이 탱탱하며, 껍질은 진한 오렌지 빛깔로 잘 벗겨진다. 8×7.5센티미터 정도의 중대형 크기와 씨가 적은 특성(7~12개로 크기가 작다)은 그레이프프루트에게서 물려받은 특성이다. 과일은 달콤한 감귤 맛이 나는데, 탄제린 맛을 바탕으로 그레이프프루트의 향도 돈다. 여기에 약간의 톡 쏘는 맛이 가미되어 단맛과 균형을 이룬다. 스윙글과 웨버 박사에게 박수를 보낼 일이다.

1911년 스윙글은 똑같은 두 개의 품종을 다시 교배했는데,

이번에는 던컨그레이프프루트Duncan grapefruit나 보웬그레이프프루트의 암술과 댄시탄제린의 수술을 이용했다. 그 결과물은 올랜도Orlando로 알려지게 되었고, 플로리다의 최고급 상업용 과일이 되었다. 이 과일은 꿀벌이 수분을 할 때 가장 성공적이고 결과도 좋다. 열매는 중간 크기(7.5×7센티미터)이며, 진한 오렌지색을 띠는 껍질은 약간 거칠지만 무르지 않고, 12~14개의 과육 조각이 들어 있다. 씨는 10~12개이며, 과즙은 매우 달고 풍부하다.

역사 속으로 사라진 오렌지 천국

이러한 새로운 혼합교배종들의 활약에도 불구하고 낙원에서 추방을 면할 수는 없었다. 패서디나에서부터 리버사이드에 이르는 남부 캘리포니아 감귤 지대는 이제 희미해진 기억 속에만 남아 있을 뿐이다. 무슨 일이 있었던 것일까?

흔히 캘텍Caltech이라 부르는 캘리포니아테크놀로지연구소 California Institute of Technology는 세계적으로 인정받는 기관이다. 고등교육기관으로서 학생 일인당 교육비나(세계에서 가장 비싼 대학으로 알려져 있다), 교수 대 학생 비율(교수의 비율이 아주 높다), 입학생들의 평균 시험 성적 등 모든 면에서 명성이 자자하다. 이 연구소는 로스앤젤레스 국제공항에서 동쪽으로 24킬로미터, 로스앤젤레스 도심에서는 8킬로미터가량 떨어져 있으며, 오늘날에는 사치스러운 소도시로 변모한 패서디나에 위치하고 있다. 캘텍 캠퍼스는 아담해서 기관의 우수성을 유지할 정도의 크기만 갖추었고(느긋하게 가로질러 가는 데 5~10분 정도면 된다), 아름다운 건물 몇 동이 있으며 관리가 잘 되어 있다.

이곳에서 방문객들은 눈에 띄지 않는 역사적 흔적을 목격하게 된다. 바로 오렌지 나무이다. 나무 아래 잔디는 떨어진 오렌지들로 얼룩져 있고, 조금 떨어진 곳에는 오렌지 한 뭉텅이가 터진 채 버려져 있기도 하다. 분명 늦은 밤 학생들끼리 장난을 친 흔적일 것이다. 이곳에 재학하는 젊은이들은 가족과 교수뿐 아니라 외부의 사업가들에게서 엄청난 기대를 한 몸에 받는다. 그러니 계속되는 스트레스를 해소하기 위해 오렌지 몇 개 던지는 것도 꽤 좋은 방법일 것이다.

이 나무들은 패서디나가 오렌지 경작자와 포장업자의 공동체로 시작되었으며, 캘텍이 예전의 대학 스룹폴리테크닉연구소 Throop Polytechnic Institute를 계승한 것임을 일깨워 준다. 캘리포니아의 태양으로 여문 황금 과일들을 미국 동부로 운송하던 시절, 새롭게 형성된 부에 기초해 세워진 기관이 바로 스룹폴리테크닉연구소였다. 이제 감귤 농장은 사라진 지 오래지만 도시 패서디나는 계속되고 있다.

패서디나의 번영은 1880년대에 시작되었고, 시로 편입된 것은 1886년이었다. 1883년 200가구에 불과하던 인구가 20세기로 들어설 무렵에는 거의 1만 명이 거주할 정도로 크게 늘었으며 불과 10년 후에는 세 배로 불었다. 폴리테크닉연구소(캘텍의 전신)의 씨앗인 스룹대학은 1891년에 건립되었다.

부는 부를 끌어오기 마련이다. 세기의 전환기에 패서디나는 관광객들에게도 매력적인 장소였지만, 새로운 정착민들에게는 훨씬 더 이상적인 곳이었다. 개발업자들은 호화로운 호텔을 세웠다. 남부 오렌지 농장 거리는 '백만장자들의 거리'라는 그럴듯한 이름을 얻었다. 유명 건축가들이 패서디나에 사무실을 열었다. 특히 두 형제가 세운 그린앤드그린 회사는 이 지역에 으리으리하고 멋들어진 맨션들을 지었다. 이 모든 번영이 오렌지 농장에서 나온 것이었다.

그러면 오렌지 농장이 사라진 이유는 무엇일까? 100년이 지난 지금 캘텍 캠퍼스의 오렌지 나무들을 보며 그저 추억을 되새길 수밖에 없는 이유는 무엇일까? 패서디나는 남부 캘리포니아 감귤 지대의 다른 많은 공동체들과 마찬가지로, 스스로의 성공에 희생당한 것이다.

감귤 지대를 널리 알린 상징물인 밝은 색채의 매력적인 감귤 상자 상표들은 제 역할을 훌륭히 해냈다. 이 목가적인 곳에서는 기막힌 날씨, 청명한 시야, 아름다운 산들이 펼쳐진 풍경, 승마를 즐기고 들판을 산책할 기회, 매혹적이며 너무도 우아한 오렌지 꽃향기로 충만한 공기 등을 모두 가질 수 있을 것처럼 보였고 관광객들이 모여들었다.

새로운 20세기의 로스앤젤레스, 번영하는 핵심 위성도시들을 확보한 이곳은 확장일로에 있었으며, 그러한 발전은 대부분 감귤 지대를 중심으로 했다. 세월이 차츰 지나면서 관광객은 정착민으로, 정착민은 은퇴자로 머물게 되었고 새로운 형태의 공동체들이 생겨났다. 동시에 감귤 농장과 그에 따라 발달한 농산업이 뿌리를 내리게 되었고, 다른 산업들도 등장하기 시작했다. 최초이자 최고의 산업은 바로 영화와 오락 산업이었다.

이 모든 요소들은 그물망처럼 서로 얽혀 있어서, 동부의 주요 시장들이 붕괴되면서 대공황이 남부 캘리포니아 감귤 산업을 강타하자 농지들은 투기업자들에게 최저가로 팔렸다. 그러던 중 제2차 세계대전이 발발했다. 더글러스, 록히드, 휴스 등의 회사가 이끄는 항공 산업과 조선업이 일으킨 활력으로 새로운 경제적 번영의 시기가 찾아왔다. 제2차 세계대전 끝 무렵에는 또 한 번의 대규모 인구 유입이 있었다. 캘리포니아는 다른 수많은 산업국가들을 능가할 정도로 전 세계에서 가장 번영하는 도시가 되었다. 1950년 즈음에는 남부 캘리포니아에서 감귤 농장 대부분이 사라졌다.

바람에 날리는 오렌지 꽃향기를 이제는 캘리포니아의 다른 지역에서 맡게 되었다. 바로 센트럴밸리이다.

새 지역이 옛 명성을 이어받다

로스앤젤레스 지역의 도시화가 더욱 확장되자 감귤 경작자들은 밀려났고, 이들은 재정착을 하게 되었다. 이들에게 필요했던 것은 관개, 어느 정도의 값싼 노동력, 농업 연구, 그리고 두 가지 S, 즉 태양sun과 토양soil이었다. 센트럴밸리는 이 모든 요건을 갖추었으며, 연방정부의 도움도 받을 수 있었다.

센트럴밸리는 특히 마지막 두 가지 요소가 아주 완벽한 환경이었다. 센트럴밸리는 폭이 약 80~130킬로미터 되는 골짜기로서 해안 지역과 시에라 산맥 사이에 위치하며, 도시 레딩에서부터 북서 및 남동 축을 따라 테하차피 산맥에 이르기까지 640킬로미터 이상 뻗어 나가 있다. 언뜻 납작해 보이는 지형은 북쪽의 새크라멘토 강과 남쪽의 샌와킨 강 등에서 흘러온 풍부하고 침투성 좋은 충적토 퇴적물로 가득하다. 계곡에는 햇빛이 충분하고 여름에는 타는 듯이 내리쬐어 온도가 38도를 넘는 게 보통이다. 토양과 태양의 이상적 결합으로 대부분의 작물들이 잘 자라난다. 감귤 경작자들은 제2차 세계대전 직후 이곳으로 이동했으며, 산맥의 동쪽 경사면과 근접한 프렌소 남쪽의 협소한 온대 지대에 모두 함께 정착했다. 이곳 센트럴밸리에 있는 세 개의 카운티인 프렌소, 툴레어, 컨은 미국의 상위 열 개 농업 카운티 중에서 나란히 1, 2, 3위를 차지하고 있다. 새로운 감귤 지대에서 가장 두드러지는 도시로는 우드레이크, 엑스터, 포터빌 등이 있다.

하지만 센트럴밸리가 이렇게 발전하기까지는 한 가지 풀어야 할 문제가 있었다. 바로 이곳의 기후가 사막 같다는 점이었다. 남동부의 컨 카운티는 연간 강우량이 13센티미터가 채 못 되었으며, 프렌소는 겨우 25센티미터 정도였다. 이곳에는 이미 1924년에 연방정부가 개입하여, 미 육군 공병부대가 수로와 치수治水 사업을 시작했다. 대공황에 대한 해법으로 프랭클린 루스벨트는 수많은 공공사업 프로젝트를 시작했다. 테네시 강 유역 개발 공사와 더불어 가장 기념비적인 사업 가운데 하나는 1937년에 시작된 센트럴밸리 프로젝트였다. 계획은 더없이 단순했지만 아주 기발했다. 즉, 북부에서 물을 끌어다가 남부에 대어 곡식을 잘 자라게 한다는 것이었다. 달리 말하자면, 새크라멘토 강과 그 지류를 흐르는 남는 수량을 물이 부족한 샌와킨밸리 지역으로 돌리는 것이다.

센트럴밸리 남부 시역에서 물을 이용할 수 있느냐 하는 문제는 여러 세대에 걸친 숙제였다. 1920년대에는 물이 절실했던 린지 시의 주민들이 비살리아 근처의 카웨아 강 주변에 우물을 서

른아홉 개나 팠는데 이 우물들이 카웨아 강 하류에 위치한 비살리아의 물을 고갈시켰다. 비살리아 사람들은 소송을 제기해서 대법원에까지 올라갔으며, 이 특별한 물 전쟁은 20년을 끌었다.

이 물 전쟁을 끝낸 것이 바로 센트럴밸리 프로젝트였다. 1940년 콘트라코스타 운하가 이 지역에 물 공급을 시작했으며, 프로젝트의 핵심인 샤스타 댐 공사는 1937년에 시작했다. 1945년에 댐이 완공되기도 전부터 이미 물은 샤스타 댐 뒤에 저장되었다.

지금의 감귤 지대에 본격적인 물 공급이 시작된 것은 제2차 세계대전 말이었다. 프렌소의 북동부에 위치한 프라이언트 댐 뒤에 있는 밀러턴 저수지는 샌와킨 강에서 물을 끌어왔다. 이 저수지로부터 두 개의 주요 운하길이 건설되었는데, 그중 마데라 운하는 북쪽으로 향했으며 프라이언트컨 운하는 남쪽을 향했다. 이렇게 저수지에 저장된 물의 95퍼센트는 농토로 보내진다. 1944년부터 작동한 프라이언트컨 운하는 베이커스필드 근처의 컨 강까지 240킬로미터 이상 걸쳐 있다. 이러한 관개시설들 덕분에 연간 21억 달러에 달하는 감귤 농장 사업이 가능하게 된 것이다.

센트럴밸리는 생산품을 선적하는 데도 이상적인 지역이다. 여러 고속도로들이 이곳을 따라 지나기 때문이다. 직선 구간이 엄청나게 긴 U.S. 99 도로는 중앙분리대를 따라 늘어선 화려한 협죽도가 단조로움을 상쇄한다. 이 도로와 나란히 나 있는 인터스테이트 5번 도로를 타면 감귤 지대에서 거대 도시 로스앤젤레스까지 수월하게 남행 운송을 할 수 있다.

또한 캘리포니아 주가 설립한 캘리포니아대학 캠퍼스의 농업

연구소들은 과학적 연구를 제공해 주었다. 농업 연구 분야에서 세계 최고라 인정받는 캘리포니아대학교 데이비스캠퍼스는 센트럴밸리 어디에서나 가기 쉬우며, 프레스노 주립대학 같은 더 작은 캠퍼스에서는 샌와킨밸리 주민들이 교육을 받을 수 있다.

감귤 경작자들은 자기들만의 사회조직을 도입했다. 기본적으로는 유색인 노동자를 이용하는 미국 남부의 플랜테이션 체계에서 물려받은 유산이지만, 노예 낙인은 없는 노동자를 활용하는 것이었다. 1940년대 센트럴밸리의 인구는 20~30퍼센트가 히스패닉이었다. 보통은 불법으로 들어온 멕시코 출신 신참자들이 가지치기, 심기, 따기 등 여전히 상대적으로 더 고된 일을 한다. 세자르 차베스Cesar Chaves의 노동운동 이후 현재는 이들도 농업노동자연합UFW의 깃발 아래 많이 조직화되었다. 센트럴밸리의 다른 곳에서와 마찬가지로 사회계층의 맨 꼭대기는 앵글로 가문이 차지하고 있다. 이들은 존 스타인벡John Steinbeck의《분노의 포도 Grapes of Wrath》를 통해 불후의 명성을 얻은 오클라호마 농민들의 후손이다.

새로운 감귤 지대는 아직은 매력적인 관광지가 되지 못했다. 하지만 이곳 중심에 있는 린지 시는, 보기도 전에 도시의 냄새를 먼저 맡게 된다고 할 정도로 아름답다. 4월은 오렌지 꽃향기가 절정에 달하는 시기이다. 패서디나, 알타로마, 리버사이드에서 사라진 천상의 향기를 이제는 린지, 포터빌, 아이반호에서 맡을 수 있다.

남부 캘리포니아의 옛 감귤 지대 홍보가 한창이던 1880년에서부터 1950년까지의 나무상자 상표는 박물관에서나 볼 수 있게 되었다. 구지대의 생산지는 이제 역사 속으로 사라졌다. 감귤 역사가들에게, 그리고 예술 사가들에게 패서디나는 현대의 로마이다.

앞서 언급했듯이 플로리다를 비롯한 다른 지역들도 캘리포니아와 비슷한 성공 사례를 기록했다. 그렇다면 감귤은 어떻게 원산지에서 아주 멀리 떨어진 곳에서 생계 수단으로 선택되었을까? 이번 장은 여기에 대한 이야기로 마치려 한다. 역시 앵글로 계통인 뉴질랜드 이야기이다.

뉴질랜드 노스랜드의 최북단은 황폐한 그레이트노스이다. 오클랜드에서부터 뉴질랜드 감귤 농장 대다수가 위치한 작은 도시 케리케리까지 정북 방향으로 운전해 가는 데는 세 시간이 걸린다. 하늘에서 보면 이 지역에는 각각 약 8만 제곱미터쯤 되는 작고 세심하게 다듬어진 울타리들이 모자이크를 이루고 있다. 실제로 지상으로 내려와 보면 리무 소나무, 대나무, 유칼립투스, 하케아Hakea saligna 등 이끼가 낀 높은 나무 울타리들이 이 플랜테이션들을 바람으로부터 막고 있는 모습을 볼 수 있다.

1926년 무렵 중국에서 국민당과 공산주의자들 간에 내전으로 치닫는 분쟁이 있어났을 때, 중국에 있던 영국인 사업가 리틀E.S. Little은 벽에 붙은 글을 보고서 멀고 먼 뉴질랜드로 이주하기로 결심했다. 그리고 이곳에서 북오클랜드 토지개발회사North Auckland Land Development Company가 성장하는 데 도움을 주게 되었다. 그는 케리케리의 화산 토양이 감귤 재배에 이상적이라고 생각했다. 리틀의 회사는 토지를 조사하고 구획하여 나눈 후 중국에서 감귤 나무를 들여왔다. 중국에서 도망쳐 나온 영국인들 대다수는 상하이 지역에서 탈출한 사람들이었는데, 이들 역시 리틀의 사례를 본받았다. 한 예로 버스 에마뉴엘이라는 사람이 1927년 한 과수원에 정착했는데, 1939년 제2차 세계대전이 발발할 무렵 에마뉴엘의 레몬 농장은 남반구에서 가장 큰 규모로 성장했다.

감귤 재배 덕분에 이 지역은 부유하게 되었다. 지금까지도 아주 빈곤한 북 뉴질랜드와는 대조적이다. 케리케리는, 가까운 베이오브아일랜즈의 장관을 보러 여름에 모여드는 관광객을 제외하면 약 3000명 정도의 주민들이 사는 작고 부유한 도시이다. 로널드 레이건과 마가릿 대처의 시장 자유화 정책에 영향을 받은 이 도시는, 수상 데이비드 렌지David Lange와 재무 장관 로저 토머스Roger Thomas가 이끈 노동당 정부 때문에 뉴질랜드의 자립 경제가 잔혹하게 무너진 1984년까지 호황을 지속했다. 당시 케리케리의 감귤 경작자들은 감귤의 생산과 판매에 절대적인 독점권을 행사했으며, 이를 통해 상당한 부를 거머쥐었다. 플로리다와 브라질, 캘리포니아 역시 성공을 누렸지만, 당시까지 뉴질랜드의 감귤 이야기는 전형적인 성공 사례라 할 수 있었다.

유익한
화학물질의 보고

마늘, 양파, 레몬이 있으면 주사기는 없어도 된다.
_스페인 속담

뉴올리언스의 어느 응급실에 한 작은 소년이 도착했다. 짐(가명)의 외모는 남달랐다. 여덟 살인데도 키는 117센티미터, 몸무게는 겨우 16.7킬로그램이었다. 짐의 가족은 의사들과 잘 알고 있었다. 짐은 성장과 발육이 지체된 데다가 4년간 자폐증을 앓고 있었다.

짐의 부모가 아이를 응급실로 데려온 이유는 엉덩이 통증 때문이었다. 짐은 지난 6주 동안 다리를 절룩였고, 응급실에 오기 전날은 너무 고통스러워 걸을 수조차 없을 지경이었다.

혈액 검사 결과 헤모글로빈과 세포 수는 정상이었고 다른 관절염 검사나 류머티즘 검사 결과도 음성이었다. 그런데 엑스레이 사진에서 다리의 뼈 조직이 고갈되는 증상인 골다공증이 확산된 것으로 나타났다. 짐의 골반과 엉덩이를 자기공명영상MRI 촬영해 보니 정상인 게 하나도 없었다. 게다가 백혈구 수치는 아주 위험한 수준이어서 뉴올리언스 소아병동 의사들은 처음에 백혈병을 의심했다. 생체검사와 골수 검사 결과도 안 좋았지만 백혈병은 아닌 것으로 드러났다.

결국 진단 결과가 나왔다. 이 소년은 괴혈병을 앓고 있었다. 비타민C가 부족해 나타나는 이 질병은 선진국에서는 거의 발생하지 않기에 의사들은 접해 본 경험이 없었던 것이다.

사실 한 해 전 짐은 다이어트를 하면서 쿠키와 요구르트, 전유, 비스킷, 물만을 섭취했고 몸의 균형이 무너졌다. 과일, 야채, 고기, 생선 등은 전혀 먹지 않았다. 진단 결과 치료법은 명확했다. 잇몸이 붓고 피가 나는 것을 포함해 짐이 앓고 있는 모든 증상을 치료하기 위해서 비타민C를 매일 200밀리그램씩 섭취하며 균형 잡힌 식사를 하라는 것이었다.

괴혈병의 주된 증상은 만성피로증후군이다. 극도로 예민해지고 온몸이 아프다. 주로 허리 아래 피부에 자색 반점들이 돋고, 잇몸이 물러져 이가 흔들린다. 치료하지 않으면 점점 더 허약해지다가 결국 사망하게 된다.

괴혈병이라는 질병은 더는 두려운 존재가 아니다. 이 질병은 이제 역사책에나 등장하는 호기심거리에 불과하다. 인류는 한때 괴혈병으로 겪었던 고통을 잊고 이 재앙을 역사책에 맡겨 버린 것이다. 루이지애나 주의 한 어린 소년이 괴혈병의 피해자가 되었다는 사실은 매일 쏟아지는 정보의 홍수 속에서 한 줄 기사거리에 지나지 않는다. 그러나 수백 년 동안 괴혈병은 누려움의 대상이었다. 세계를 넘나들던 선원들은 괴혈병을 피할 수 없는 운명이라 여겼다.

옛 선원들의 천적

1740년 조지 앤슨Goerge Anson(1697~1762)의 세계일주 항해기를 보자. 가장 유명한 영국 뱃사람 가운데 한 명인 앤슨은 세계일주 여행을 위해 여섯 척의 소형 선단과 2000명의 선원을 위임받았다. 목표는 스페인을 경제적 절름발이로 만드는 것이었다. 그는 태평양에서 스페인 무역을 위협할 방안을 찾고 있었다.

포츠머스를 떠난 지 일곱 달 후 앤슨의 탐험대는 케이프혼에 도착했고, 선원들은 괴혈병 증세를 보이기 시작했다. 탐험대의 목사 리처드 월터는 이 여정의 회고록인 《세계일주 항해Voyage Round the World》에서 당시 상황을 이렇게 묘사했다. "변색된 큰 점들이 온몸 전체를 뒤덮었고, 다리가 붓고 잇몸이 썩었다. (……) 온몸이 너무나 무기력해지고 (……) 악성 궤양이 발생하고, 뼈가 썩었으며, 살을 온통 뒤덮은 균들은 치료제도 없는 듯하다."

앤슨이 케이프혼을 돌아 나올 무렵 이 탐험은 이미 재앙이 되었다. 배 두 척이 회항해야 했으며, 한 척은 난파했다. 나머지 세 척에 승선한 선원 961명 중에서 626명이 괴혈병으로 죽었다. 1744년 앤슨이 달랑 배 한 척으로 돌아왔을 때, 항해를 무사히 마친 인원은 최초의 2000명 가운데 200명도 채 되지 않았다.

이 슬픈 이야기는 어쩌다 한 번 발생하는 사건이 아니었다. 오랜 항해를 해야 하는 수많은 영국 해군 함선들은 늘 이 곤경을 마주하고 있었다. 다른 나라의 해군도 괴혈병에 시달렸을까? 포르투갈인들의 경우 동양으로 떠난 해군 탐험대는 괴혈병의 위협을 덜 받은 편이었다.

포르투갈에서 인도로 가는 최적의 항로는 남대서양을 건너는 것이었다. 풍향을 이용해야 하기 때문에 브라질 해안을 따라 가다가 동쪽으로 방향을 틀어 남아프리카와 희망봉 근처로 가야 했다. 1500년에 페드로 알바레즈 카브랄이 인도로 가는 도중 '우연히' 브라질에 닿게 된 것도 이런 식이었다. 선교사 마누엘 다 노브레가가 1549년 고향에 보낸 편지에는 당시 브라질 해안가에 레몬, 오렌지, 시트론 나무가 무척 많다고 쓰여 있다.

아랍과 포르투갈 항해자들은 감귤이 괴혈병에 좋다는 사실을 어느 정도 알고 있었다. 이들은 세 가지 정보를 통해 이러한 결론을 내리게 되었다. 첫 번째 정보가 된 것은 바스코 다 가마가 이끄는 최초의 인도 항해 여정에서 알바로 벨류가 기록한 1499년 1월 7일 항해일지였다. 당시 회항하는 길에 배는 오늘날의 케냐 해안에 있는 멜린드에 정박했다.

월요일, 우리는 멜린드 앞바다에 정박하고 있었는데 국왕이 즉시 우리에게 기다란 범선을 한 척 하사하셨다. 이를 보고 군중들이 몰려들었다. 왕은 또 우리에게 양을 주셨다. 선장은 한 남자를 우리 방문객들과 함께 해안으로 보내어 다음날 오렌지를 갖고 오도록 했다. 오렌지는 우리가 데리고 온 괴혈병 환자들에게 긴요한 것이었다. 그는 아주 신속하게 오렌지와 다른 과일들을 가져왔다.

두 번째 자료는 바스코 다 가마가 두 번째 인도 항해를 마치고 돌아올 때 토마 로페스가 남긴 증언이다. 그가 1502년 8월 21일에 작성한 보고서에 따르면, 그는 멜린드에서 오렌지와 다른 식료품을 샀는데 이것을 먹은 선원들이 잇몸의 붓기를 포함해 괴혈병의 다른 증상들이 호전되는 놀라운 효력이 나타났다는 것이다.

마지막으로 예수회가 정보를 주었을 가능성이 있다. 예수회는 인도와 포르투갈에서 나는 식물들을 새로 발견한 브라질에 퍼트리는 데도 큰 공을 세운 바 있었다. 아마도 이들이 포르투갈 선원들 사이에 괴혈병이 퍼진 것을 보고 브라질 해안에 감귤 나무를 심으라고 권유했을 것이다.

포르투갈인들만 이 값진 정보를 알고 있었던 것은 아니다. 16세기 동안 네덜란드 선원들은 레몬과 오렌지를 포함한 화물을 싣고 이베리아 반도를 출항했다. 1605년 영국 해군 선장 제임스 랭커스터는 자신이 타고 있던 함선 드래곤 호의 선원들에게 매일 오렌지 주스를 두 숟가락씩 먹였고, 자신의 함대에 소속된 다른 세 척의 배 선원들에게는 주지 않았다. 드래곤 호에서는 아무도 죽지 않았지만, 다른 배에서는 45퍼센트가 사망했다.

그런데 18세기 무렵 이러한 지혜는 불가사의하게도 잊히고 말았다. 그 결과는 파국이었고, 영국 해군은 특히 큰 피해를 입었다. 이 정보가 사라진 이유 중 하나는, 신선한 과일이나 야채에 의존하는 민간 치료법에 대한 불신 때문이었을 것이다. 미국 독립혁명이나 프랑스혁명까지만 해도 장인이나 수공업자들의 실용적 지식은 그리 대우를 받지 못했다. 사람들은 그러한 지식을 책, 특히 의학 서적에 실린 공식적 지식보다 열등한 것으로 여겼다. 물론 실험과학 분야의 천재이자 개척자인 프랑스인 도공陶工 베르나르 팔리시Bernard Palissy(1510~1591) 같은 예외도 있었지만, 이러한 편견은 디드로와 달랑베르가《백과전서Encyclopédie》

편찬에 참여하여 명예회복을 시도할 때까지도 계속되었다. 손으로 하는 일과 민간 지식을 얕잡아 보는 경향은 고대 그리스의 작가들, 특히 플라톤에서 비롯되었다. 설령 감귤 주스에 관한 실용적인 지식이 존재했다 하더라도, 지배계급의 교육받은 사람들은 이를 가치 없는 것으로 여겼을 것이다. 대신에 영국 해군 선원들은 다이어트 요법을 선택했다.

또 하나의 이유는, 아마도 포르투갈인들이 괴혈병을 예방하고 치료하는 데 감귤을 사용한다는 사실을 비밀로 했기 때문일 것이다. 남동 아시아와 인도에서 유럽으로 이어지는 바다 항로는 여행하는 데만 몇 달이 소요되었으며 경제적으로 매우 중요했다. 이러한 사실을 놓고 볼 때 감귤은 전략적 정보였던 것이다. 이처럼 중요한 정보는 바스코 다 가마와 같은 탐험대 선장들에게만 제공되었을지도 모른다.

감귤 속 특효약의 정체를 밝혀라

역사는 때때로 이전 시기의 성취를 잊어버리곤 하지만, 또 가끔은 수백 년이 지난 후에도 옛 기억을 되살려 내곤 한다. 예를 들어 고대에 알려졌던 원근법을 르네상스시기에 알베르티가 다시 되살려 냈듯이, 감귤은 괴혈병의 예방과 치료제로서 재발견되었다.

18세기에 영국 해군에 근무하던 스코틀랜드인 의사 제임스 린드James Lind(1716~1794)는 감귤이 괴혈병을 예방한다는 사실을 증명했다. 그는 어떻게 그 역사적인 실험에 레몬을 이용할 생각을 하게 되었을까? 바로 사람들 사이에 퍼져 있던 지식에 기초한 생각이었다.

1747년 린드는 놀랄 만한 실험을 했는데, 분명 역사상 최초의 임상 실험이었다. 비스케이 만에서 순항하던 도중, 그는 괴혈병을 앓던 선원들에게 감귤을 처방해 보았다. 이 현장 실험에서 다양한 처방의 결과를 비교했는데, 약으로 사용한 것들 대부분은 여러 출처에서 권장하는 산성 물질들이었다. 두 명은 매일 오렌지 두 개와 레몬 한 개를 먹었다. 다른 두 명의 환자는 하루 1쿼트(쿼트는 액체의 양을 표기하는 단위로 영국에서는 약 1.14리터, 미국에서는 약 0.95리터 정도의 양이다-역주)의 사과 주스를 먹었다. 두 명은 식초 두 숟갈을 매일 3회 먹었다. 다른 두 명은 매일 세 번씩 황산염 액을 25방울 마셨다. 또 다른 두 명에게는 역시 매일 세 번씩 타르타르 크림, 보리 물, 고추냉이, 겨자씨, 마늘, 페루 발삼, 타마린드(콩과의 상록 교목-역주) 등으로 만든 액체를 투여했다.

감귤을 처방받은 두 명은 눈에 띄게 호전됐다. 엿새 후 이들 중 한 명은 다시 활동적인 임무를 할 수 있게 되었다. 제임스 린드는 이 내용을 글로 엮어 1753년 《괴혈병에 관한 보고서A Treatise of the Scurvy》를 책으로 출판했다. 454쪽 분량의 이 책에는 순전히 괴혈병에 관한 내용만 나오는 것은 아니다. 겨우 두 쪽에 걸쳐 감귤 처방을 소개했을 뿐, 나머지는 주로 습한 곳에서 비위생적으로 생활하던 선원들의 암울한 환경을 비판하는 내용이었다.

해군성의 관료들은 믿지 않았고, 아무런 조치도 없었다. 1795년이 되어서야 영국 선원들에게 라임 주스 정량을 공급하기 시작했으며, 이 때문에 영국 선원들은 해외에서 '라임쟁이limey'라는 조롱 섞인 별명을 들어야 했다. 19세기 동안 이 별명은 영국인들 전체로 확산되었다.

라임 주스의 효과는 아주 뛰어난 것으로 밝혀졌다. 1780년에 영국 해군 병원에 입원한 괴혈병 환자가 1457명이었던 것에 비해 1806년에는 고작 두 명이었다. 19세기가 시작되면서 괴혈병은 과거의 질병이 되었다.

하지만 감귤류가 괴혈병을 예방한다는 경험적 발견은 아직 뭔가 부족했다. 그 원리가 무엇인지 알 수 없었던 것이다. 라임 주스, 레몬주스, 그리고 오렌지 주스에 어떤 요소가 작용한 것일까? 이것은 상당히 난해한 문제였다. 수많은 과학자들이 노력했지만, 20세기까지도 그 요소를 추출 및 정제하고 특성을 밝히는 데 성공하지 못했다.

감귤 속에 있는 괴혈병 예방 성분을 규명하는 것은 모래사장에서 바늘 찾기처럼 아주 어려운 일이다. 감귤은 인간에게 유익한 화학물질들이 가득 들어 있는 보물창고와 같다. 여기서는 그중 몇 가지만 소개할까 한다.

오렌지 껍질에서 쉽게 추출할 수 있는 헤스페리딘hesperidin은, 네오헤스레리딘 디히드로칼콘neohesperidin dihydrochalcone, NHDC이라는 합성물로 쉽게 변환된다. NHDC는 강력한 저칼로리 감미료로서 자당(일반적인 설탕)보다 단위 무게당 2000배 이상 달다. 오렌지 껍질에 있는 나란진narangin 역시 NHDC로 변환된다.

레몬에서 추출되며, 감귤 껍질에 대부분 존재하는 리모넨limonene은 오렌시 껍질에서 추출한 에센셜 오일 중량의 98퍼센트를 차지하며, 마루 왁스에서 방향제에 이르기까지 수많은 제품에 적용된다. 이것은 또한 민트 향을 내는 주원료 멘톨menthol

을 만드는 핵심 물질이기도 하다. 나는 이러한 화학물질이 감귤 껍질에 존재하는 이유는, 그것이 자연 살충제 역할을 하기 때문이라고 추측한다. 감귤 껍질에는 곤충을 퇴치하는 효과를 지닌 다른 화학물질들도 있다. 리모넨을 이용하면 애완동물을 이, 벼룩, 진드기 등 외부의 병균들로부터 보호할 수 있다.

주스에서 산성을 내는 핵심 구성 요소인 시트르산citric acid은 지구상에서 가장 중요한 생화학 물질 가운데 하나이다. 핸스 애돌프 크레브스(1900~1981)는 이른바 '시트르산 회로citric acid cycle'를 처음 설명하여 1953년 노벨상을 품에 안았으며, 이 이론은 생화학 분야의 토대가 되었다.

카로티노이드 과의 분자인 리코펜은 엽록소와 함께 감귤 껍질에 공존하며, 그레이프프루트의 노란빛 도는 분홍색과 토마토 주스의 빨간색을 내는 작용을 한다. 이 물질은 동맥경화증과 심장병의 위험을 완화시키는 것으로 알려져 있다. 다른 카로티노이드와 마찬가지로 리코펜은 폐암, 방광암, 자궁경부암, 피부암 등과 같은 상피조직 암을 예방하고 치료하는 데 효험이 있다.

모든 감귤 과일에는 아주 인상적인 약물들이 함유되어 있는 셈이다. 그러나 지금까지 언급한 어떤 분자도 괴혈병을 막는 데는 작용하지는 않는다. 괴혈병을 치료하는 요소를 분리하고 추출하는 데 실로 오랜 세월이 걸렸으며, 감귤과 다른 신선한 과일이나 야채가 괴혈병에 미치는 효과를 파악해 내는 과정은 아주 더디게 진행되었다. 1905년 네덜란드 교수 코르넬리우스 아드리아누스 페켈하링은 쥐를 이용한 실험 후 쓴 글에서 "우유에는 알려지지 않은 물질이 함유되어 있는데, 극히 소량만 함유된 경우에도 영양 면에서 가장 중요한 역할을 한다"라고 설명했다. 외형적으로 지방, 단백질, 탄수화물 등이 풍부해 보일지라도 이 미지의 물질이 없으면 쥐는 죽게 된다고 그는 밝혔다. 안타깝게도 그의 논문은 네덜란드에서만 발행되었고, 이를 본 독자들은 많지 않았다.

1927년 세게드대학의 교수로 재직하던 헝가리인 알베르트 센트죄르지Albert Szent-Györgyi(1893~1986)는 오렌지, 레몬, 양배추, 부신에서 수정 형태의 물질을 추출해 내고 이를 '흐로닝언 환원제Groningen reducing agent'라 불렀다. 그는 이 새로운 물질에 장난스러운 이름도 몇 개 제안했다. 글루코스glucose나 프럭토스fructose처럼 설탕 분자들은 이름 끝에 'ose'를 붙인다. 그래서 센트죄르지는 자신의 수정 모양 샘플에 '이그노스ignose'라는 이름을 제안했다. 이 물질이 설탕과 명백한 관련이 있다는 점을 명시하는 한편, 그 물질의 본질이 무엇인지 모르는 자신의 무지ignorance를 강조하는 합성어였다. 그러나 센트죄르지에 따르면, 당시 〈바이오케미컬 저널Biochemical Journal〉의 편집자 아서 하든은 농담을 좋아하지 않는 사람이어서 그를 질책했다고 한다. 두 번째로 제안한 '굿노스goodnose' 역시 거절당했다. 센트죄르지는 결국 '이 분자가 여섯 개의 탄소 원자를 가지고 있으며 산성이라는 이유에서' 하든이 제안한 훨씬 딱딱한 용어 '헥수론산hexuronic acid'을 사용하는 데 동의했다.

신비로운 물질, 비타민C의 발견

1930년대 초, 유럽과 미국에서는 생물의 여러 가지 생리적 기능을 연구하는 생리화학 실험이 대부분 실행되고 있었다. 그러나 가부장적인 분위기가 강한 유럽에서는 영양과 관련된 주제들을 낮게 평가했다. 심오한 과학 연구를 하기에 부엌 냄새를 풍기는 이러한 주제들은 너무 여성적이라 생각했던 것이다. 센트죄르지를 비롯해 야망으로 가득 찬 남성 과학자들은 이러한 분야의 연구라면 모두 경시했다.

이와는 반대로 미국인들은 후에 비타민C로 밝혀진 항괴혈병 분자를 조사하고 규명하는 데 열성이었다. 이 물질을 발견하는 연구자에게 노벨상이 기다리고 있다는 사실을 모두들 알고 있었다. 그때까지 미국 태생 미국인으로서 인류에 큰 혜택이 될 발견을 해 생리학이나 의학 분야에서 노벨상을 받은 전례가 없었기에 이는 최초의 노벨상 수상이 될 터였다. 그래서 이 특정 물질의 구조를 확립하기 위한 치열한 경쟁이 벌어졌다. 그러나 이 물질은 감귤 주스에 존재하는 수많은 설탕 분자들 사이에 숨어 있어 포착하기 어려운 상태였다.

설상가상으로 이 특별한 화학물질은 인간을 제외한 단 세 종의 육상 포유류들만 필요로 하는 비타민이었다. 비타민은 건강에 필수적인 화학물이지만, 몸에서는 생산되지 않고 오직 음식을 통해서만 섭취할 수 있다. 실험동물 중 사료로 비타민C를 섭취해야 하는 유일한 동물은 모르모트이다. 모르모트는 쥐보다 훨씬 비싸고 먹는 양도 엄청나서 널리 이용되는 실험동물은 아니다.

피츠버그대학교의 찰스 글렌 킹Charles Glen King(1896~1988)은 이 특별한 화학물질을 규명하겠다는 야망을 품은 미국인 중 한 명이었다. 그는 논리적인 접근을 시도했다. 우선 비타민을 추출해서 정제한 다음 그 구조, 즉 분자를 구성하는 원자의 연결고리를 규명하는 방식이었다.

1930년대 초반, 킹의 동료인 조 스벌베리Joe Svirbely는 센트죄르지 교수 밑에서 박사 후 과정을 밟기 위해 헝가리로 갔다. 도착하자마자 그는 뜻밖의 사실을 알게 되었다. 센트죄르지가 설탕 모양의 분자를 추출하고 결정結晶했으며, 이를 헥수론산이라 이름 붙였던 것이다. 스벌베리가 세게드대학에 도착한 지 얼마 안 된 1931년 초겨울, 비타민C 규명을 둘러싼 경쟁에 뛰어든 이 젊은 미국인이 헝가리인 지도교수에게 이렇게 말한 것은 자연스러운 일이었을 것이다. "교수님의 크리스털이 뭔지 저는 이제 알아요. 그건 바로 순정 비타민C예요." 계속된 검사에서 그의 말이 옳다는 것이 증명되었다.

그 무렵 킹은 스벌베리에게 편지를 써서 무엇을 하고 있는지 물었다. 이전에도 예전 지도교수와 모든 정보를 공유했던 스벌베리는 센트죄르지의 허락을 구했다. 열정적이고 사람을 잘 믿는 이 헝가리 과학자는 남김없이 이야기하라고 했고, 또한 두 사람이 협력하여 센트죄르지의 헥수론산으로 비타민C를 규명하는 데 성공했음을 알리라고 말했다.

킹은 재빠르게 움직였다. 1932년 4월 1일 킹은 자신이 비타민C를 발견했으며 헥수론산으로 이것을 규명했다는 글을《사이언스Science》에 게재했다. 스벌베리와 센트죄르지에 대해서, 또 세게드대학에서 있었던 공동연구에 대해서는 한마디도 언급하지 않았다.《사이언스》에 실린 논문은《뉴욕타임스New York

Times》1면을 장식할 정도로 큰 반향을 일으켰다.

다시 헝가리로 돌아가 보자. 센트죄르지는 몹시 격분했다. 이건 분명한 도둑질이었다. 그는 세기의 명백한 주요 발견 중 하나를 빼앗긴 것이다. 배신감이 더 컸던 것은 자신이 정보를 완전히 공개할 것을 주장한 덕에 그 정보가 킹에게 전달되었다는 사실 때문이었다. 센트죄르지와 스벌베리는 급하게 인쇄를 했고, 이들의 문건이 1932년 4월 16일자 《네이처Nature》에 실렸다. 1933년 센트죄르지와 W.N. 하스(1883~1950)는 헥수론산이라는 이름을 아스코르브산ascorbic acid으로 바꾸었다.

비타민C의 친부확인소송 격인 이 사안은, 스톡홀름에서 열린 노벨위원회가 맡게 되었다. 일반적으로 이 위원회는 다양한 출처의 정보를 수집하고, 여러 나라의 대학과 저명한 과학자들의 자문을 구한다. 또한 이전 수상자들과 과학계의 중요 인사들을 자문관으로 활용하기도 한다.

킹은 1933년 비타민C에 대한 특허권 획득에 실패하고 레몬에서 비타민을 제품화하는 데도 성공하지 못하여 노벨상 수상 기회를 놓쳤다. 하지만 오랜 고투 끝에 킹과 동료 W.A. 워는 레몬주스에서 비타민C를 추출했고 결국 1941년 미국 특허권 no. 2233417을 획득했다.

그러는 동안 노벨위원회는 1937년 센트죄르지에게 상을 수여했다. 킹은 여기에 포함되지 않았다. 이로써 노벨위원회는 생화학 및 의학 분야에서 비타민C의 규명을 인정했을 뿐 아니라, 같은 해 하스와 파울 카러(1889~1971)에게 비타민C의 구조를 규명한 공로로 노벨 화학상을 수상했다. 비타민C의 발견은 1930년대 최고의 발견으로 손꼽힌다.

비타민C는 몇 가지 이유에서 비슷한 논쟁이나 언쟁에 계속 휘말리곤 했다. 1933년 스위스의 타데우시 라이히슈타인과 영국의 하스 및 그의 버밍엄 동료들은 비타민C 분자를 개별적으로, 그러나 동시에 합성해 냈다. 이 두 그룹은 본질적으로 동일한 방법을 이용했는데, 스위스 팀이 버밍엄의 연구자들보다 약간 앞서 연구 결과를 출판했다.

결국 괴혈병은 비타민C, 혹은 아스코르브산의 결핍이 원인이며 신선한 과일이나 야채를 충분히 섭취하지 않을 때 발생하는 것으로 밝혀졌다. 지난 수백 년 동안 선원들은 수시로 위험에 노출되는 집단이었다. 선원들은 대개 비타민C를 충분히 섭취하지 못한 채 수개월 동안 항해를 해야 한다. 그런데 인간의 신체는 겨우 3개월 정도만 아스코르브산을 저장할 수 있고, 그 이후엔 괴혈병에 노출된다.

그렇다면 인간은 왜 신체에서 아스코르브산을 직접 만들지 못하고 음식을 통해 섭취해야만 하는가? 달리 말하자면, 다른 동물들은 가능한 비타민C 합성 능력을 인간은 어떻게 잃어버린 것일까? 또한 신선한 과일이나 야채 등, 일상적으로 비타민C를 섭취할 수 없는 곳에서도 인류가 생존할 수 있는 이유는 무엇인가? 그리고 감귤에 있는 수많은 화학물질들 중에서도 비타민C를 가장 중요한 물질로 인식하게 된 이유는 무엇일까?

첫 번째 문제에 대한 답을 우리는 모른다. 단지 추론하기로는 만약 인류의 기원이 정말 아프리카라면, 비타민C가 풍부한 과일에 영양을 상당히 의존했을 것이라는 사실이다. 오늘날 아프리카의 수렵·채집민들을 보아도 그 사실을 알 수 있다. 예를 들어 !쿵족(칼라하리 사막의 한 부족으로 흔히 부시맨으로 알려져 있다-역주)의 생존 식품에는 30종의 딸기류와 과일이 포함되어 있다.

다음으로 과일이나 야채를 섭취할 수 없는 곳에서도 인류가 어떻게 생존할 수 있는가 하는 문제의 답은 수렵·채집민들의 천재성으로 설명할 수 있다. 북서부 알래스카와 그린란드, 동부 시베리아의 해안가 지역, 베링 해협 제도, 알래스카의 남쪽 지방 등에 거주하는 이뉴잇족의 예를 들어 보자. 이뉴잇족은 전통적으로 생고기나 덜 익힌 고기를 먹었는데 이것들이 바로 비타민C의 원천이었다. 그래서 이뉴잇족은 괴혈병에 걸리지 않았다. 이들이 괴혈병에 걸리기 시작한 것은 선교의 형태로 '문명화'가 도입되어 날로 고기를 먹는 관습을 버리게 되었을 때부터였다.

마지막으로 비타민을 가장 중요하게 생각하게 된 이유를 묻는 세 번째 질문에 대한 답은, 배에 탄 선원 전원이 괴혈병으로 사망한 근대 초의 끔찍한 이야기로 대신할 수 있을 것이다. 1937년 노벨상 수상에서 입증된 바처럼, 이것이 바로 대중들의 의식 속에 비타민C가 가장 중요한 물질로 각인된 이유이다. 또 한 명의 노벨상 수상자 라이너스 폴링(1901~1994)은 비타민C를 무해한 만병통치약으로 선전했다. 그는 일상적인 감기의 예방과 치료용으로, 그리고 항암제로서 비타민C를 복용할 것을 강력하게 주장했다. 그러나 속임약(플라세보)을 이용한 임상 실험을 통해 이 주장은 사실이 아닌 것으로 드러났다.

오늘날에는 식사 때 신선한 과일과 야채를 먹어 비타민C를 섭취해야 한다는 것이 상식이 되었다. 감귤에 비타민C가 풍부하게 함유되어 있다는 사실 또한 잘 알려져 있다. 140그램의 네이블오렌지에는 약 75밀리그램의 비타민C가 들어 있다.

감귤과 물이 빚어내는 환상의 조합

여기서 잠깐 내 개인적인 추억으로 화제를 바꾸어야겠다. 내가 젊었을 때 가끔 갔던 알프스 등반에서 빠뜨려선 안 될 일이 바로 배낭에 식량과 음료수를 챙기는 일이었다. 등반객의 배낭에는 대개 빵과 치즈, 각양각색의 샌드위치, 말린 과일, 신속한 칼로리 흡수를 위한 초콜릿과 캔디 등이 담기게 된다. 때로는 계절에 상관없이 오렌지 한두 개가 포함되기도 한다.

부활절 때 떠났던 스키 여행의 기억은 지금도 생생하다(눈 위에서 통제력을 높이기 위해 바닥에 물개 가죽을 붙이고 갔다). 나와 친구 알랭 실링은 1.8킬로미터 높이의 발디제르 리조트로 떠났다. 이 리조트는 정상이 3.6킬로미터쯤 되는 라그랑데모트라는 산 근처에 위치하고 있었다. 당시는 리프트가 설치되기 이전이어서 직접 등산해서 올라가야 했다. 기술적인 어려움은 없었지만 아주 기나긴 등산이었다. 우리는 눈 덮인 언덕에 반사되어 반짝이는 햇빛을 맞으며 길을 만들어 나갔다. 나는 땀에 흠뻑 젖었다.

아침을 먹고 7시 무렵 리조트를 나선 알랭과 나는 이른 오후가 되어서야 정상에 도착했다. 이때쯤 우리의 물병은 이미 텅 빈지 오래였다. 나는 정상에 올라 배낭에서 꺼내 맛보았던 오렌지의 그 황홀한 맛을 결코 잊지 못한다. 우리는 정말 온 세상을 다 얻은 듯했다. 물론 오렌지는 아주 차가웠다. 영하로 떨어진 아침 기온 때문에 평소보다도 훨씬 차가웠다. 오렌지 조각은 우리의 바짝 마른 입에서 셔벗처럼 녹아내렸다. 오렌지가 그토록 맛있었던 이유는 오랫동안 맹렬하게 산에 오르느라 목이 마른 데다 칼로리가 필요했기 때문이었다.

오렌지 셔벗 요리법은 수없이 많다. 그중에서도 다음 소개하는 요리법은 따라 하기 가장 쉬운 것이다.

오렌지 셔벗

오렌지 주스 3/4컵
과립형 설탕 3/4컵
차가운 우유 1컵
냉동농축 우유 425그램

- 그릇 안에 설탕과 주스를 섞고 설탕이 모두 녹을 때까지 휘젓는다.
- 우유에 조금씩 부어 가며 내용물이 고루 섞이도록 휘젓는다.
- 얕은 접시 위에 부은 후 얼린다.
- 냉장고에서 빼 작은 조각들로 쪼갠 후 부드러워질 때까지 믹서로 간다.
- 다른 대접에 농축 우유를 넣고 끈적해질 때까지 거품을 낸다.
- 아까 얼려 둔 것과 섞은 후 다시 얼린다.

오렌지 그릇 준비하기

- 오렌지 꼭지를 얇게 잘라 낸 다음 옆에 놔둔다.
- 구멍을 통해 내용물 전체를 긁어낸다.
- 오렌지를 셔벗으로 채운 다음 꼭지를 다시 덮고 내오기 전에 한 번 더 얼린다.

프랑스에서는 이 요리를 오랑제지브레orange givrée라고 부른다. 수많은 종류의 물과 레몬이 결합하여 만들어 낸 다양한 프랑스 음료수들의 이름에서 알 수 있듯이, 감귤은 여러 음료수에 첨가된다. 프랑스의 카페에서 페리에 소다수 한 잔을 주문하고 거기에 레몬 한 조각을 첨가해 달라고 하면 웨이터는 큰 소리로 "페리에 시트론 트랑쉐Perrier citron tranche"라고 반복해 말한다. 프랑스에서 시트론은 레몬을 가리키며, 트랑쉐는 얇은 조각을 의미한다. 당신의 세심하고 정확한 주문의 결과는 매우 환상적일 것이다.

누구나 좋아할 또 한 가지 음식은 시트론쁘레제citron pressé이다. 레몬주스가 가득한 큰 잔이 얼음 물병과 함께 나올 것이다. 기호에 따라 설탕을 첨가해 긴 스푼으로 저어 먹을 수도 있다. 만약 일반 물 대신에 페리에를 주문하려면 다른 이름을 사용해야 할 것이다.

레몬 맛 페리에는 세 번째 유형도 있다. 이 음료수에는 신선한 레몬주스 대신 레몬 시럽이 소량 들어간다. 이렇게 조합된 맛은 느끼힐 징도로 달고, 레몬 향 화힉품의 맛이 풍겨 마치 공업용 제품 같다는 느낌이 든다. 이것이 바로 레몬시럽페리에perrier sirop de citron인데, 흔히 줄여서 페리에레몬이라고 부른다.

다시 '페리에 시트론 트랑쉐' 이야기를 해 보자. 이 잔은 하나의 작은 과학 실험실과 같아서 주의 깊게 봐야 한다. 따지 않은 새 페리에 병이라면 개봉과 함께 내용물의 압력이 감소하면서 용해된 탄산가스가 배출될 것이다. 이때 여러분은 용해된 분자가 자그마한 가스 거품으로 응집되었다가 빠른 속도로 솟구치면서 잔을 가득 채운 물의 표면에서 터지는 환상적인 과정을 볼 수 있다. 거품들이 솟아오르는 광경을 보라. 거품의 크기가 증가하는 이유는 가스의 압력과 크기는 역비례하기 때문이다. 풍선을 불어 날아오르게 하는 것과도 같은 원리이다. 페리에 속의 이산화탄소 하나하나는 작은 풍선과도 같다. '풍선 분자'의 궤도는 수직으로 상승하는데, 중력이 작용하고 있음을 멋지게 입증한다. 이 지식은 당신이 눈사태에 갇힌 상황에서 아주 유용할 것이다.

레몬 조각을 음료수에 띄워 놓고 실험해 보라. 레몬의 아랫면에는 크고 작은 이산화탄소 거품이 붙어 있다. 왜일까? 아주 간단한데, 레몬 조각이 용해된 이산화탄소 수직 기둥의 모자와 같은 역할을 하기 때문이다. 아래에서 분출되는 거품을 레몬이 끌어들이는 것이다. 모든 이산화탄소 거품은 대기 중에서 사라지는데, 당신 머리 위 공기 속에서 터지게 된다. 끌어들인 거품 역시 결국에는 거대한 공기 속으로 사라지고 만다.

괴혈병이라는 음울한 이야기로 시작해, 상큼한 레몬 음료 이야기로 이어진 이번 장을 이제 마치려 한다.

오렌지 주스의
등장

페르시아인의 천국은 쉽게 만들어진다네.
그저 검은 눈동자와 레몬에이드만 있으면 되거든.
_토머스 모어, 《가로챈 편지Intercepted Letter, Ⅵ》

앨버트 D. 래스커(1879~1952)는 전직 언론인으로 광고대행사를 차린 인물이었다. 1908년 시카고에서 필라델피아로 향하는 기차에서 그는 우연히 사이러스 H.K. 커티스를 만나게 되었다. 커티스는 《새터데이 이브닝 포스트Saturday Evening Post》와 《레이디스 홈 저널Ladies' Home Journal》의 소유주였는데, 래스커에게 얼마 전 아주 성공적인 슐리츠 맥주 광고를 제작한 클로드 C. 홉킨스를 만나보도록 권했다. 래스커는 홉킨스를 수석 카피라이터로 고용했고, 홉킨스는 래스커의 광고대행사 로드앤드토머스를 당대 최대 규모의 회사로 일으키게 된다.

로드앤드토머스가 의뢰를 맡은 최초의 고객 중 하나는 나중에 썬키스트로 알려지게 되는 캘리포니아 과일경작자거래소였다. 이곳의 경작자들은 감귤 열매가 과도하게 많이 열리면 공급과잉을 해소하기 위해 나무를 잘라 냈다. 감귤 생산업자들이 이렇게 과일나무를 찍어 내는 일은, 시장에 과일이 넘쳐나고 가격이 폭락할 때 마지막으로 선택하는 수단이었다. 래스커는 이러한 관행에 충격을 받았고, 나무를 파괴하는 것은 잘못된 일이라 생각했다. 그래서 그의 회사는 아이디어를 고안해 '오렌지를 마셔요'라는 슬로건을 만들었다. 래스커는 놀라운 판매 수완을 발휘해 이 아이디어를 썬키스트에 팔았고, 몇 년이 지나자 오렌지를 먹는 데만 익숙하던 소비자들도 오렌지 주스를 마시게 되었다. 오렌지 주스는 빠른 속도로 대중화되었고, 오렌지 나무는 살아남을 수 있었다.

과일이 아닌 주스를 판매한다는 래스커의 혁신적 사고는 현재 슈퍼마켓에 진열된 병이나 캔 주스로 이어졌다. 나아가 래스커는 오렌지 주스를 더 넓은 시장에 내다 팔고자 했다. 이전에는 생각조차 할 수 없던 일이었다. 래스커의 독창적인 발상은 두 가지 전제에 기초했다. 하나는 얼마 전 우유 가공에 도입된 저온 살균이고, 다른 하나는 철도와 트럭 도로를 상호 연계시킨 충분한 배급망이었다.

오렌지 주스를 상업화하기 위해서는 박테리아를 효과적으로 살균하는 것이 필수적이다. 이를 철저히 하지 못할 때는 끔찍한 사건이 발생하곤 한다. 예를 들어 1999년 6월에는 오리건과 워싱턴에서 살모넬라균에 감염된 설사 환자가 수백 명이나 발생했다. 추적해 보니 한 가공업자가 살균되지 않은 상업용 오렌지 주스를 판매한 것이 원인이었다.

오렌지 주스는 큰 재난 이후에 등장했다. 1918~1919년 전 세계적으로 2000만~4000만에 이르는 사람들이 인플루엔자로 사망했는데, 그중 67만 5000명이 미국인이었다. 제1차 세계대전으로 죽은 인명이 군인과 민간인을 모두 합쳐 800만 명이었다는 사실과 비교하면 정말 엄청난 숫자였다. 세계적으로 퍼진 독감 때문에 미국인들은 건강을 지킬 수만 있다면 무슨 일이든 하려 했다. 1920년대 초반 독감이 지나간 후, 의사들이 우유와 오렌지 주스가 감기 예방에 효과가 있다고 말하자 미국의 부모들은 앞다투어 아이들에게 이 음료를 먹였다.

특히 오렌지 주스는 칼슘도 많이 공급하기 때문에 아이들에게 아주 좋다는 인식이 퍼졌다. 오렌지 주스는 곧 우유의 대체 음료, 혹은 보충 음료가 되었다. 게다가 오렌지 주스에는 당시로서는 여전히 신비한 물질이었던 아스코르브산(나중에는 비타민C로 밝혀지지만)이 함유되어 있었다. 오래전 오렌지 주스가 괴혈병을 예방한다는 소문이 돌았던 것처럼, 래스커를 비롯한 광고업자들은 애매하고도 비이성적인 믿음에 호소할 수 있었다. 사람들은 오렌지 주스를 마시면 신비롭게도 세균으로부터 보호된다고 생각했다.

그리하여 1920년대 초반 오렌지 주스는 미국인의 아침 식사에 필수적인 음식으로 자리하게 되었다. 살균 처리가 가능해져 생과일 주스를 먹는 것이 안전해졌으며, 과일 주스는 과일을 굽거나 끓여 만든 음식을 대체하게 되었다.

오렌지 주스가 거대 신업이 되기까지

농업 비즈니스 분야의 선조 격인 캘리포니아 과일경작자거래소는 오렌지 주스를 상업화하는 데 큰 몫을 했다. 당시 이 조직은 헤럴드 파월Harold Powell이 운영하고 있었는데, 이 사람은 근대적인 기업 구조를 도입했다. 뛰어난 커뮤니케이션 체계 덕분에 경작자들은 시장의 반응을 즉각적이고 지속적으로 확인할 수 있었다. 이 협동조합은 또한 광범위한 과학적 조사를 바탕으로 생산물의 품질을 개선할 수 있는 정보를 제공했으며, 새로운 원예품종들을 도입했다. 캘리포니아 과일경작자거래소는 영향력 있는 조직이었으며, 파월은 경영 능력에 있어 포드에 비견되는 천재였다.

1922년 파월이 50세의 나이로 숨진 후에도 그가 추동력을 불어넣었던 그 조직은 계속해서 앞으로 나아갔다. 그 결과 캘리포니아 주의 감귤 생산은 플로리다보다 양적으로 앞서게 되었다. 1920년대와 1930년대 여러 해 동안 캘리포니아는 플로리다보다 오렌지를 50퍼센트 이상 많이 생산했다.

그러나 캘리포니아에서는 이 황금기 동안 오렌지의 과잉 생산이 다시 한 번 문제가 되었다. 가격을 안정시키기 위해 경작자들은 수톤의 오렌지를 등유불로 태워 폐기했다. 수많은 미국인들이 굶주렸던 대공황기였기에 이러한 행동은 충격적이었다. 당시의 한 뛰어난 문학작품은 악명 높은 이 사건을 기록하여 영원히 증언하고 있다. 근처에 임시로 거주하던 배고픈 이주민 노동자들에게 나누어 주지 않고 오렌지들을 죄다 내다 버리는 행태에 분노한 존 스타인벡은 《분노의 포도》를 통해 격정적인 문장으로 이 사건을 그렸다. 오렌지 태우기는 잘못된 자본주의의 상징이었다.

대공황 이후 플로리다는 오렌지 생산에서 캘리포니아를 앞서게 되었다. 그 이후 일어난 중요한 일들을 설명하려면 제2차 세계대전 직후를 살펴볼 필요가 있다. 전쟁은 오렌지 재배에 큰 영향을 미쳤다. 보스턴에 있는 국립연구재단National Research Corporation, NRC은 3년간 고진공 공정high-vacuum process으로 오렌지 주스를 농축하는 실험을 한 끝에 1945년, 맛있는 오렌지 주스 분말을 개발했다. 국립연구재단은 페니실린, 혈장血漿, 스트렙토마이신streptomycin의 유효기간을 연장하기 위해 이미 동일한 탈수 방식의 공정을 이용한 바 있었다.

미 육군이 오렌지 주스 분말 227톤을 무조건 주문(수량이나 가격을 파는 쪽의 재량에 맡기는 주문-역주)하면서 일이 진행되었다. 국립연구재단은 재빨리 플로리다 식품회사를 설립하고 존 M. 폭스에게 운영을 맡겼다. 플로리다 감귤 지대 한복판에 있는 플리머스에는 이 새로운 공정을 실험하기 위한 예비 공장이 이미 들어서 있었다. 폭스는 분말 오렌지 주스 생산이 걸린 75만 달러 규모의 정부 계약을 따내는 사업에 착수했고, 결국 성공했다.

1940년대에는 플로리다에서 북동부로 신선한 과육 조각과 주스를 선적해 보내는 사업이 큰 성공을 거두었다. 앤서니 로시Anthony Rossi라는 한 경작자는 과일 선물 상자 생산을 중단하고 주스에서 수분을 추출하여 제거하는 증발기에 투자했다. 그는 1954년에 도입한 오렌지 주스 순간 살균 기술 덕분에 자신의 사업이 자연스레 확장될 것이라고 내다봤다. 이러한 혁신의 결과 트로피카나 상표는 크게 성상했다.

로시를 비롯한 몇몇 사람들은 감귤 재배 분야의 또 다른 혁명을 향해 달려갔는데, 이것이 바로 새로운 대중 시장을 여는 신

호탄이 되었다. 당시 몇 가지 사회적 현상이 이들에게 유리하게 작용했다. 전후 시기는 베이비붐의 시작이었다. 이 아이들의 부모는 오렌지 주스로 아침 식사를 하며 성장한 첫 번째 세대였다. 이들은 자연스럽게 아이들에게 오렌지 주스를 주었다. 전후는 또한 교외가 성장한 대표적 시기였다. 도시로 출퇴근하는 바쁜 사람들은 새 냉장고를 들였고, 이곳에 냉동 음식과 1940년대 후반에 개발된 냉동농축 오렌지 주스Frozen Concentrated Orange Juice, FCOJ를 저장했다.

트로피카나는 냉동 주스 분야에서 시장을 선도하게 되었다. 이 회사는 선두 자리를 지키기 위해 기술 개발에 집중했고, 1950년대 초반 주스의 온도를 아주 짧은 시간에 급상승시키는 순간 살균법을 개발했다. 1964년에는 이 회사의 유리 제조 공장이 가동되었고, 1997년 들어서는 세계 최대의 플린트유리 용광로 두 대에서 하루에 200만 개의 주스 병을 제작하게 되었다. 트로피카나는 유리 용기 제작에만 열중한 것이 아니었다. 아메리칸캔 회사에 2분의 1파인트, 1파인트, 그리고 쿼트 사이즈의 종이 용기 개발을 위탁했다. 트로피카나는 1969년, 자체 플라스틱 용기 제조 공장을 가동하는 감귤 산업 최초의 회사가 되었다. 이와 같은 수직적 통합은 전 식음료 산업에서 하나의 모델이 되었다.

주스 한 잔의 약과 독

그러는 동안 오렌지 주스가 건강에 좋다는 자료들이 계속 쏟아져 나왔다. 아이들은 사과 주스나 오렌지 주스를 통해 철분을 쉽게 섭취할 수 있으며, 건강한 유아 집단을 관찰한 결과 사과 주스보다 오렌지 주스를 마실 때 탄수화물 섭취율이 높은 것으로 나타났다. 신선한 오렌지에는 과일 한 개당 엽산이 약 47마이크로그램 함유된 것으로 밝혀졌는데, 이는 일일 권장 섭취량의 12퍼센트 수준이었다. 갓 짜낸 오렌지 주스에는 100밀리리터당 칼슘 19밀리그램이 함유되어 있어 성장기 어린이의 하루 필요량을 충분히 제공한다. 칼슘은 인체의 발육에 핵심적 요소로 뼈를 형성하는 작용을 한다.

오렌지 주스 속에는 비타민C 외에도 폴리페놀polyphenol이라는 산화방지제가 함유되어 있는데, 이 물질이 산화방지 작용을 약 85퍼센트 담당한다. 이러한 산화방지 물질은 세포 노화를 막고 암을 예방한다. 감귤에는 플라보노이드flavonoid를 비롯한 여러 계층의 페놀 산화방지 물질이 고도로 농축되어 있는데, 다양한 암세포계의 확산을 억제하는 작용을 한다. 오렌지에서 추출되는 헤스페리틴hesperitin과 같은 감귤 플라보노이드는 특히 유방암 예방에 도움이 된다.

오렌지 주스가 콜레스테롤 수치를 낮춘다는 증거도 있다. 피토스테롤phytosterol이 강화된 오렌지 주스는 저밀도 지방단백질 콜레스테롤을 감소시키는 데 효과적이다. 2003년 말에 코카콜라 회사는 한 음료수의 마케팅을 시작했는데, 심장에 좋다는 뜻에서 그 이름을 '미닛 메이드 프리미엄 하트 와이즈Minute Maid Premium Heart Wise'라고 지었다. 매일 오렌지 주스를 마시면 뇌졸중의 위험도 줄일 수 있다.

그렇다면 오렌지가 공정을 거쳐 상업용 음료수로 전환된 뒤에도 이러한 모든 건강 성분이 그대로 유지될까? 비타민C는 아주 쉽게 산화되는 성질이 있다. 연구에 의하면, 막 짜낸 주스 속의 비타민C가 일곱 시간 후에는 70퍼센트 감소한다고 한다. 상업용 주스의 경우, 병이나 종이 용기에 개봉한 채로 냉동할 때 어림잡아 하루에 2퍼센트 정도가 부패한다. 산업 공정은 주스의 질을 어느 정도 바꿔 놓았다. 냉동을 하면 페놀과 폴리페놀이 급격하게 감소하며, 따라서 주스의 산화방지율도 급격히 줄어든다.

물이나 다른 음식들도 그렇듯이, 오렌지 주스 또한 아주 좋은 식품이 될 수 있다. 다만 그 성분을 놓고 볼 때 적절히 섭취할 필요가 있다. 오렌지 주스에 함유되어 있는 산의 대부분을 차지하는 아스코르브산과 시트르산은 위장의 산성도를 높인다. 또한 당분은 탄수화물을 과도하게 공급하고, 단맛은 중독성이 강하다.

게다가 칼슘이 과도하면 신장을 압박하게 된다. 오렌지 주스 한 잔에는 칼슘이 약 250밀리그램, 철분 강화 오렌지 주스 한 잔에는 약 350밀리그램이 들어 있다. 성인들의 하루 필요량은 약 1000밀리그램이며, 아이들은 조금 더 많은 1300밀리그램이다. 신장 손상이나 신장결석과의 연관성을 생각한다면 하루에 섭취하는 칼슘의 양은 최대 2500밀리그램을 넘지 않아야 한다.

어린이의 경우 특히 이 문제를 신경 써야 한다. 현재 미국의 건강한 미취학 아동 가운데 11퍼센트는 하루에 과일 주스를 최소 340그램 이상 섭취한다. 높은 칼로리가 함유된 주스를 이렇게 과도하게 섭취하면 비만으로 이어질 수 있으며, 또한 비기질적 성장 부전 및 성장 저해로 연결될 수 있다. 두 살 이하 어린이들은 하루에 섭취하는 과일 주스가 113그램 이하여야 한다. 그렇지 않으면 주스가 위에 가득 차 다른 음식에 관심을 잃게 된다.

그 밖에 감귤 주스의 소소한 위험 요소들도 몇 가지 있다. 그 중 하나가 과일 재배에 사용하는 살충제 문제이다. 오렌지에 뿌린 티아벤다졸thiabendazole, TBZ은 약 3퍼센트가 주스에 들어간다. 유럽과 미국의 여러 회사들은 오렌지 주스 공정 과정에서 티아벤다졸 허용량을 10ppb에서 300ppb(10억분의 1을 나타내는 단위-역주) 사이로 정하고 있다.

그렇다면 오렌지 주스를 다른 감귤 주스로 대체해야 할까? 그레이프프루트 주스는 아주 훌륭한 후보이다. 대부분의 사람들에게는 이 주스가 좋지만, 특정 질병을 앓는 사람들은 조심해야 한다. 다른 감귤 주스처럼 그레이프프루트 주스는 비타민C가 풍부하며 맛이 좋다. 하지만 그레이프프루트는 물과 비타민C와 설탕으로만 구성된 것이 아니다. 베르갑텐bergapten, 케르세틴quercetin, 나린제닌naringenin, 베르가모틴bergamotin 등의 화학물질도 들어 있는데, 일부는 의사가 처방한 약에 영향을 미칠 수 있다.

한 예로, 베르갑텐과 베르가모틴은 소장에서 효소를 불활성화시키며, 이러한 활동은 약물이 혈관에 침투하기 이전에 파괴되는 것을 방지한다. 후천성면역결핍증AIDS 치료에 쓰이는 HIV-1 프로테아제protease 억제제나, 칼슘채널차단제가 이 경우에 해당한다. 그레이프프루트 주스를 마시면 이러한 약물의 작용뿐 아니라 부작용까지 활성화될 수 있다. 흔히 쓰이는 항생제인 에리트로마이신erythromycin이나 사이클로스포린A-cyclosporin, 그리고 비아그라로 더 잘 알려진 실데나필sildenafil 등은 모두 그레이프프루트 주스와 함께 복용할 때 강화된다.

반대로 어떤 약품은 그레이프프루트 주스를 마실 때 약화되기도 한다. 이러한 약품으로는 베타차단제(혈압약)인 셀리프로롤celiprolol과 탈리놀롤talinolol, 펙소페나딘fexofenadin과 니페디핀nifedipine 등이 있다. 그레이프프루트 주스는 이러한 물질들과 결합하여 프로테인protein을 활성화하는데, 프로테인은 소화기관 벽밖으로 분자들을 내보내 장으로 되돌려 보내는 역할을 한다. 그결과 그레이프프루트 주스는 약물 흡수를 여섯 배 정도 감퇴시킨다.

오렌지 주스는 건강에 좋다는 이유로 상업적 성공을 거두었다. 그러나 오렌지나 그레이프프루트 같은 감귤 주스는 어떤 면에서 오히려 건강을 해칠 수도 있다. 이것이 바로 자연이 가진 야누스의 얼굴이다.

치밀한 주스 제조 공정

다시 오렌지 주스 이야기를 해 보자. 모든 농산품 업체들은 정유 회사와 마찬가지로 전문적인 기술자들을 고용한다. 정교한 기술을 동원한다는 점에서, 살균 우유나 오렌지 주스를 생산하는 것과 자동차 엔진오일을 제조하는 것 사이에는 근본적인 차이가 없다. 그러므로 '100퍼센트 플로리다 오렌지 주스'라고 소개하는 제품은 단순히 오렌지를 짜서 주스를 판매하는 것 이상의 어떤 과정을 거친다.

오렌지를 주스로 만드는 공장은 연중 내내 가동되는 것이 아니다. 가동 기간은 1년의 4분의 3이상이다(유전공학 분야에서는 아직 여름에 숙성되는 오렌지를 개발하지 못했지만, 언젠가는 성공하리라고 나는 확신한다). 오렌지 주스는 햄린스Hamlins를 필두로 한 조기품종들을 수확하면서 10월부터 생산을 시작해 연말연시를 거쳐 1월까지 계속 생산한다. 이때가 되면 파인애플 등의 중기품종들을 주스로 전환할 채비를 한다. 감귤을 수확할 수 있는 마지막 시기인 2월에는 발렌시아 같은 만기품종들이 차례를 이어받아 6월까지 집중적으로 작업을 실시한다. 그러나 주스의 맛은 1년 내내 똑같다! 이렇게 균일한 맛을 유지하는 것이야말로 감귤 주스 기술자들의 능력일 것이다.

그런데 천연의 생산물인 과일이 상품, 즉 포장된 주스로 변환되는 것은 이 과정의 어느 지점에서일까? 거의 과일을 따면서부터라고 할 수 있다. 나무에서 딴 과일은 대형 바구니에 담기는데, 바구니 하나당 오렌지를 약 400킬로그램까지 담을 수 있다. 내용물이 담긴 개개의 바구니들은 다시 컨테이너 트레일러로 모이는데, 여기에는 약 2만 킬로그램의 오렌지가 담긴다. 이 단계에서 감귤은 공정에 투입될 원재료가 된다.

플로리다의 공장들은 보통 1년에 약 40만 톤 정도의 과일을 소화할 수 있다. 현재 브라질의 수코시트리코 같은 회사들은 1년에 생과일 100만 톤 이상을 공정할 수 있는 공장을 도입했는데, 앞으로 더욱 확장할 계획을 세우고 있다. 이러한 새로운 공장에서 오렌지 주스는 작은 강처럼 흐른다. 한 시간당 330톤의 과일과, 분당 2800리터의 오렌지 주스가 흐르는 광경은 정유 공장을 방불케 한다.

오렌지를 따기 전에 표본 검사를 하는 농업공학도들은 주로 두 가지 수치로 생산품의 품질을 측정한다. 이른바 브릭스 당도

degree brix(브릭스는 측정에 사용되는 도구에서 따온 이름)는 주스에 용해된 설탕의 비율을 측정하는 데 쓰인다. 브릭스 대 산의 비율은 단맛과 신맛의 균형을 나타내는 것으로, 소비자들에게는 핵심 지표가 된다. 오렌지는 기준에 부합하는 것만 따야 한다. 브릭스가 약 8.5도 이상이어야 하고 브릭스 대 산의 비율이 최소한 10 대 1 이상이어야 한다. 미국 농무부는 브릭스가 11.5도 이상이며 브릭스 대 산의 비율은, 산이 1일 때 브릭스가 10에서 20 사이인 주스에 최고품인 A등급을 매긴다.

오렌지들이 공정에 들어가면, 세척을 한 다음 크기에 따라 분류한다. 에센셜 오일을 추출하기 위해 껍질에 구멍을 뚫은 다음 주스를 추출한 후 씨와 함께 한쪽으로 치워 둔다. 이렇게 주스와 과육은 1초도 안 되어 껍질, 씨앗, 피막 등과 분리된다.

그 다음 주스는 즉시 살균 처리되어 '포장 오렌지 주스'로 판매되거나, 아니면 브릭스 약 65도로 1차 농축되어 파이프라인을 통해 냉동 저장 탱크로 보내진다. 포장업자에게 선적하기 전 여러 탱크의 내용물들을 혼합하는데, 여기에 공정 과정에서 분리되었던 감귤 껍질 에센스와 오일을 다시 투입하여 맛과 향을 향상시킨다.

오렌지 주스의 맛은 약 스물다섯 가지의 서로 다른 화학물질들로 결정된다. 일상적인 상품이지만, 아주 세심하게 만든 구성물인 것이다. 오렌지 주스 기술은 지극히 정교하다. 맛의 요소들을 분석하고 식별하며 정량화한다. 예를 들어 네이블오렌지와 비교할 때 발렌시아오렌지가 주스의 향이 강한 것은 스물다섯 가지 화학물질 중 일부가 더 높은 농도로 농축되었기 때문이다.

오렌지 주스가 탁할 수밖에 없는 이유는, 짜낸 주스에 퍼져 있는 불용성 물질 때문이다. 바로 이 물질이 좋은 맛과 색깔을 낸다. 탁한 정도는 주스의 펙틴 성분을 섬세하게 조작함으로써 조절할 수 있다. 이러한 복합 과정에는 두 가지 효소 사이의 균형이 필요하다. 펙틴 메틸 에스트라제pectin methyl estrase는 펙틴과 칼슘 사이의 복합 구성을 증가시킴으로써 탁한 성분을 촉진한다. 반대로 폴리갈락투로나제polygalacturonase는, 펙틴이 칼슘 이온과 복합물을 형성하기 전에 분해하여 탁한 성분을 제어한다.

냉동농축 오렌지 주스는 1945~1946년에 개발되었다. 제조 과정에서는 주스 안에 존재하는 천연 효소를 불활성화하기 위해 1차 가열을 한다. 그런 다음 주스에서 수분을 빼낸다. 마지막은 상품의 가치를 높이기 위한 단계로서, 생 오렌지 주스 맛을 되살리기 위해 소량의 생 주스가 첨가된다. 최종 상품은 생 주스보다 약 세 배 정도 더 농축된다.

1979~1980년 동안 780만 톤(1억 7300만 상자)의 플로리다 오렌지가 냉동농축 오렌지 주스 제조에 이용되었는데, 이는 미국인 1인당 주스 섭취량보다 13.6킬로그램 더 많은 수치이다. 그러나 냉동농축 오렌지 주스는 이제 바로 마실 수 있는 환원된 냉장 오렌지 주스, 특히 칼슘이 강화되고 질 높은 변종을 사용한 오렌지 주스의 등장으로 몰락하고 있다. 1990년과 2000년 사이, 비농축not-from-concentrate, NFC 주스의 소비는 세 배 증가했다. 비농축 주스는 부피 때문에 냉동농축 주스보다 선적비가 훨씬 비싸다. 1999~2000년, 미국에서는 냉동농축 오렌지 주스가 10억 리터, 냉장환원 주스는 25억 리터, 비농축 주스는 24억 리터가 소비되

었다. 1999년에만 미국인들은 평균 21.6리터의 오렌지 주스를 마셨다.

비싼 와인이나 위스키를 만들 때와 똑같이, 오렌지 주스 공정 기술자들은 묶음별로 오렌지 주스의 특성을 분석해 기록을 남긴다. 미국식품의약국FDA 검사관을 비롯해 주스의 품질을 평가하는 전문가들은 크로마토그래프 조사나 주스 생산지의 동위원소 표시 등 동일한 기준을 이용해 평가를 내리며, 생산물이 상표와 일치하는지 확인하는 작업도 거친다.

과학으로 주스의 맛을 높이다

오렌지는 단맛과 신맛이 섞여서 맛을 돋운다. 감귤이 사랑받는 이유는 이 두 가지 맛의 조화 때문이다. 우수한 감귤은 과즙이 풍부할 뿐 아니라 두 가지 맛이 적절하게 조화되어야 한다. 즉, 당분 총 함량과 비교했을 때 산도가 적당히 조절되어야 한다. 오렌지가 대형 시장에서 판로를 찾게 되면서 개인 경작자들은 이 비율을 측정할 필요성이 절실해졌다. 이들은 수확, 선별, 폐기(불합격된 과일이라도 시트르산이나 펙틴의 원료로 이용된다), 접붙이기, 교배 등의 모든 과정을 어떤 객관적 지표를 통해 평가할까?

1930년대 초반, 캘리포니아 과일경작자거래소 소속 과학자였던 글렌 조지프Glen Joseph는 오랜 대학 친구 아널드 O. 베크만 Arnold O. Beckman과 만났다. 당시 캘리포니아 과일경작자거래소는 캘리포니아 감귤 생산량의 4분의 3을 관리했으며, 이곳의 품질 좋은 과일들은 썬키스트라는 상표로 판매되었다. 조지프는 과일의 산도를 측정하고 싶었지만 가장 보편적인 방법인 리트머스 용지를 사용할 수가 없었다. 방부제로 사용되는 이산화황이 리트머스 용지를 탈색해서 무용지물로 만들어 버렸던 것이다. 표준 유리 전극으로 pH를 측정하는 방법도 시도해 보았지만 일반적인 측정치로 사용하기에는 전류의 양이 너무 적었다. 사실 더 큰 유리 전극이 있다면 문제가 해결되겠지만, 이렇게 만든 도구는 너무 쉽게 깨지고 부피도 커서 일상적인 현장에서 사용하기는 힘들었다.

베크만은 당시 캘리포니아 공과대학 화학과의 젊은 조교수였다. 대학을 마친 후 베크만은 벨 연구실에서 2년 동안 전자학을 공부하면서 동시에 통계적 품질 관리 및 기업의 연구개발에 대해 배웠다. 글렌 조지프와 만난 후 그는 경작자들에게 꼭 필요한 도구를 설계하기 시작했다. 베크만은 전류의 세기를 측정하기 위해, 조지프가 사용했던 검류계를 증폭기 역할을 하는 한 쌍의 진공관으로 바꾸었다.

그 결과 pH 계량기가 탄생했는데, ± 0.02pH 오차밖에 없을 정도로 정확하면서도 견고했다. 1934년 10월, 베크만과 동료들은 특허를 신청했다. 1935년 봄에 베크만은 이전 해에 시작했던 자동차 정비 사업을 접고 새로운 기계의 제조업체인 국립기술연구소National Technical Laboratories, NTL로 전환했다. 베크만과 아내 마벨은 샌프란시스코에서 열린 미국화학협회 전국회의에 산도 측량기를 전시하여, 195달러라는 비싼 가격에도 큰 수익을 올렸다. 부부는 야심 찬 전국 판매 투어를 시작했는데 그 과정에서 필라델피아에 근거지를 둔 유명한 아서H.토머스 사의 에드 패터슨 주니어를 설득할 수 있었다. 패터슨은 10년 동안 600개를 팔 수 있는 시장이 있다고 내다보았고, 베크만의 새로운 기계를 자신의 회사 카탈로그에 소개했다.

수요는 예상보다 훨씬 많았다. 국립기술연구소는 패서디나의 중심가에 위치한 콜로라도 블러바드로 확장 이전하여, 1935년 마지막 세 달 동안에만 87개를 팔았다. 이어서 1936년, 연중 생산체제를 처음 갖춘 국립기술연구소는 베크만 모델 G 산도 측량기를 444대 판매했다. 1939년에 베크만은 캘리포니아테크놀로지연구소의 교수직을 사임하고 기계 제조사업에 전력을 투구했다.

지금 생각해 보면 베크만의 측량기가 거둔 경이로운 성공은 충분히 예측 가능한 것이었다. 산도 측량기는 실제적 활용도가 높았다. 음식이나 음료 관련 업체 몇 가지만 언급하더라도, 포도주 양조장, 양조장, 음료수 병 제조업체, 유제품 가공업체, 용수 처리 공장 등에 필수적인 도구가 되었다. 게다가 이 기구를 담는 소형 상자(가로 30.5센티미터, 세로 20센티미터, 높이 23센티미터)는 무게가 6.8킬로그램밖에 나가지 않아 휴대가 가능하며, 가죽 손잡이가 달려 있어 손가방처럼 현장에 들고 갈 수 있다. 과학적 사전 지식이 필요하지도 않고 작동도 아주 쉽다. 예를 들어 뚜껑이 닫히면 전원이 자동으로 꺼진다.

전자공학에 의존했다는 점에서 혁신적이었던 베크만의 산도 측량기는 사실 100년 이상 된 전통의 영향을 크게 받은 것이었다. 19세기 들어 과학 사상이 경제학과 농학, 산업에 도움이 되면서 한층 중요하게 되었다. 영국 런던에는 명확한 목표하에 왕립연구소Royal Institution가 설립되었다. 왕립연구소는 젊은 험프리데이비Humphrey Davy를 화학교수로 채용했는데, 이 명민하고 저돌적인 과학자는 순수과학 분야의 주요 연구 과제, 즉 새로운 원소를 발견하는 일에만 만족하지 못했다. 그는 응용과학에 뛰어들었다. 화학약품으로 농업을 개량하는 수단을 강구했으며, 광부를 위한 안전 램프를 발명했다. 19세기 후반 독일의 화학자 유스투스 폰 리비히 역시 자신의 연구 분야에서 비슷한 태도를 견지했다. 그가 쓴 농화학 서적은 베스트셀러가 되었으며, 수십 년 동안 영향력을 발휘했다.

과학이 공익을 증진하고 삶의 모든 분야에 도움이 될 것이라는 신념, 즉 진보에 관한 전형적인 19세기의 믿음을 보인 것은 미국인들도 마찬가지였다. 이들은 이러한 믿음이 토머스 제퍼슨의 이상을 복원하는 길이자, 비전문가 과학자였던 벤저민 프랭클린이 남긴 유산이라고 생각했다.

'천연'을 가장한 가짜 주스들

'갓 짜낸 신선한 오렌지 주스'는 그것을 만드는 사람의 위생 상태가 청결할 때만 맞는 말이다. 그런데 상한 오렌지 주스만큼 심각한 것이 바로 정직하지 않게 만들어진 주스이다.

서스캐치원대학교의 분석화학자인 니컬러스 로Nicholas Low는 1980년대 후반 영국의 레딩대학교에서 안식년을 보냈다. 그는 별다른 이유 없이 단지 호기심으로, 시장에서 판매되는 과일 주스의 성분을 검증해 보기로 했다.

그 결과는 흥미로우면서도 인상적이었다. 영국산 사과 주스의 70퍼센트는 돼지감자가 감미료로 함유되어 있었다. 또한 세계적인 이스라엘 대기업이 생산하는 오렌지 주스는, 원 재료인 오렌지의 무게에 비해 최종 상품의 무게가 약 25퍼센트나 더 무거웠다. 결과적으로 영국에서 1990년에 표본 조사한 21종의 상업용 오렌지 주스 가운데 열여섯 개가 불량인 것으로 밝혀졌다. 이후 정부의 공식 통계 또한 로의 조사 결과와 일치했다.

미국 회사들도 크게 다르지 않았다. 나중에 밝혀진 바에 의하면 중서부의 한 제조업체는 오렌지 주스의 품질을 낮추는 수법으로 20년 동안 소비자들에게서 4500만 달러를 갈취했다. 2~3년간 200만 달러의 순이익을 낸 회사도 있었다.

썬업푸드스의 경우, 회사의 규모를 1000만~2000만 달러 규모라고 속였다. 이 회사는 감귤 업계에서 결코 작은 회사가 아니었다. 회사의 판매고는 1984년에 사실상 전무인 상태에서 1989년 5700만 달러 이상으로 비약적으로 증가했다. 1990년 스캔들이 터지자 썬업푸드스는 결국 자신을 '북아메리카에서 가장 크고 전 세계적으로도 가장 큰 회사에 속하는 오렌지 주스 혼합 제조업체'라고 표현했다.

'혼합 제조업체'라는 말은 신중하게 선택된 단어였다. 1990년, 이 회사의 직원 하나가 미국식품의약국에 가서, 이 회사가 비밀 방에 새로운 기계를 설치해 놓고 오렌지 주스를 가공하는 과정에 액체 사탕무당을 주입한다고 폭로했다. 벽에 감춘 스테인리스 파이프는 오수 처리 장치처럼 보이도록 설치되어 있었다. 정부에서 조사를 나오면 설탕 운반 라인은 가동 중단되었으며, 비밀 설탕 파이프라인을 감추기 위해 외부 파이프는 폐쇄되었다.

왜 이런 업체들이 천연 오렌지 주스를 조작하려는 유혹에 빠지는지는 간단한 계산만으로 쉽게 이해할 수 있다. 2002년 5월 자료에 의하면, 미국의 주스 가격은 갤런(약 3.8리터-역주)당 5~6달러 사이이며, 미국인들은 평균적으로 연간 약 6갤런의 오렌지 주스를 마신다. 이것을 환산하면 약 50억~100억 달러의 시장이 된다. 한 기업이 이 시장에서 10퍼센트를 점유한다고 가정하면, 판매액은 6억 달러 정도가 된다. 제조 비용을 판매액의 절반인 3억 달러라고 하면, 속임수를 써 전체 비용의 1퍼센트만 절약해도 300만 달러에 가까운 추가 이익이 발생한다. 이 때문에 소비자를 속이려는 충동이 만연하는 것이다.

오렌지 주스의 품질은 어떻게 조작되고, 또 어떻게 밝혀지는가? 주스에 들어가는 전체 용해성 유기물의 98퍼센트가 주로 자당, 포도당, 과당 등으로 구성되는 설탕이기 때문에 품질을 낮추는 첨가제로는 대개 가격이 저렴한 옥수수 시럽과 사탕무당을 이용한다. 그러나 이것들을 단순히 쏟아 부을 수는 없고, 주스의 부피를 늘리기 위해 적당한 양의 물을 넣어야 한다. 그런데 이렇게 하면 아주 쉽게 적발된다는 단점이 있다.

그 대신 사용하는 불법 감미료 첨가제로 전화당이 있다. 전화당은 포도당과 과당에 자당이 화학적으로 점착된 설탕을 말한다. 주스 안에서는 포도당 대 과당 대 자당의 비율이 대략 1 대 1 대 2로 정확하게 맞추어질 때까지 화학적 반응이 진행된다. 부분적으로 가수분해된 사탕무당을 첨가하면 가격이 아주 적게 들 뿐더러, 탄소 동위원소 비율에 기초한 기술로는 검사하기가 어렵다.

그러면 오렌지 주스가 조작되었다는 것은 어떻게 증명할 수 있을까? 범죄를 적발하기 위해 다양한 기법이 고안되었다. 모두 화학식을 이용한 방법이다. 오렌지 주스를 비롯한 모든 천연 추출물에 함유된 화학물질은 고유한 분포도를 나타내며, 아주 소량만 존재하는 것도 있다.

조작된 오렌지 주스에는 이러한 성분들 가운데 D-말산D-malic acid이 함유되어 있다. 정상적이라면 L-말산만이 있어야 하는데, 이와 대칭되는 D-말산이 발견된다는 것은 조작을 했다는 명백한 증거이다. 그 밖에 올리고당과 일부 아미노산은 정상 상태에서는 아주 낮은 농도로만 존재한다.

설탕 분자의 정확한 수소 동위원소 비율 역시 표지로 쓰인다. 사탕수수, 사탕무당, 오렌지는 서로 다른 신진대사 경로로 자당을 생산한다. 이러한 차이는 지속되는 자당 분자의 동위원소 함유량에서 드러나게 된다.

오렌지 주스의 제왕, 수코시트리코

양적으로 플로리다를 앞서는 또 다른 오렌지 주스 주요 생산 지역은 바로 브라질이다. 호세 쿠트랄레 주니어(1926~2004)는 《포브스Forbes》 선정 '세계 최고 부자 500인'에 매년 오르는 이름이다. 신흥 부자라 할 수 있는 쿠트랄레는 세계 오렌지 주스 업계의 제왕이다.

쿠트랄레는 브라질 상파울루로 이주한 시칠리아 이민자의 아들로 태어나, 1962년에는 상파울루 중앙 시장에서 오렌지 도매상을 하고 있었다. 그해 12월 12일 밤 플로리다의 오렌지 생산은 서리로 모두 주저앉았다. 이것이 쿠트랄레에게 천금의 기회였다. 그는 사람들에게 상파울루 주가 오렌지 생산에서 플로리다를 대신할 수 있을 것이라 말했으며 스스로도 그렇게 믿었다. 그의 말이 옳았다. 이즈음 쿠트랄레는 코카콜라 회사와 제휴를 맺었고 이를 계기로 눈부신 성공을 거둘 수 있었다. 아탈란타 사는 쿠트랄레 회사가 생산한 오렌지 주스 수코시트리코를 사실상 전량 사들여 미닛메이드라는 상표를 붙여 판매했다.

1987년 혹독한 서리가 또 다시 플로리다를 강타하자 오렌지 주스 가격은 톤당 2000달러까지 치솟았다. 쿠트랄레는 냉동농축 오렌지 주스 시장을 견고히 장악해 나갔으며, 브라질산 농축 오렌지 주스는 세계 1위의 자리에 올랐다. 쿠트랄레는 영리한 사람이었다. 미국과 플로리다 주가 브라질산 오렌지 주스 수입 관세에 철퇴를 가하고, 수코시트리코의 덤핑 판매에 법적 대응을 하기 시작하자 그는 미국 현지에서 사업을 시작했다. 현재 그는 플로리다 주 포크 카운티에 과수원과 생산 공장을 소유하고 있다.

쿠트랄레의 회사 수코시트리코쿠트랄레S.A.의 오렌지 농장 규모는 4억 5000만 제곱미터에 달한다. 이 회사는 전 세계 냉동 농축 오렌지 주스 시장의 5분의 1을 점유하고 있다. 또 하나의 놀라운 통계는 플로리다 주와 상파울루 주가 전 세계 오렌지 주스 생산의 90퍼센트를 차지한다는 것이다. 수코시트리코는 농축 오렌지 주스를 수출하는 자체 선박을 보유하고 있는데, 그중 하나인 오렌지블라섬즈 호는 1만 3000톤을 수송할 수 있다.

상파울루 주의 오렌지 농장들은 오늘날 농업 비즈니스의 선두주자이다. 이곳에서 일하는 노동자들은 9만 명으로 노동력이 싸기 때문에 브라질산 오렌지는 여전히 손으로 포장한다. 상파울루 주 내에 위치한 오렌지 농장들은 관개시설 또한 뒤쳐져 있다. 다른 브라질 지역과 마찬가지로 약 3퍼센트의 농장만이 관개의 혜택을 받는다.

상파울루의 감귤 지대는 도시의 구區 약 320개와 맞먹는 넓이다. 브라질은 수출로만 15억 달러의 수입을 올리는데, 그중에서 쿠트랄레 가가 10억 달러를 차지한다. 아직 과일을 따는 과정이 기계화되지 않았지만, 다른 기술은 최첨단을 자랑한다. 쿠트랄레의 플랜테이션에서 자라는 670만 그루 나무 가운데는 접붙임으로 복제된 클론도 있다. 클론을 공급하는 코르데이로폴리스 감귤재배센터의 감독 조아킴 테오필로 소브리노는 "모든 나무는 어머니만 둘이고 아버지는 없다"라고 표현한다. 그 결과 모든 나무들은 계통이 동일하며, 질병에 저항력이 강하고 생산성이 높다.

호세 쿠트랄레와 그의 회사 덕분에 브라질은 오렌지 주스 농축에서 전 세계 생산의 60퍼센트를 차지하는 최고의 생산국이 되었다. 이 가족 기업은 현재 그의 아들 호세 루이스(1946~)가 경영하고 있다. 쿠트랄레는 자신의 성공 비결은 근면함이라고 말한다. '휴일은 없다'는 것이 그의 신조일 정도이다. 그는 아주 비밀스러운 사람이며, 회사를 강력하게 장악했다. 회사의 본사가 위치한 아라라콰라 지역의 사람들은 그 건물을 가리켜 '강제수용소'라 불렀다. 철조망을 두른 건물 안에 무장한 경비원들이 삼엄하게 순찰을 했기 때문이다.

브라질을 비롯한 라틴계 나라 사람들은 감귤 주스 하면 근면함과 청결함을 떠올리며, 열대지방과는 아무런 관련도 없어 보이는 알프스와 그곳의 빙하와도 연관을 짓는다.

스위스 사람들이 브라질로 이민을 시작한 것은 19세기 초반이었다. 1810년대 중반, 포르투갈 정부는 스위스의 프리부르 주 당국과 계약을 맺었고, 1818년에 프리부르 주에서 첫 번째 스위스 정착민 파견대가 도착했다. 가족 단위로 온 사람들을 포함해 1700명으로 구성된 이 집단은 터전을 잡고서 노바 프리부르고 Nova Friburgo(새로운 프리부르라는 뜻)라고 이름 지었다. 이들은 리우데자네이루에서 말을 타고 하루 거리에 있는, 현무암으로 이루어진 해안가 산악 지대에 정착하기로 결정했다. 포르투갈 정부가 이처럼 유럽인의 이주를 조직화하고 1818년 5월 16일 법령으로 공포했던 것은, 이주자들을 브라질에 정착시켜 아프리카에서 데려온 노예들의 압도적인 영향력에 대응하고, 농부와 장인 등 긴요한 인력을 공급하려는 의도였다. 그렇게 함으로써 식민지 플랜테이션에 절대적으로 의존하고 있는 경제에 새로운 자극을 줄 수 있으리라 보았던 것이다.

이 계획은 아주 잘 들어맞았다. 스위스인들은 거주지를 최대한 자신들의 고향과 같이 꾸몄다. 한 세기가 지난 후까지도 이들의 영향력은 남아 있었다. 20세기 중반, 리우데자네이루의 부유층 주민들은 주말이면 뜨거운 열기를 피해 두세 시간 동안 차를 몰고 산으로 갔다. 1950년대 우리 가족이 리우데자네이루에 살았을 때 우리는 노바프리부르고를 정기적으로 찾았다. 그곳에

가면 유럽으로 되돌아간 듯한 묘한 기분이 들곤 했다. 노바프리부르고 인근 지역은 초원과 소, 그리고 뻐꾸기시계가 있는 오두막집 샬레가 특징적이었다. 당시는 낙농업과 치즈 제조가 가장 중요한 경제활동에 속했다.

　몇 해 전, 나는 다시 이곳에 가 보았다. 리우데자네이루의 엄청난 확장으로(1950년에 100만 명이 살았는데 50년 후에는 열 배로 증가했다) 노바프리부르고는 이제 위성 도시가 되었다. 수천 명이 살던 1950년대의 작은 읍내는 인구가 수십 만 명으로 늘었고, 이제는 산업화되어 란제리 등의 직물을 주로 생산한다. 브라질로 여행을 간다면 리모나다 수이사를 한 잔 주문해 마실 것을 권한다. 리모나다 수이사는 '스위스 레몬에이드'라는 뜻이다.

리모나다 수이사

중간 크기 레몬 두 개
차가운 물 1리터
얼음 6~7조각
과립형 설탕 12큰술(브라질 사람들은 단맛을 좋아한다!)

• 레몬 껍질과 씨를 제거한다.
• 물, 설탕, 얼음과 함께 과일을 조리 용기나 믹서에 넣는다.
• 잘 섞은 후 걸러 내서 바로 대접한다.

아주 달기는 하지만 사실 그냥 평범한 레몬에이드다. 그런데 이 음료의 이름에서 '스위스'라는 형용사는 어떤 특별한 의미가 있을까? 브라질 문화에서는 상투적으로 눈 덮인 산이나 빙하를 스위스와 결부시킨다. 따라서 '스위스 레몬에이드'가 아스팔트 도 녹일 듯한 브라질 도시의 숨 막히는 열기를 해소해 준다는 뜻 이라 보면 된다.

브라질 사람들이 라임 주스를 활용하는 두 가지 방식을 보면 이들의 문화적 태도를 알 수 있다. 내가 리우데자네이루의 우르 카 구에 살던 시절, 우리 가족에게는 아주 중요한 사람이 한 명 있었다. 가정부로 있던 매그놀리아 고메스 데 올리비에라라는 이름의 멋진 브라질 여인이었는데, 외국인인 우리 가족을 브라 질 사회와 이어 주는 매개자 역할을 자청했다.

매그놀리아는 여자 형제들이 많은 대가족 출신이었다. 주말 이면 소방관인 약혼자와 외출을 했으며, 결혼하고 집도 사기 위 해 열심히 월급을 저축했다.

그녀는 인내심이 아주 강하고 차분하고 현명했다. 게다가 타 고난 해결사였다. 크든 작든 어떤 위기가 닥칠 때면 평정심을 유 지했으며, 즉각 최선의 해결책을 내놓곤 했다.

그녀는 또한 우리에게 브라질 요리를 소개해 주었다. 언제나 완벽했던, 그리고 우리 가족이 가장 좋아하던 요리를 하나 아래 에 소개한다.

라임 주스를 넣은 아보카도

직당한 크기의 아보카도 2~3개

라임 주스 1/3컵

과립형 설탕 1컵

- 잘 익은 아보카도를 포크로 갈기갈기 찢는다.
- 라임 주스를 천천히 붓는다.
- 내용물을 덮개로 덮어 냉장고 안에 30분 동안 넣어 둔다. 이렇게 하면 라임의 산성이 아보카도의 섬유질을 분해하여, 부드럽고 매끄러운 크림 형태로 변화된다.
- 설탕을 넣어 단맛을 내면 아주 근사한 디저트가 완성된다.

주의 : 매그놀리아처럼 손으로 으깨는 것보다는 믹서나 전동 조리기를 이용하는 편이 좋다.

이 음료수는 멕시코의 과카몰리와도 아주 비슷하지만, 짜지도 않고 칠리소스나 타바스코 소스로 맛을 내지도 않는다. 대신 달콤하다. 어떤 사람들은 여기에 휘핑크림을 첨가하기도 하고, 달걀 네 개와 전유 세 컵, 연유 큰 것으로 한 캔, 거품을 낸 휘핑크림 한 컵, 13온스(약 370그램) 농축 우유 한 캔을 넣어 아이스크림을 만들기도 한다(이것을 먼저 중불에서 주기적으로 저어 가며 6분 정도 서서히 끓인 후 아보카도, 라임, 설탕의 혼합물에 첨가하고 냉장한다). 또 어떤 사람들은 위의 혼합물을 크러스트에 넣어 아보카도라임 파이를 만들기도 한다.

화학자로서 이 음식을 설명하자면 다음과 같다. 이것은 매그놀리아의 천사와도 같은 자애로운 미소를 떠올리게 만드는 맛있는 크림일 뿐 아니라, 건강에도 아주 좋다. 칼륨이 풍부한 아보카도는 불포화지방과 다가多價 불포화지방을 충분히 보충해 준다. 아보카도에 있는 프로테인은 글루타민산과 아스파라긴산 잔존물 같은 산성 측쇄side chains에 변이를 일으키는데, 아보카도가 설탕과 라임 주스와 잘 섞이는 이유가 바로 그 때문이다. 라임 주스는 산이 많은 특성이 있어, 공기에 노출되었을 때 아보카도의 과육이 갈색으로 변하는 것을 방지해 준다. 또한 비타민C와 구연산 외에도 플라바논flavanone, 즉 페놀 산화방지제인 헤스페리딘을 함유하고 있다. 게다가 아이스크림 등에서 맡을 수 있는 바닐라 향 분자도 ppm 단위로 소량 들어 있다.

앵글로 아메리카와 라틴 아메리카에서는 노점상인들을 흔히 볼 수 있는데, 이들의 모습에서 과거 식민지 역사와 그들의 조상이 대개 아프리카인임을 확인할 수 있다. 이들은 길모퉁이에서 신문을 팔거나, 복권, 핫도그, 아이스크림, 소다수, 과일 주스 등을 팔기도 한다.

브라질의 도시에서 흔히 볼 수 있는 또 한 가지 노점은 씨앗 가판대이다. 이러한 가판대는 살바도르데바이아 출신의 아프리카브라질계 여성들이 거의 대부분 차지하고 있다. 이것이야말로 풀뿌리 자본주의가 작동하는 전형적인 모습이라 할 것이다. 한편으로 거리의 행상은, 도시로 이주한 가난한 신입자들이 올라야 하는 사회적 사다리의 첫 계단이기도 하다.

이 사다리의 다음 계단은 구멍가게 상인인데, 역시 라틴 아메리카 전 지역에서 흔히 볼 수 있다. 브라질에서는 대개 에스프레소 커피 기계를 중심으로 이러한 구멍가게가 운영된다. 브라질 사람들은 매일 10여 차례, 작은 컵에 든 카페징요라는 진한 커피를 내려 마신다. 나는 이 커피가, 오래된 도시 리우데자네이루의 루아도오비도르 같은 작은 보행도로 중 어느 한군데에서 처음 탄생했으리라 확신한다. 이러한 조그만 구멍가게에서는 담배와 성냥, 시가와 엽궐련, 복권, 껌과 사탕, 코카다스(빻은 코코넛과 설탕으로 만든 작은 케이크), 아스피린과 다른 대중적인 약품, 면도날 등을 판매한다. 냉장고를 열어 옛날식 아이스크림콘이나 컵을 꺼낼 수도 있다. 가게에서는 과일 주스 제조기도 흔히 볼 수 있다. 철망 바구니나 사발에는 아직 군데군데 푸른빛이 돌지만 시든 기색이 역력한 감귤이 20~30개 정도 담겨 있다. 그래도 하나 주문해서 먹어 보면, 이 과일들이 가장 맛있는 주스의 원료라는 사실을 실감하게 된다. 리우데자네이루나 상파울루의 작은 길거리 술집에서는 열대과일로 만든 수많은 종류의 주스를 판매한다. 카히피리냐가 이곳에서 최초로 제조되고 이름을 얻었다 해도 나는 놀라지 않을 것이다.

사실 카히피리냐는 길거리보다 호텔이나 가정집에서 먹는 실내용 술이다. 브라질인들은 손님 접대를 아주 좋아한다. 가족과 친구들 및 그 지인들과 한데 모여 음식과 술을 나누는 것이 이들의 낙이다. 그래서 브라질의 전형적인 중산층 부부는 손님 접대실이 하나쯤 달린 큰 집을 갖고 싶어 한다. 플랜테이션의 대저택은 여기에 딱 맞는 모델로 남아 있다. 이러한 집들은 한번 머문 사람들은 꼭 다시 찾을 정도로 무척이나 매력적이다.

당신이 사무실에서 하루 근무를 마친 후 3~4시 즈음에 이러한 집에 들어가면, 한 젊은 여자가 나타나 카히피리냐를 한잔 마시겠느냐고 묻고는 가져다 줄 것이다. 그녀는 오로지 이 일 때문에 적절한 순간에 등장했다가 사라진다. 그리고 그 술은 맛이 기가 막힐 것이다.

카히피리냐의 주성분은 흰 설탕, 라임 주스 그리고 까샤사이다. 까샤사는 축제나 민족 풍습에 사용되는 아주 독한 술이다.

리우데자네이루의 카니발에 사용할 의상과 꽃수레를 만들려면, 마음의 준비를 단단히 할 시간까지 포함해서 수개월이 걸린다. 이 기간에 '올해의 노래'가 선정되면, 카니발 개막을 앞둔 몇 주 동안 라디오와 텔레비전 방송국에서는 이 노래를 시도 때도 없이, 입에서 저절로 흘러나올 때까지 반복해서 틀어 준다. 이런 노래는 아주 단조롭고 빠른 행진곡 리듬을 사용하며, 가사 역시 단순하면서도 시사적인 주제를 담고 있다. 한 예로 어떤 해에는 이 나라의 아주 독한 술을 주제로 한 노래가 선정되었다.

당신들은 까샤사를 물이라고 믿지.
까샤사는 물이 아니야.
까샤사는 양조장에서 오고
물은 강물에서 오지.

까샤사의 역사는 식민지 시대로 거슬러 올라간다. 플랜테이션에서는 사탕수수에서 설탕을 추출한 후 ⌐ 찌꺼기를 농물과 노예들에게 주었다. 노예들은 섬유소와 설탕의 혼합물인 이 달콤한 찌꺼기를 며칠 동안 발효시킨 후 증류했다. 그러므로 까샤사는 정제되지 않은 럼주라고 할 수 있다. 이 술의 공식적인 포르투갈 이름은 품위 있게도 아과르디엔티이지만, 모두들 더 대중적인 이름 까샤사로 부르고 있다. 이 술이 바로 카히피리냐의 핵심 성분이다.

카히피리냐

- 나무 사발 안에 흰 설탕을 넣는다. 설탕의 양은 한 잔당 한 큰술으로 계산한다.
- 한 잔당 라임 한 개 반을 넣되 4등분하여 자른다.
- 이것을 나무절구에 으깨서 섬유질과 주스가 고루 섞이도록 하고 까샤사를 1인당 반 잔씩 넣는다.
- 잔에 담는다. 입맛에 따라 얼음을 으깨서 넣거나 라임 조각으로 장식을 해도 좋다.

주의: 이 술은 중독성이 있어 당신도 모르게 빠져들 수 있다!

개인적으로 나는 이 술을 두 잔 이상은 안 마시려 노력한다. 카히피리냐는 알코올을 굉장히 빠른 속도로 혈관과 뇌로 보낸다. 이 술은 독하고 금방 취하지만 아주 맛있다.

카히피리냐는 누가 뭐래도 브라질 사람들의 술이다. 이름만 봐도 전형적인 이 나라 술임을 알 수 있다. 브라질인들은 카히피리냐가 '국내'에서 처음 만들어졌다는 설에 동의한다. 브라질인들에게 '국내'란, 19세기 미국인들의 '프론티어'와 같은 의미이며 보통 상파울루 주를 가리킨다. 실제로 카히피리냐는 작은 도시를 뜻하는 카히피라에서 유래되었다. 음료의 이름 끝에 붙은 '-inho(a)'는 작은 것을 사랑스럽게 부르는 브라질식 접미사이다. 같은 의미에서 작은 컵에 든 커피는 카페징요라 하며, 어린아이와 애완동물은 아모르징요라 부른다. 카히피리냐의 미국식 이름은 아마 '밀주'나 '산골 럼주' 등이 될 것이다.

가장 아이러니한 점은, 가장 브라질다운 이 술이 전적으로 아시아에 그 기원을 두고 있다는 사실이다. 사탕수수가 아시아(폴리네시아가 가장 유력함)에서 왔고, 라임 역시 그렇다.

그러나 생산지가 전부는 아니다. 나는 카히피리냐를 홀짝일 때마다 브라질의 느낌을 음미한다.

이미지를 마시다

이제 행복한 시간을 뒤로 하고 아침 식사 이야기로 건너가 보자. 북아메리카 사람들과 라틴 아메리카 사람들이 생각하는 감귤 주스의 이미지를 비교할 수 있는 일화를 하나 소개하려 한다.

1962년 여름, 나와 아내 마틴은 유카탄을 향해서 멕시코시티 남부를 여행하고 있었다. 테우안테펙 지협으로 육지가 한껏 좁아드는 곳, 대서양과 태평양이 160킬로미터도 떨어지지 않은 곳인 코아트사코알코스에서 우리는 버스에서 내렸다. 꽤 늦은 시간인 새벽 1시 즈음이있는데도 어전히 아주 덥고 습도도 높았다. 우리 외에 다른 여행자 두 명도 버스에서 내렸는데, 뉴욕에서 신혼여행을 온 커플이었다. 우리는 다 함께 해먹이 있는 인근 여관으로 향했다.

매일 이른 아침 6시, 우리 부부는 어떤 규칙적인 소리에 잠을 깼다. 마치 벽난로에서 통나무가 쪼개지는 소리와 비슷했다. 그것은 바로 코코넛을 쪼개는 소리였다. 우리는 일어나서 막 쪼갠 코코넛과 다른 열대과일들을 기쁘게 먹었다. 얼마나 즐거웠는지 모른다!

그러다 보면 두 명의 뉴요커가 우리와 합류했다. 이들이 쏟아낸 불만은 한마디로 코미디였다. "이런, 커피가 없다니!"《뉴욕타임스》도 없네!" "베이컨과 달걀도 없어! 그리고 오렌지 주스도." 우리는 그 아침 식사가 얼마나 독특한 것인지, 그리고 더 나아가서 얼마나 정성과 격식을 갖춰 나온 것인지 납득시키려 애를 썼으나 별 효과가 없었다.

음식에 관한 한 우리는 습관의 피조물이다. 다시 말해 음식은 문화이며 문화는 제2의 천성이다. 음식 문화를 비교할 때 알 수 있는 것은, 심상心象이 깊은 영향을 미친다는 사실이다. 브라질인들이 스위스에 관해 그리는 이미지는, 20세기 이후 미국 북동부와 중서부에 살던 사람이 캘리포니아에 대해 떠올리는 이미지와 같은 것이다. 오렌지 주스는 단순한 음료수 이상이다. 앨버트 래스커의 슬로건 '오렌지를 마셔요' 또한 깊게 생각해 보면 온화하고 평화로운 곳, '신비한 캘리포니아를 조금 들이켜요'를 의미하는 것이었다. 음료수를 마시는 일은 문화를 흡수하는 행위와도 같은 셈이다.

한 문화의 일부가 된다는 것은, 매우 중요한 감정인 소속감이 생긴다는 것을 의미한다. 그러나 이것을 특권으로 생각하는 것은 너무 단순한 일이다. 다른 문화에 적대감을 품고 코코넛 우유에 무조건 반감을 가질 정도로, 문화의 맹목적 추종자 혹은 문외한이 되지 않을 방법은 무엇일까?

자신의 문화로부터 한 걸음 뒤로 물러나는 것, 이것이야말로 우리가 인류에 져야 할 의무이다. 이러한 태도를 키우려면 다른 문화에 마음을 열어야 하며, 최소한 다른 문화가 어떠한지 이해하려 노력해야 한다. 우리는 자신의 문화적 뿌리를 잃어버리지 않고도 다문화적 인간이 될 수 있다.

음식의 역사가 바로 이러한 관점을 제공한다. 우리는 아침에 오렌지 주스 한잔을 즐기지만 그것의 노예가 되지는 말아야 한다. 우리가 어떤 음식을 식탁에 올리게 된 것은 우연한 사건이 연속된 결과이다. 즉, 역사적 우연이다.

앞에서 오렌지 주스와 관련된 이미지에 대해 설명했던 이유는, 오렌지 주스가 소비자들에게 소개되고 지속적으로 사랑받기 위해서는 광고가 꼭 필요하기 때문이다. 광고란 한마디로 이미지를 마케팅하는 것이다.

앨버트 래스커의 아이디어에서 강점은 지금껏 존재한 적 없는 수요를 만들어 냈다는 점이다. 사회적 흐름을 읽었던 것이다. 오렌지 주스가 등장한 때는 점증하는 도시화로 단순한 생활이 사라진 시기였다. 이상화된 통나무집이나 중서부 농장 등에 대한 향수가 등장하고, 미국 중산층이 평균화되기 시작했다. 코카콜라 회사가 엄청나게 거대한 잠재적 시장을 인공 음료수로 잠식하려던 바로 그때에 앨버트 래스커는 존 도John Doe(평균적이고 전형적 미국인을 의미하는 가상의 이름)에게 천연 음료수를 제공했다. 썬키스트와 코카콜라 모두 모든 사람을 고객으로 만들고자 하는 기대에 부풀어 있었다.

물론 래스커가 20세기 전환기에 새로운 사회적 풍경을 인식하고 이를 마케팅 기회로 삼은 유일한 미국인은 아니었다. 토머스 에디슨, 조지 이스트먼, 그리고 조금 더 후에 등장한 헨리 포드 등의 개척자들 또한 이미지는 실제 상품보다 더 강력하다는 새로운 진리를 인식했다. 흔히 생각하는 것과는 반대로, 사업의 최고 목표는 이미지를 판매하는 것이다. 그런 의미에서 래스커가 썬키스트라는 상표로 함축해 놓은 것은 그 자체로 슬로건이라 할 수 있다.

현대 광고업은 20세기와 함께 탄생했다. 현대의 광고는 상품을 새로운 방식으로 확장시킨다. 오렌지 주스의 경우 매력적인 빛깔, 향내, 맛, 식감과 더불어 온갖 관념들이 덧붙여져 판매된다. 간단히 말해서, 건강보험과 열대 파라다이스에 대한 판타지가 결합한 것이다.

이번 장은 오렌지의 매력적인 맛으로 이야기를 시작했다. 오렌지는 치아로 깨물어 과즙이 입안 가득할 때만 새콤한 맛이 돌 뿐 그리 시지 않으며, 달지만 지나치게 달지는 않다. 과학은 주스의 맛에서도 이러한 기쁨을 느끼게 해 달라는 주문 받았고, 이를 승낙했다. 과학은 감귤 경작자들이 주스 생산을 최적화할 수 있도록 지원할 뿐 아니라 주스 판매를 돕기도 한다. 한 예로 1999년 10월 6일 《미국의학협회지Journal of the American Medical Association》는 오렌지 주스를 다른 야채와 함께 섭취하면 뇌졸중 예방에 효능이 있다고 분석한 어느 하버드 의대 팀의 보고서를 실었는데, 플로리다 주는 이 기회를 이용해 대대적인 미디어 캠페인을 시작했다. 그 결과 이 기사는 〈투데이쇼Today Show〉, CNN 뉴스, 폭스 뉴스 등에 소개되었으며, 400건 이상의 보도를 통해 청취자 약 125만 명에게 전달되었다. 이러한 대중 홍보는 1990년대 중반부터 현재까지 미국 오렌지 주스 소비량을 1인당 10퍼센트가량 증가시키는 데 도움이 되었다.

나는 이번 장을 부엌에서만이 아니라 비밀 잉크 제조 등의 다른 용도로도 많이 사용되는 레몬으로 끝맺으려 한다. 레몬을 이용한 요리 중에서도 카르파초는 단연 돋보인다. 화가 카르파초가 창안했으며, 그의 이름을 딴 이 음식에는 천재 화가의 손길 그 이상이 담겨 있다. 이 음식은 이탈리아식 샐러드라고 설명할 수 있는데, 양상추 잎을 얇게 저민 소의 생고기로 대체한 것이다.

카르파초

- 크고 평평한 접시에 올리브기름을 얇게 바른다. 순도 100퍼센트의 최상급 기름이어야 한다.
- 접시 표면 전체를 빻은 파르메산 치즈를 얹은 고기로 덮는다.
- 얇게 썬 레몬 조각 몇 개로 장식한다. 카르파초에 대한 경의를 표하기 위해 레몬을 괴상해 보이지 않는 선에서 예술적으로 얹는다.

카르파초를 즐기기 위해서는 포크에 고기 슬라이스를 한 점 올린 후 레몬 슬라이스를 얹어 먹어야 하는데 그래야 레몬의 과즙이 올리브 오일과 잘 섞인다. 이렇게 하면 간이 기가 막히게 잘 맞는다. 개인적으로 나는 페퍼밀(후추 빻는 기구-역주)을 들고 나타난 웨이터는 모두 돌려보낸다.

알맹이만큼이나
유용한 껍질

오렌지와 여자가 주는 것은 받아야 한다.
_스페인 속담

뉴욕에서 일하는 30대 중반의 건장한 바텐더 빌 윈스턴(가명)이 마침내 병원에 찾았을 때, 그는 엄청난 고통에 시달리고 있었다. 일을 마치면 윈스턴의 손은 언제나 벌겋게 달아올라 얼얼했고 간지럼이 시작됐다. 밤늦게 귀가해서 진정시키는 로션을 발랐지만 상태는 점점 악화됐다. 양손 모두 상처와 물집이 커져 갔다. 의사의 처방전 없이 다양한 종류의 국부 의약품을 써 봤지만 아무런 소용이 없었다. 윈스턴은 컬럼비아장로교병원 응급실에 도착한 후 즉시 피부과에 인계되었다.

피부과의 수석 의사와 의료진은 이 환자가 일할 때마다 짜야 하는 과일(오렌지, 레몬, 라임)의 과즙이 아니라 그 껍질에 알레르기를 유발하는 성분이 있다고 확신했다. 윈스턴은 코르티코이드를 처방받았고 일을 잠시 그만두라는 권고를 들었다. 몇 주가 지나 손의 상태는 아주 좋아졌고, 항원에 대한 민감도를 낮추자 일에도 복귀할 수 있게 되었다. 그러나 이후로는 의사들의 충고를 따라 언제나 수술용 장갑을 착용했다.

윈스턴이 보인 알레르기는 감귤의 껍질에 있는 화학물질 때문이었다. 바텐더들은 감귤 껍질에 반복적으로 노출될 수밖에 없다. 특히 여름에는 실외에서 칵테일을 만들고 햇빛 아래서 라임을 짜느라 엄지와 검지에 습진이 잘 발생한다. 이러한 접촉성 피부염은 햇빛과 자극성 화학물질의 결합이 원인이다. 통상적인 유발 물질로는 모두 테르펜과의 분자인 D-리모넨, 게라니올geraniol, 시트랄citral 등이 있다. 실제로 컬럼비아장로교병원의 의사들은 피부 패치 테스트를 통해 윈스턴이 게라니올과 시트랄에 반응한다는 사실을 확인했다.

감귤 껍질에는 수많은 화학물질들이 함유되어 있다. 바텐더가 감귤 껍질로 칵테일에 향을 내는 것과 마찬가지로 요리사는 감귤 껍질을 이용해 간단하게 음식의 향을 낼 수 있다. 그 밖에 향수 디자이너와 제조업자들도 감귤 껍질 분자를 높이 평가한다. 어쩌면 과육, 씨, 심지어는 주스보다도 껍질로 더 많은 돈을 벌 수 있을지도 모른다. 실제로 오렌지 주스 공장에서 버려지는 껍질들은 나중에 에센셜 오일을 추출하기 위해 조심스럽게 수거된다. 그렇다면 과일 껍질에는 왜 리모넨, 시트랄, 게라니올 같은 화학물질들이 함유되어 있을까? 이 물질들은 나무에서 어떻게 만들어지며, 어떤 면에서 우리에게 유용할까?

오렌지 껍질 속 화학공장

서양 속담에 '고양이 가죽을 벗기는 방법은 한 가지가 아니다'라는 말이 있다. 오렌지 껍질을 벗기는 데도 여러 방법이 있는데, 일종의 심리 테스트에 이용되기도 한다. 평균보다 게으른 사람들은 칼이나 손톱을 아무 생각 없이 번갈아 사용하며 껍질을 벗기는 데 일정한 패턴이 없다.

반대로 아주 깔끔하거나 강박관념이 있는 사람들은 오렌지 껍질을 훨씬 더 요령껏 깐다. 표면에 먼저 가로세로의 선을 그어 두는 경우도 있다. 오렌지 껍질 까기의 달인 수준에 오른 사람들도 간혹 있는데, 이들은 칼날을 비스듬히 세운 후 일정한 각도를 유지하여 한쪽 끝에서부터 다른 쪽 끝까지 나선형의 껍데기를 계속해서 벗겨 나간다. 이러한 나선형의 오렌지 껍질은 17세기 네덜란드 정물화에서 흔히 볼 수 있다. 화가들은 기교를 자랑하기 위해 극사실적인 트롱프뢰유trompe-l'œil(프랑스 말로 '눈속임'이라는 뜻으로, 2차원의 평면에 3차원적 묘사를 함으로써 시각적 착각을 불러일으키는 그림을 뜻한다-역주) 기법을 써서 오렌지를 묘사했다. 관객들은 진짜인지 확인하기 위해 껍질을 만지고 싶은 충동이 들 정도였다.

이제 작은 실험을 하나 해 보자. 어떤 감귤 품종이든 상관없다. 레몬, 라임, 오렌지, 그레이프프루트 등 아무 과일의 껍질 한 조각을 손으로 잡는다. 종이를 깔고 엄지와 검지로 껍질을 구부린다. 그 위에는 기름방울이 떨어지는데 이것이 바로 에센셜 오일이다. 현대의 전자공학과 정교한 도구를 이용하면 이 방울들이 어떻게 구성되었는지 밝힐 수 있다. 다시 말해, 이 오일 성분 주스에 어떤 화학물질이 들어 있는지 찾을 수 있다.

결과를 요약하자면 감귤 껍질에는 '보물'이 들어 있다. 안타깝게도 우리는 감귤에서 가장 가치 있는 부분인 껍질을 버림으로써 보물을 무시하고 있다. 그 보물이 은신해 있는 작은 분비조직은 조그마한 금광이라 할 수 있다. 이 보물이야 말로 '황금 사과'라 부를 수 있을 것이다. 오일 분비조직에서 분비되는 화학물질들은 풍부하고도 다양해서, 화학자들은 이것들을 수많은 값비싼 상품으로 변화시킨다.

수백 년 동안 감귤 껍질의 에센셜 오일은 아주 가치 있는 무역 품목이었다. 구성 성분을 분리하지도 않고 있는 그대로 사용했는데도 에센셜 오일은 향수로, 훨씬 더 후에는 오렌지 비터스orange bitters같은 향신료로, 그리고 가구나 나무 마루용 왁스 같은 일상용품으로 쓰였다.

오렌지 껍질에는 정확하게 어떤 성분이 함유되어 있을까? 오렌지의 구조는 감과의 다른 감귤 과일들과 동일하며 바늘구멍이 송송 뚫린 가죽 같은 껍질, 이른바 외과피가 있다. 각각의 구멍들은 오일 분비조직의 출구 역할을 하는데 크기는 0.3마이크로미터 정도로 아주 작다. 감귤 외과피에 있는 개개의 오일 분비조직은 하나의 화학공장이라 할 수 있다. 여기에서는 약 100개의 서로 다른 분자들이 생산되고 저장된다. 게다가 이러한 화학물질은 온도나 계절, 과일의 방어막 유무, 그리고 가장 중요하다할 수 있는 벌레의 특성 등, 공장의 상황에 따라 달라진다. 고도로 정교하고 다양한 성분의 에센셜 오일을 생산하는 오일 분비조직은 교향악단에 비유될 만하다.

비터스로 음식에 감귤을 입히다

감귤 껍질의 에센셜 오일은 전문 화학용어로 테르펜terpene이라고 한다. 테르펜은 '테레빈turpentine'과도 관계가 있는데 소나무에서 나오는 테레빈은 다양한 테르펜 분자들의 혼합물이다. 많은 식물들이 테르펜을 분비하는데 침엽수는 송진의 일부로 테르펜을 생산하며, 감귤의 꽃이나 잎 같은 다양한 조직의 분비액으로도 테르펜이 나온다.

테르펜의 종류는 수천 가지인 것으로 알려져 있다. 이러한 분자들이 모두 아이소프렌isoprene(천연고무는 아이소프렌의 중합물이다)이라는 하나의 구성물에서 만들어진다는 사실을 볼 때 테르펜의 증식력은 매우 놀랍다. 아이소프렌은 탄소 원자를 다섯 개 갖고 있다. 테르펜은 10, 15, 20개의 탄소원자를 포함하는 것으로 알려졌는데, 이는 각 식물에 존재하는 2, 3, 4개의 아이소프렌 구성단위가 중합한 결과이다. 앞에서 감귤 껍질 오일의 구성 요소로서 이미 설명한 리모넨, 게라니올, 시트랄은 모두 10-탄소 테르펜이다.

과학자들이 알려진 모든 테르펜의 구조를 입증했더라도, 그리고 식물이 어떻게 이들과 결합하는지 정확히 알아냈다 해도, 식물이 이 성분을 생산하는 이유는 여전히 명확하지 않다. 아마도 곤충의 공격을 막기 위한 것이 한 가지 이유일 것이다. 다른 이유들도 있겠지만, 아직은 밝혀지지 않았다.

우리는 평소에 마시는 음료수나 음식에서 감귤 껍질의 테르펜 향을 쉽게 맡을 수 있다. 또한 특별한 도구들을 이용하면 과일에서도 직접 테르펜 향을 맡을 수 있다. 레몬 강판이라는 기구는 일반적인 강판보다 구멍이 더 작고 들쭉날쭉하게 나 있는데, 껍질 조각을 음식 맛을 돋우는 향기로운 입자로 변환하는 데는 이 강판이 최고다. 이때 감귤 껍질은 살충제가 묻어 있을 가능성이 크므로 조심스레 닦아서 사용해야 한다.

또 다른 도구는 제스터이다. 이 칼의 날은 포크나 일반 나이프의 두께와 비슷하며 날 끝에 다섯 개의 구멍이 나란히 나 있다. 제스터는 감귤 열매의 바깥층 껍질에서 얇은 막을 벗겨낼 때 아주 유용하다. 나는 레몬 타르트 속을 만들 때 항상 제스터를 이용한다.

세 번째 도구는 감귤 스트리퍼라고도 하는 까넬레 나이프이다. V자 형의 날카로운 이가 나 있는 이 칼은 장식을 할 때나, 음료수와 패스트리에 향을 내기 위해 감귤 껍질을 4분의 1인치 폭으로 깎는 데 사용한다. 바텐더들은 술에 레몬이나 라임을 까서 넣을 때 까넬레 나이프를 일상적으로 이용한다.

음식에 감귤의 맛과 향을 첨가하는 또 다른 방법은 향신료 오렌지 비터스를 쓰는 것이다. 원래 비터스는 알코올과 감귤의 에센셜 오일을 혼합한 것이다. 제조법은 많지만 여러 영국 회사들은 세빌오렌지 껍질을 이용한다. 뉴올리언스 지역에서는 1865년 볼티모어에서 처음 제조된 페이쇼스 비터스Peychaud's Bitters와 애보트스에이지드 비터스Abbott's Aged Bitters를 쓴다.

개인적으로는 앙고스투라Angostura가 가장 유명한 비터스가 아닐까 한다. 이 비터스 조금이면 맨해튼 같은 칵테일(베르무트와 버번위스키를 1 대 2로 혼합해 얼음을 넣고 흔들어 먹는다)의 맛을 한층 높일 수 있다. 앙고스투라 비터스의 이름은 베네수엘라의 도시 앙고스투라에서 따온 것이지만 실제로 만들어진 곳은 미국 캘리포니아의 도시 트리니다드이다. 왜 이런 모순이 생겼는지 역사를 살펴보자. 이상주의자인 독일의 젊은 의사 요한 고트리브 벤자민 지거트Johann Gotlieb Benjamin Siegert는 1820년 베네수엘라로 갔다. 이곳에서 그는 라틴 아메리카의 해방을 위해 스페인 사람들과 투쟁하고 있던 시몬 볼리바르를 돕기로 결심했다. 볼리바르는 지거트를 앙고스투라 시 군인 병원의 의무감으로 임명했는데, 이 도시는 1846년에 시우다드볼리바르가 된다.

지거트는 틈이 날 때마다 다양한 허브를 혼합한 알코올 추출물(부피당 45퍼센트)을 만드는 실험을 했다. 이 제조법은 비밀로 남아 있다. 그는 1824년의 결과물에 '아마르고 아로마티코Amargo Aromatico'라는 이름을 붙였다. 1830년에는 이 제품을 영국에 수출하기 시작했고, 상업적 성공을 거두었다. 1850년경부터는 베네수엘라 육군의 자리를 그만두고 비터스를 생산하고 판매하는 데 전념했다.

1867년 아들 카를로스가 동업자가 되었고, 지거트가 죽은 후 카를로스의 동생 알프레도 역시 사업에 뛰어들었다. 베네수엘라에 독재자가 연이어 등장하고 폭력 사태가 심각해지자 카를로스와 알프레도는 이 나라를 떠나기로 결정했다. 이들은 트리니다드를 선택했고, 이곳에서 또 다른 동생 한 명이 합류했다. 지금까지도 앙고스투라 비터스는 트리니다드의 포트오브스페인에서 제조된다.

앙고스투라 비터스는 음운이 조화를 이룬 이름도 아름답지만, 또 한 가지 빼놓을 수 없는 것이 바로 매력적인 병이다. 이 작은 갈색 유리병은, 지나칠 정도로 큰 종이 상표만 빼면 약병과 거의 비슷하다. 전형적인 19세기 스타일의 디자인에 지거트의 화려한 서명이 새겨져 있으며, 다양한 수상 이력이 적혀 있다. 건강에 유익하며 특히 헛배 부르는 증상에 효과가 있다는 내용이 눈에 띈다. 상표는 유리병의 어깨 너머까지 온통 감싸는데 어깨 부분에서는 상표가 약간 구부러지게 된다. 작은 노란 뚜껑이 덮인 이 병은 괴상해 보이지만, 그래서 매력적이다.

베네수엘라에서 앙고스투라 비터스를 만든 것과 거의 동시에 유럽에서도 그 작용 원리가 발견되었다. 1828년 중부 프랑스 루아르 강가에 위치한 마을 앙제의 약제사인 르브레통Lebreton은 오렌지에서 고미질 성분을 추출했다고 보고했다. 그는 이를 헤스페리딘이라 이름 지었다. 당시는 아직 약사와 화학자라는 직업이 분리되지 않은 에덴동산 시기였다. 지거트와 동시대에 살았던 르브레통 역시 오렌지 비터스를 발견하는 데 분명히 참여했다. 그 과정에서 그는 용기 안에 분말이 종종 남아 있는 현상을 발견했다. 르브레통은 현미경으로 이 분말을 관찰하고 이렇게 설명했다. "지오드의 형태를 한 작은 물체로, 내부를 보면 이 작은 지오드의 주위에 일련의 크리스털이 자리하고 있는데, 그 끝이 중앙에서 서로 만난다."

르브레통의 비망록은 이 물질의 정체를 밝히는 데 큰 도움이 되었다. 르브레통은 이 추출된 물질에서 쓴맛이 난다고 확신했다. 그는 크리스털의 외형에 대해 반복해서 설명했으며, 이를 '젖꼭지 결정체une cristallisation mamelonnée'라고 불렀다. "젖꼭지 모양의 결정체로서, 작은 바늘의 형태를 띠는 각각의 돌기는 스스로 모여 서로 분리된 상태로 정렬하는데, 린네의 폴리아델피아 polyadelphia(스웨덴의 식물학자 카를로스 린네가 분류한 식물종-역주)에서 보이는 수술의 정렬 방식과는 다르게 (⋯⋯) 방사하면서도 갈라지는 결정체이다."

르브레통은 또한 그가 추출해 낸 물질이 인공적인 것이 아니고, 그가 사용한 알코올에 의해 과일의 어떤 요소가 변화된 결과일 것이라 믿었다. 그는 알코올이나 식초를 이용하여 감귤의 중과피(껍질 안쪽의 하얀 부분)에서 헤스페리딘을 추출하는 수많은 방법을 고안했다.

감귤의 향기를 결정짓는 물질들

오늘날 수많은 화학물질들 중에서도 가장 중요한 원료를 단하나만 꼽자면 감귤 껍질에서 추출한 리모넨을 들 수 있다. 식품과 화장품 산업에서 리모넨은 민트 향을 내는 원료로 이용되며, 제약 산업에서도 이것을 수많은 약품의 원료로서 사용한다. 그러나 리모넨은 단일 화학종이 아니다. 리모넨의 종류는 두 개인데, 이것들은 마치 사람의 양손처럼 서로에게 거울과 같은 존재이다. 이 둘을 각각 좌 리모넨과 우 리모넨으로 부르는 것이 개념적으로 정확할 것이다. 실제로 이들은 S-리모넨, R-리모넨으로 알려져 있다. 비유를 들자면, 서로를 거울처럼 비추는 아래의 두 단어를 보면 된다.

LIMONENE　　　ENENOMIL

단어는 선으로 이루어진 활자들이 연결되어 만들어진다. 마찬가지로 분자들은 3차원 공간에서 함께 모인 원자들로 구성되며, 2차원과 3차원의 정렬 형태 모두 거울상像을 갖는다. 각각의 '대칭'인 두 리모넨은 감귤 껍질에서 발견되므로 두 분자 모두 감귤 냄새가 나는 것은 놀라운 일이 아니다. 그러나 이들의 향은 서로 다르다. R-리모넨은 오렌지 향에 가까운 반면 S-리모넨은 레몬 냄새가 난다.

19세기 후반기 루이 파스퇴르가 발견한 대칭성은, 생명체에 존재하는 분자들의 특징적인 속성이다. 천연 상태에서 두 가지 리모넨이 모두 발생하는 것은 예외적인 일이며 일반적으로 하나의 동물, 혹은 하나의 식물에서 한 쌍 중 단 하나만 발견된다. 특히 R-리모넨은 감귤 생산 과정에서 부수적으로 산출되는 생산물로, 풍부하고 값이 싸기 때문에(킬로그램당 1.5달러 정도이다) 약품 분자와 같은 유기 분자의 합성 원료로 많이 쓰인다. 식품 산업에서도 리모넨은 선호되는 재료이며, 특히 음료수에 감귤 향을 낼 때 주로 사용한다.

향이 독특한 시트랄은 레몬 오일의 구성 성분이다(향을 감지할 수 있는 최소량이 0.04ppm이다). 감귤 껍질에는 시트랄이 다량 함유되어 있지 않기에 시트랄은 공업적으로 생산된다. 독일의 종합화학회사 바스프는 세계적인 주요 시트랄 공급업체이다. 이 회사는 라인 강의 우측 제방에 위치한 루트비히스하펜에 있으며, 이 회사의 공장은 연간 1만 메트릭톤(1000킬로그램을 1톤으로 하는 중량 단위-역주)의 생산 능력을 갖추고 있다. 시트랄을 음료수에 첨가해 레몬 향을 가미할 때는 문제가 하나 있는데, 이 화학물이 공기 중에서 너무 빨리 산화하여 향의 질이 떨어진다는 것이다. 그래서 시트랄 향의 음료수는 처음 생산되었을 때는 신선하지만, 갈

수록 향이 나빠진다.

감귤은 저마다 향이 독특하다. 그레이프프루트의 향은 레몬 향과 혼동할 일이 전혀 없으며, 탄제린 향은 오렌지의 향과 선명하게 구별된다. 모든 감귤 과일 향은, 껍질의 오일 분비조직에서 분비되는 에센셜 오일에 존재하는 화학물질들에서 발산된다. 십여 가지의 냄새는 하나의 향으로 녹아드는데, 우리는 이러한 구성 물질들 중에서 단 몇 가지, 대개는 한두 가지를 통해 냄새를 지각하게 된다. 왜 수많은 화학물질들 가운데 어떤 것은 다른 것들보다 더 큰 영향을 미칠까? 비록 이것들은 껍질의 오일에 존재하는 소량의 물질이지만, 그래서 때로는 ppm으로 측량해야 할 만큼 양이 적지만, 저마다 나름의 향기를 제공한다.

예를 들어 만다린의 향기는 티몰thymol, 메틸 에스터methyl ester 같은 N-메틸 안트라닐산N-methyl anthranilic acid, 감마-터르피넨gamma-terpinene, 그리고 알파-피넨alpha-pinene이 원인이다.

카보수Kabosu 사워오렌지의 향기는 거의 절대적으로 시트로넬랄citronellal에서 나온다. 이 화학물질을 물에서 160ppm으로 용해한 것이 바로 카보수 아로마이다. 또 다른 아시아 감귤인 휴가나츠Hyuganatsu는 옥탄올octanol과 리날로올linalool에 의해 향이 결정된다. 이 화학물질은 겨우 2ppm 농도의 희석 용액에서도 신선한 과일 향을 가득 풍긴다. 그레이프프루트의 향기는 1-p-멘틴-8-싸이올1-p-menthene-8-thiol과 누트카톤nootkatone에 의해 발산되며, 5퍼센드 정도의 에센셜 오일이면 충분하다. 식품과학자들이 유념해야 할 것은 향기 속 모든 휘발성 물질들을 측정하는 것이 아주 중요하다는 사실이다. 단지 수치로만 측정해서는 안 된다. 무시할 수 있을 만큼 작은 함량의 성분이 우리에게 기쁨을 주고, 마음을 안정시키며, 심지어 중독성을 발휘하는 냄새의 주원인일 수도 있기 때문이다.

감귤의 전반적인 향기는 사실 리모넨 때문이라고 말해도 과언이 아니다. 이 테르펜이 모든 감귤 껍질 표면에 존재하기도 하지만, 또 한 가지 이유는 인간의 후각이 이 물질에 아주 예민하게 반응하기 때문이다. 우리는 보통 10ppm부터 이 냄새를 감지한다. 어떤 제조업자들은 R-리모넨의 경우 0.21ppm, 리날로올은 더욱 강력해서 단지 0.0038ppm만 있어도 감지할 수 있다고 말한다.

감귤 껍질과 중과피의 경제적 가치는 순전히 그 안에 함유된 방향 물질들 때문인데, 그것이야말로 이 황금 과일의 '금'이라 할 수 있다.

마음을 들뜨게 하는 감귤 향수

BC 310년 그리스 철학자 테오파라스투스가 기록한 바에 따르면, 당시 사람들은 옷 사이에 감귤을 둠으로써 방향을 하고 좀을 예방했다고 한다. 그 후에도 중세 후기와 르네상스 시대에는 남녀 모두 악취와 탁한 공기를 없애기 위해 포맨더(향이 좋은 말린 꽃과 나뭇잎 등을 넣은 통-역주)를 몸에 걸치고 다녔다. 원래 포맨더는 사과 혹은 오렌지를 정향이나 다른 향료들과 함께 고정한 형태였다. 나중에는 비슷한 방향 물질들을 작고 둥글게 패인 함에 넣어 목에 두르거나, 벨트에 장신구로 매달곤 했다. 포맨더라는 말은 프랑스어 폼므 암브레Pomme d'ambre, 즉 '호박 사과'에서 유래한 것으로 여기서 호박은 화석 수지가 아니라 향수의 성분인 용연향을 지칭하는 것이다. 엘리자베스와 제임스 1세 시대 즈음에는 포맨더가 크리스마스와 새해에 옷에 걸치는 전통적 장식이 되었다. 영국의 극작가 벤 존슨이 쓴 크리스마스 가면극에는 이러한 내용이 나온다. "그는 오렌지와 로즈마리를 걸쳤지만, 거기에 정향을 꽂지는 않았다." '처녀 여왕' 엘리자베스는 항상 포맨더를 걸치고 있었다.

포맨더는 보석이나 상아, 혹은 (17세기 후반이나 18세기에는) 자기 등으로 장식한 황금, 은, 에나멜로 제작했다. 그 모양은 오렌지를 닮았으며, 오렌지처럼 속을 비웠다. 적어도 십여 가지 다양한 종류의 감귤 열매 껍질이 향수의 주요한 원재료로 계속 이용되고 있다. 비터오렌지 오일은 거의 여문 비터오렌지에서 짜낸다. 베르가모트에서 나는 에센셜 오일 역시 그 껍질을 냉·압착해 추출한 것이다. 레몬, 만다린, 스위트오렌지, 핑크그레이프프루트, 기타 등등에서 추출하는 에센셜 오일도 마찬가지다.

다시 비터오렌지 이야기로 돌아가면, 이 품종은 향수 제조업자들에게는 귀중한 보석과도 같다. 네롤리 오일은 봄에 갓 뽑아낸 비터오렌지 꽃을 증류하여 만든 것인 반면, 페티트그레인 오일은 새싹이나 가지, 신선한 잎을 증류한 것이다. 페티트그레인은 '작은 낟알'을 의미하는 프랑스 단어인데 실제로 이 오일의 원재료인 비터오렌지는 덜 여물고 단단한 녹색의 열매로 낟알을 닮았다.

네롤리는 매우 비싼 반면 페티트그레인은 좀더 쉽게 얻을 수 있다. 네롤리 오일의 가장 보편적인 혼합물 중 하나가 페티트그레인 오일이기 때문이다. 이것은 소태나무와 비슷한 향을 풍기는데, 향수 제조업자의 훈련된 후각으로는 쉽게 구별할 수 있다. 네롤리 오일은 희석하여 사용하거나 아니면 포르투갈 네롤리로 대체할 수도 있다. 포르투갈 네롤리는 스위트오렌지 나무에 피는 풍성한 꽃으로 증류하는데, 향이 덜 진한 오일을 만드는 데 쓰인다.

이 세 가지 에센셜 오일(비터오렌지, 네롤리, 페티트그레인)들은 방향 산업에 널리 이용된다. 1990년 향수 구성 물질을 공식적인 일곱 개 항목으로 분류하는 작업이 진행됐는데, 감귤 오일은 헤스페리데스에 속하게 되었다. 이 오일들은 퍼퓸, 콜로뉴, 오드트왈렛 속에 함유되어 신선하고 상쾌하며 마음을 들뜨게 하는 향기를 발산한다.

영단어 'expression'은 말로 표현한다는 의미이자, 감귤 껍질에서 에센셜 오일을 추출하는 과정을 뜻한다. 'expression'은 '짜내기'라는 뜻을 가진 라틴어 동사 'expremere'에서 나왔다. 그래서 감귤 껍질에서 나는 수많은 에센셜 오일을 짜는 작업을 말할 때 이 단어를 쓰는 것이다. 피부학자들이 사용하는 '바텐더 신드롬'이라는 용어가 주로 손에 영향을 미치는 접촉성 피부염을 가리킨다면, '작가 신드롬'은 입과 펜(혹은 워드프로세서)에 영향을 미치는 증상일 것이다. 이러한 증상에 시달리는 사람들은 사전, 풍부하고 복잡한 단어들, 하나의 단어에 담긴 다양한 의미에 탐닉한다. 그렇다면 훌륭한 글이란 감귤의 향내를 들이마시는 것처럼, 단순한 단어들에서 문장에 멋을 더할 향기를 뽑아내는 것이라고 할 수 있지 않을까?

Part 3

언어와 예술의
즙을 추출하기

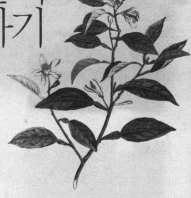

언어에 스며든
감귤

진열해 둔 오렌지처럼 눈에 잘 띈다.
_아르헨티나에서 일상적으로 사용하는 문구

한 해의 특별한 날이 되면 오렌지색 옷을 입고 의식을 행하는
이들이 있다.

먼저, 네덜란드 축구팀을 응원하는 팬들은 국제 경기가 열릴
때마다 오렌지색의 티셔츠를 입는다. 승용차와 버스에도 오렌지
색 패널, 간판, 깃발 등을 달아 장식한다. 오렌지색은 그 자체로
국가대표팀에 대한 열성을 의미한다.

한편 북아일랜드에서는 가톨릭에 저항하고 얼스터와 아일랜
드 공화국의 통합에 반대하는 프로테스탄트 통합주의자 투사들
을 오렌지맨이라고 적절하게 이름 붙였다. 이들은 영국 국왕 오
렌지 공公 윌리엄 3세가 1690년 제임스 2세를 상대로 보인 전투
에서 승리를 거둔 것을 기념하여, 벨파스트와 린딘데리 거리에
서 도전적이고 화려한 행진을 거행한다.

미국에서는 프린스턴대학의 동문들이 학기 말 주말에 열리는

동창회 기간 동안 이 학교의 고유 색인 오렌지색과 검정색의 축제 의상을 입는다. 이들은 또한 피레이드P-rade라고 부르는 퍼레이드도 거행한다.

이러한 사회적 의식들은 공통적으로, 동음이의 단어놀이라는 역사적 기원을 가진다. 네덜란드의 지배 가문은 오렌지나소 Orange and Nassau 가문이었다. 중세 시대 이들은 아비뇽에서 멀지 않은 남부 프랑스의 오렌지라는 작은 공국을 소유했는데, 여기에서 가문의 이름이 비롯되었다. 켈트식 지명을 쓰던 이곳의 도시는 현재까지도 오렌지라 부른다. 이 지역과 운 좋게도 이름이 맞아떨어지는 오렌지 과일이 이곳에 들어오자, 오렌지나소 가문은 오렌지색을 가문의 공식 색상으로 선택했다. 앞서 이야기한 바처럼 이 과일의 이름은 켈트에서 기원한 것이 아니라 아랍에서 비롯된 것이다. 하지만 오렌지라는 공통의 이름 덕에, 네덜란드 왕실 가문과 오렌지 색상은 지속적으로 결합할 수 있었다.

다양한 이름과 표현 속 감귤

이번 장에서는 여러 단어나 이야기에 포함된 감귤에 대해 말할 것이다. 일반적으로 이름을 짓는다는 것은 무언가를 선택하는 것이고, 이 말은 곧 또 다른 무언가를 배제하는 것을 의미한다. 새 이름을 생각해 보라. '홍관조'라는 새의 이름은, 이 새(수 컷)의 색과 관련 있는 것이지 크기나 식습관과는 상관이 없다. 로드러너roadrunner(뻐꾸기과에 속하는 조류. 날지는 못하지만 날개를 파닥거려 점프하듯이 달리기를 하는데 그 속도가 매우 빠르다-역주)는 이 새가 땅에서 움직이는 모습을 보고 이름 붙인 것이며, 딱따구리woodpecker는 파헤치는 습성 때문에 이런 이름이 붙었다. 그러므로 무언가에 이름을 붙이는 것은 수많은 것들 중에서 한 가지 흔적을 추출해 내는 일이라 할 수 있다.

그러나 함정이 하나 있다. 동일한 대상이 다른 이름 여러 개를 가질 수 있다는 점이다. 영어를 비롯한 모든 언어에는 속어, 유아어, 전문 용어 등 하위 언어들이 기생하고 있다. 그러나 활발한 순환을 통해 이러한 다양한 변종들은 단일 언어로 연결된다. 감귤 씨앗을 예로 들어보자. '씨앗' 그 자체는 일상 언어와 과학 언어의 경계에 있는 단어이다.

부모들은 두 가지 종류의 언어, 즉 신성한 언어와 불경한 언어, 혹은 깨끗한 단어와 더러운 단어에 대한 나름의 신념을 가지고 아이들을 세뇌한다. 이것은 당찮은 일이다. 탄제린의 껍질을 벗기고 과육에서 씨를 제거해 보라. 이 씨의 다른 이름이 무엇인가? 영어로는 'pip'이다. 그렇다면 pip는 어디에서 유래한 단어인가? 이것은 바른 말인가 아니면 불경한 말인가?

사전에 그 해답이 있다. pip는 'pippin'의 준말이다. pippin은 1066년 이후 프랑스에서 기원한 수많은 영단어 중 하나이다. 프랑스어로 감귤 씨는 pépin이며, pepin은 다시 라틴어에서 온 것이다. 라틴어로 pipinna는 어린 소년의 성기를 이르는 말로, 겹친 'p' 소리는 소년의 고추가 자그마함을 강조하는 것이다. 프랑스어, 영어, 그리고 다른 많은 언어에도 이 신체 기관을 묘사하는 관련된 단어들은 너 있다. 예를 들어, 'penis'와 'pips'는 어원이 같다. 결국 오렌지 씨 'pip'는 어이없게도 아이의 고추를 연상시킨다는 이유에서 붙여진 이름인 것이다. 프랑스어 pépin으로 다시 돌아와 보면, '어려움을 당하다'라는 프랑스어 표현은 'avoir un pépin'이다(문자 그대로 해석하자면 'pip를 갖는다'는 말로, 싸우고 있는 상대방의 중요 부위가 아주 작고 하찮다는 뜻의 로마 욕과는 완전히 의미가 다르다).

이름이 만들어지는 방향 또한 달라질 수 있다. 여성의 가슴을 그레이프프루트, 레몬이나 오렌지에 비유하는 것처럼, 감귤이 신체의 일부를 의미하는 경우도 있다. 안달루시아의 화가 훌리오 로메로 데 토레스의 선정적인 작품 〈오렌지와 레몬Naranjas y limones〉은 벌거벗은 한 여성이 오렌지 몇 개를 가슴 가까이 들고 있는 모습을 그린 것이다.

감귤은 즙을 짜 내는 행위에도 은유가 숨어 있다. 제1차 세계 대전이 끝난 후인 1918년 11월 11일, 연합국은 독일을 상대로 전쟁 보상금 지급을 요구했다. 베르사유 조약에는 패전국이 프랑스와 영국 등 승전국에 거액의 돈을 지급하도록 하는 조항이 만들어졌다. 우리가 익히 알고 있듯이, 독일에 이런 식의 굴욕감을 안겨 준 결과 경제적 대격변으로 바이마르 공화국이 붕괴되고 국가 사회주의가 득세하게 되었다. 그 후 재무장, 히틀러, 그리고 제3제국의 무시무시한 등장과 몰락이 계속 이어졌다.

영국과 프랑스는 이런 결과를 전혀 예상하지 못한 채, 독일을 무릎 꿇리고 가난하게 만드는 영예를 누리고 싶어 했다. 그들은 독일의 피를 뽑아 숨을 끊어 놓고, 다 쥐어짜서 버린 레몬으로 만들려 했던 것이다. 나는 못쓰게 된 차를 의미하는 속어로 '레몬'이라는 단어를 쓰기 시작한 계기가 바로 이 사건이라고 믿는다.

영국의 정치가 에릭 게디스(1875~1937) 경이 전쟁 후 딱 한 달만인 1918년 10월 10일, 영국의 케임브리지에서 행한 강경한 연설 여러 군데에 그 증거가 남아 있다.

독일인들은 이 정부가 복구되면 한 푼도 남김없이 지불해야 합니다. 레몬을 짜듯 이들을 찍소리 못하게 쥐어짜야 합니다. 단 하나 걱정되는 것은 우리가 충분히 짜낼 수 있는가가 아니라 그들에게 과즙이 충분한가 하는 점입니다.

포르투갈과 브라질의 서로 다른 오렌지색

감귤의 색상은 밝은색 천연 염료와 안료로 만들어지는데, 우리는 여기에 다양한 이름을 붙인다. 나는 동장군이 야심한 밤을 이용해 온 세상에 물감 칠을 할 때면 뉴잉글랜드에 가곤 한다. 최근 떠난 가을 여행에서는 남부 뉴햄프셔의 더럼과 포츠머스 지역을 다녀왔다. 단풍 들 때라고 착각한 나무들은 갑자기 붉게 물들어 있었다. 표준적인 녹색의 기준이 되는 상록수와 함께 참나무, 단풍나무, 자작나무, 물푸레나무, 버드나무, 플라타너스 등 모든 나무들이 《내셔널 지오그래픽》 화보에 실어도 좋을 만큼 아름다운 자태를 뽐냈다.

가을 나뭇잎의 선명한 색상은 감귤 외에도 당근이나 토마토 등 다른 많은 채소에 함유되어 있는 색소 카로티노이드와 안토시아닌 때문이다. 어떤 나무들은 여전히 연녹색을 띠지만 또 다른 나무들은 계절에 걸맞은 레몬 색 옷을 입는다. 탄제린 색이나 밝은 오렌지색을 한 나무도 보이며, 황갈색 금귤의 빛깔을 한 것들도 있다.

언어는 살아 움직이는 실체다. 언어는 새로운 단어들로 계속해서 살을 찌워 나가며 그 과정에서도 핵심 언어들은 유지된다. 완전히 고착되거나 불변하는 것은 아니지만, 핵심 언어의 변화는 수백 년에 걸쳐 일어난다.

색깔의 명칭이 한 가지 예이다. 색의 이름은 대부분 엘리자베스 시대 때 이미 정해져 있었다. 셰익스피어 작품에 나오는 색 이름이 우리에게도 친숙한 것으로 볼 때, 그 명칭은 어느 정도 일정하게 유지되고 있다고 볼 수 있다. 1850년대 화학 및 염색 산업이 발달하면서 새로운 색 수천 가지를 만들어 냈지만, 그러한 인공 상품의 명칭 중에서 일상적 언어가 된 것은 거의 없다. 화가나 인쇄업자, 식품 컬러리스트, 화장품업자 등 전문가들의 영역에서나 사용될 따름이다.

색의 이름에 대해서만큼은 갈릴레오, 데카르트, 뉴턴의 신新 과학 이전에 유행했던, 자연과 세계에 관한 백과사전적 관점이 지금까지도 계속해서 구체화되고 있다. 이러한 관점은 분석적이기보다는 묘사적이고, 추론과 수사학에 의지하며, 부분이 전체를 대표하는 제유법을 따른다. 적어도 근대 초까지 자연사는 보석, 화려한 꽃, 식용 과일, 이국적 나무, 야생 동물 등 자연의 경이로움을 보여 주는 하나의 목록이었다. 터키옥 색, 군청색, 에메랄드 색, 자수정 색 등은 모두 보석류나 준보석류 광물에서 따온 이름이다. 널리 알려진 꽃들 가운데는 백합, 벚꽃, 라일락, 바이올렛, 장미 등에서 색의 이름이 나왔다. 카민(암적색), 코치닐(선홍색), 옥스블러드(검붉은색), 퍼플(보라색) 등은 모두 동물에서 비롯된 이름이며, 에보니(흑색)와 마호가니(적갈색)는 나무에서 유래한 것이다. 특히 다양한 종류의 과일들은 색 이름에 풍부한 원천이 되었다. 라임그린, 애플그린, 체리레드 등은 식물과 다양한 색상이 결합한 이름이다. 어떤 색들은 과일의 이름을 직접 따오기도 한다. 살구 색, 밤색, 복숭아 색, 레몬 색, 그리고 마지막으로 가장 중요한 오렌지색등이 이러한 사례에 포함된다.

　오렌지색은 자민족 우월주의를 나타내며, 은연중에 남반구 국가들을 낮추어 평가하는 경향을 내포한다. 여기에 대해서는 설명이 조금 필요하다. 미국식 영어와 영국식 영어가 단어와 철자법에서 약간 차이가 나는 것처럼 포르투갈어도 브라질과 포르투갈에서 각각 조금씩 다르게 쓰인다. 포르투갈에서는 약 1000만 명이, 브라질에서는 약 1억 7000만 명이 이 언어를 사용한다.

　포르투갈인들은 자신의 언어가 더 현대적이라고 은근히 자랑스러워한다. 실제로 브라질인들은, 퀘벡에서 사용하는 프랑스어가 그렇듯이, 상당히 많은 고어古語적 말투를 식민 시대부터 쓰고 있으며 발음도 예스럽다. 일례로 포르투갈 사람들은 오렌지색을 그냥 '라란자laranja(오렌지)'라고 이름 붙인 반면 브라질 용법으로는 '코르데라란자cor-de-laranja(혹은 cor de laranja라고 한다. 정확한 철자법은 약간 논쟁의 여지가 있다)'라고 하는데 이는 '오렌지색'이라는 뜻이다.

　양쪽 모두 그럴듯하다. 그러나 두 나라에서 나는 이 과일의 진짜 색이 무엇인가에 대해서는 논란의 여지가 있다. 겨울철과 여름철이 뚜렷하게 구별되는 유럽 국가인 포르투갈에서 오렌지는 말 그대로 오렌지색이다. 이곳의 오렌지 껍질에는 카로티노이드가 함유되어 있는데, 이것은 가을 나뭇잎이나 당근의 색을 내는 분자와 똑같은 종류의 물질이다. 그래서 포르투갈에서 '라 란자'라는 단어는 나무에 흔히 달려 있는 오렌지 과일의 색을 의미한다.

한편 적도와 남회귀선을 모두 가로지르는 거대한 남반구 국가 브라질에서는 여문 오렌지조차 녹색을 띤다. 대부분의 지역, 특히 브라질산 감귤이 대량 생산되는 곳인 상파울루 주는 계절의 구분이 없기 때문에, 카로티노이드가 녹색 클로로필을 압도하는 가을의 징후가 과일에 나타나지 않는다. 브라질의 오렌지는 한껏 익은 상태에서 노란 점이 몇 개씩 보이는데, 이는 녹색 클로로필과 노랗고 붉은 카로티노이드 사이의 균형이 변화하기 시작하면서 나타나는 현상이다. 그래서 브라질에서는 부모가 아이들에게 언어를 가르칠 때 '코르데라란자'라는 단어를 당근(포르투갈어로 cenoura) 색이라고 표현하는 경우가 많다.

추억이 깃든 '오렌지 농장 거리'

이제 색 이름은 뒤로 하고 장소의 이름, 즉 지명으로 화제를 돌려 보자. 어떤 대상의 이름을 그것이 기원한 장소를 지칭하여 짓는 경우도 꽤 많다. 보르도, 부르고뉴, 혹은 더 지역적인 색을 띠는 뫼르소, 주브레샹베르탱 등의 와인 이름도 그런 예이며, 감귤을 건조해 만든 혼성주 큐라소나 역시 감귤을 재료로 하는 알코올 추출물 앙고스투라, 그 외에도 디종 머스터드를 비롯한 다양한 식료품들이 여기에 해당한다. 오렌지는 처음 작가 테오프라스투스를 통해 페르시아 사과, 혹은 메디안 사과로 알려졌다. 고대였던 당시 메디아는 현재 이란의 북서부 구석에 위치하고 있었다.

그 반대의 경우 또한 존재한다. 상당히 많은 지역들이 그 지역에 유치한 오렌지 농원을 따 이름을 지었다(예를 들어 미국에는 수많은 오렌지 카운티들이 있다).

라란제이라스는 리우데자네이루에 있는 한 구역의 이름이다. 이름은 리우데자네이루의 다른 해변만큼 유명하지 않지만, 이 도시의 중심가에 위치하고 있다. 뮤니서펄시어터와 아벤디아리우브랑코 지역에서 차를 타고 코파카바나 해변으로 향하다 보면 모로다글로리아 언덕을 지나 오른쪽에 루아다스라란제이라스, 즉 '오렌지 농장 거리'에 다다르게 된다.

내가 리우데자네이루에 살 때, 즉 카리오카(리우데자네이루 주민을 일컫는 말)였을 때, 라란제이라스는 유명한 쇼핑가였지만 아벤디아리우브랑코를 따라 서 있는 사무 빌딩 지역, 해변을 따라 늘어선 주거지역, 혹은 파웅데아수카르(막대 설탕이라는 뜻) 기지 근처의 주거지역들보다 사회적 위치나 명성은 훨씬 낮았다. 당시 리우데자데이루에는 전차와 미니버스, 두 가지 형태의 대중교통수단이 있었다. 로타코에스라 부르는 미니버스는 8~10명 정도의 인원이 탈 수 있는 크기로, 승객들이 원하는 곳에서 서는 대중 택시였다. 이 미니버스가 이파네마와 레브롱 해변을 출발해 코파카바나를 거쳐 도심으로 들어가는 길을 따라 달리는 모습을 많이 볼 수 있었다. 전차는 본데스라고 하는데, 샌프란시스코의 케이블카와 비슷했다. 여성과 이린이이들은 안쪽에 있는 나무 의자에 앉고 남자와 청소년들은 바깥쪽에 서서 가는데, 차량 전체를 가로지르는 나무 계단이 있어 승객들이 여기에 올라타서는 손잡이를 잡거나 서로를 붙잡았다. 아주 재미있고 인상적인 광경이었다. 몇몇 전차의 경로는 루아다스라란제이라스를 따라 나 있었다. 나는 그중 하나를 타고서 매일같이 루시우 프랑코브라 실레이로라는 프랑스 학교를 다녔다.

라란제이라스 지역은, 한때 교외의 오렌지 농원으로 이어졌던 도로 루아다스라란제이라스의 이름을 따서 붙인 것이다. 내 기억으로 오렌지 농장들은 개펄과 코르코바도 산비탈 사이 지역에 있었으며, 산 위에는 거대한 크기의 지독하게 못생긴 콘크리트 그리스도가 양팔을 벌리고 서 있었다. 지금 이 조각상은 현대적 도시 리우데자네이루 전체를 압도하고 있다.

감귤을
노래하다

수녀들은 그레이프프루트 안에서 노래했지.
_페데리코 가르시아 로르카

이름을 짓는다는 것은 대상의 단일한 측면을 선택하는 것이
지만, 전문 용어나 과학 용어를 제외하고는, 특정 단어가 단일한
의미만을 지니도록 바꿀 수 있는 것은 아니다. 즉, 말과 사물이
대응해 하나의 의미만을 갖게 되는 것은 아니어서 최소한 다의
성을 갖는다. 심지어 아코디언처럼 활짝 열려 있는 경우도 있다.
시는 단어의 공명 위에서, 단어의 다양한 의미 위에서 건축된다.

시에는 가끔 말장난이 끼어들기도 한다. 가벼운 시는 익살맞
은 언사를 사용하며, 심각한 시도 말장난을 꼭 배제하지는 않는
다. 오히려 말장난은 시의 의미를 더욱 깊게 만든다.

카피라이터들은 말장난으로 유머러스한 구절을 창조하곤 하
며, 언론인들 역시 사람들의 이목을 끌기 위해 말장난을 이용한
다. 예를 들어 축구를 전문으로 하는 프랑스의 스포츠 잡지 《플
라네트 풋Planète Foot》은 1998년 월드컵 경기 당시 오렌지색 유

니폼을 입은 네덜란드 국가대표팀과 즐거워하는 관중들을 가리켜 '오렌지들의 한바탕 축제Des oranges à déguster sans modération'라는 기사 제목을 붙였다. 이 제목은 '적당히 소모하라Consommet avec modération'라는 구절과도 묘하게 맞아떨어진다.

시인들이 노래한 감귤의 이국적 아름다움

시인들은 종종 비슷한 소리가 나는 단어들을 결합한다. 예를 들어 괴테(1749~1832)는 두 개의 독일어 단어 'blühn(꽃이 피다)'과 'glühn(빛나다)'으로 운율을 맞추었다. 언어학자는 이를 가리켜 최소 대립쌍이라 한다. 괴테의 소설《빌헬름 마이스터Wilhelm Meister》속 유명한 시 〈그 나라를 아시나요?Kennst du das Land?〉에서 그는 이렇게 말한다.

레몬 나무 꽃이 피는 그 나라를 아시나요
그곳에선 거뭇한 잎 한가운데 황금 오렌지가 빛나지요……

이 시를 쓰기 얼마 전인 1786년 괴테는 이탈리아를 여행했다. 시에는 그곳에서 목격한 이채로운 레몬과 오렌지의 이야기와 이탈리아에 대한 애정이 드러난다. 이 독일 작가는 네덜란드와 플랑드르 화가들, 이를테면 피터르 브뤼헐(1525~1569)처럼 북유럽에서 지중해로 갔던 초기 여행자들의 발자국을 뒤쫓았다(브뤼헐의 작품 〈이카루스의 추락The Fall of Icarus〉은 이탈리아의 바다 풍경을 생각나게 만든다). 디종의회의 의장을 지낸 샤를 드 브로스(1709~1777) 같은 작가들도 이곳을 찾았다.

괴테의 《파우스트Faust》를 번역한 프랑스의 시인이자 소설가 제라드 드 네르발(1808~1855) 역시 나폴리 항의 풍경과 냄새에 매료되었다. 그의 작품 《환상시집Chimères》에는 그 내용이 잘 드러나 있다. 마찬가지로 알프레드 드 뮈세(1810~1857)는 〈9월의 밤La Nuit de september〉에서 제노아 항구와 그곳의 레몬 농원을 묘사했다.

영국 시인들도 감귤 나무와 과일의 이국적 함의를 표현했다. 바이런은 시 〈섬The Island〉에서 완벽한 음조로 항해와 항해자들의 고통, 폭동, 그리고 바다의 시련에 대해 읊는 한편 남쪽 바다와 그곳에서 발견한 이국 과일에 대해서도 말했다. 시인은 비할데 없이 달콤한 맛을 이렇게 읊었다.

그의 바싹 마른 입 안으로 촉촉한 왕귤을 가져가네,
목마른 자의 깊고 쓴 건조함이 느껴지는 입으로.

머나먼 곳에서 온 왕귤은 키플링 같은 대영제국의 열렬 지지자들에게 매력적이지 않을 수가 없었다. 그의 사랑스러운 작품 〈세 선장의 시Rhyme of the Three Captains〉(1890)에는 'frail'이라는 단어가 등장하는데, 이것은 무화과와 건포도 등 태양이 내리쬐는 이국적 기후에서 자라는 각종 과일을 담는 커다란 바구니의 이름이다.

그는 왕귤 바구니와 덜 자란 녹색 소나무의 껍질을 벗겨냈다

스페인 시인 안토니오 마차도(1875~1939)는 그의 작품집《갤러리Galerias》에 수록한 시에서 자신의 어린 시절을 떠올리며, 바람에 비눗방울이 터지던 기억을 떠올린다. 또 다른 추억 하나는 '꽃이 만발한 레몬 나무'이다.

한편 동시대 남아프리카 시인 돈 맥레넌은 강력한 직유법으로 차분하지만 감각적인 표현을 찾아냈다.

겨울 햇빛, 오렌지 조각처럼 깨끗하다.
돌 담장이 바람을 깨트린다.

페데리코 가르시아 로르카(1899~1936)는 초현실주의적인 시〈가지 안의 왈츠Vals en las ramas〉에서 한 단계 더 나아갔다. 그는 운율에 의지해 시를 썼는데, 이제는 소리가 의미를 압도한다.

수녀들은
그레이프프루트 안에서 노래했지.

로르카는 또한 〈열매 맺지 못하는 오렌지 나무의 노래Cancion del naranjo seco〉에서 영감을 잃어버린 작가의 고통을 결실을 맺지 못하는 메마른 오렌지 나무에 비유했다.

열매 맺지 못하는 자신을 바라보는
시련에서 나를 해방시켜 주오.

헤스페리데스 정원의 황금 과일을 향한 괴테의 경이로움에 종지부를 찍은 사람은 그리스 시인 오디세우스 엘리티스(1911~1996)이다. 그는 〈코린트의 태양 마시기Drinking Corinthian Sun〉에서 이렇게 말한다.

바람의 무성한 잎 속으로 내 손을 밀어 넣는다
레몬 나무는 여름 꽃가루를 뿌린다.

삶과 죽음, 환상과 실재를 말하다

시는 성스러움을 간직할 때 격언이나 주문이 될 수 있다. 제의적인 표현과는 대비되는 산문이나 세속적인 언어로 눈을 돌려보면 민간 지혜 속에서도 시를 발견할 수가 있다. 제임스 조이스의 작품《피네간의 경야Finnegans Wake》에는 축제에 얽힌 일화들, 사람들의 환호, "엄청난 환희, 아우성, 비명을 지르며 마치 포멜로 위에 헝겊을 댄 것처럼 분명하게" 춤추는 모습이 묘사되어 있다. 조이스가 창조한 위의 구절은 속담과도 같이 두운으로 마무리되는 구조를 하고 있다.

월리스 스티븐스(1879~1955)는 아주 뛰어난 감귤 시인으로 기억된다. 그의 최고의 시 가운데 하나인 〈일요일 아침Sunday Morning〉은 현대사회에서 누구나 한번쯤 품는 단순한 삶에 대한 갈망과 그리움을 황홀하게 그려 낸다. 우리는 이 지구에 안착하여 소속감을 느끼길 원한다. 간단히 말해 우리는 이교 신들과 재결합을 갈구한다.

이 시는 가정의 편안함과 즐거움에 대한 이미지로 시작된다.

목욕가운의 편안함, 그리고
양지바른 의자에서 먹는 늦은 커피와 오렌지

그러나 이 첫 번째 연(이 시는 1914~1915년에 쓰인 운율이 없는 120행
의 5보격 시로서 8연으로 구성되어 있다)은 죽음에 대한 환기로 치닫는다.
스티븐스는 오렌지의 이미지를 회상하면서 갑작스럽게도 그것
을 장송곡과 장례 절차에 결합한다.

날카로운 오렌지와 밝은 녹색 날개들
마치 망자를 위한 예식의 물건 같구나.

나는 이 시를 읽을 때면, 로제 바딤이 연출한 1957년 영화
〈베네치아에는 태양이 없다Sation Jamais〉의 베네치아 장례식 장면
이 떠오른다. 이 장면에서는 4인조 모던 재즈 팀이 연주하는 〈행
렬Cortege〉을 배경음악으로, 곤돌라들이 그랜드 운하를 따라 소
리 없이 미끄러진다.

이 시인은 세상의 환희와 천국에 대한 종교적 약속이 동일하
다고 설정한 것이다. 시는 계속 암울하게 이어진다. 스티븐스는
지상에서 충만함을 여는 열쇠는 "아름다움의 어머니"인 죽음과
맞물린다고 주장한다.

이렇게 죽음에 대해 기도한 후, 스티븐스는 일곱 번째 연에서
삶의 찬가를 부른다. 삶의 춤을 이야기하는 이 대목은, 같은 시
기 스트라빈스키가 작곡한 〈봄의 제전Rite of Spring〉과 분명 시적
동질성을 띤다.

유연하고도 격동적인, 인간의 울림

여름날 새벽 술자리에서 노래할까나

또 다른 시 〈변해야한다It Must Change〉에서는 야생 오렌지 나무를 "뒤엉킨 녹색garbled green"이라 묘사한 것처럼 다채로운 색의 향연을 표현한다. 스티븐스는 감귤과 더불어 열대 섬에서 나는 바나나, 멜론, 파인애플 등 다른 과일들도 언급한다.

1949년 코네티컷예술과학학술원의 1000번째 회의가 열렸다. 학술원은 이 회의를 기억에 남을 행사로 만들고자 계획했다. 파울 힌데미트에게는 음악을, 월리스 스티븐스에게는 시를 의뢰했으며 두 건의 과학 분야 학술발표도 준비했다. 이 행사를 위해 스티븐스가 지은 〈뉴헤이븐의 평범한 저녁An Ordinary Evening in New Haven〉은 그의 가장 중요한 시 가운데 하나로 꼽는다. 그는 이 시를 생의 마감이 얼마 남지 않았던 일흔 살에 지었다. 짧게 서술된 이 작품은 서정적인 서약서와도 같다. 이후 또 다른 시선집 《가을의 오로라The Auroras of Autumn》에 이 작품을 포함시키기 위해 시를 확장하기도 했다.

역설적인 제목의 이 시는 거의 독립적인 개별적 절들로 구성되어 있는데, 각각의 절들은 스티븐스가 존경했던 파스칼과 라로슈푸코 등 17, 18세기 프랑스 작가들이 남긴 일종의 금언으로 끝을 맺는다. 이러한 경구들은 시에 예언적 느낌을 가미함으로써 개념과 표현을 어우르는 스티븐스의 방식과 조화를 이룬다.

첫 번째 절은 경험주의의 문제를 시사한다. 우리는 감각적 인식을 신뢰할 수 있는가? 이어서 연관된 철학적 질문이 튀어나온다. '실재'의 재현은 마음에 한정된 것인가? 언어는 외부 세계의 사물들과 관계를 맺는가, 아니면 다른 언어들과만 관계 맺는가? 형이상학의 적합한 위치는 어디인가?

두 번째 절에서 스티븐스는 더는 알파와 오메가(처음과 끝이라는 뜻으로 성서에는 "나는 알파와 오메가요"라는 구절이 나온다-역주)가 아닌 신을 축출한다. 시인에게 실재란 근본적인 것이다. 세 번째 절에서 우리는 실재 속에 빠져 뒹굴게 된다. 실재의 지배는 종교적 장치들을 포함하여, 의식과 축제, 성인력聖人曆, 불명확하고 비가시적인 모든 것들을 압도한다.

네 번째 절에서 시인은 더 나아가 육체의 이원성, 사실의 영역, 형이상학적 대상, 순수한 언어의 문제를 서술한다. 이러한 언어의 구절들은 마치 사용한 동전과도 같이 점차 경계를 잃어가고 그 의미의 풍부함을 상실한다고 그는 말한다.

다섯 번째 절에서 시인은 관찰자로 개입한다. 그 자신은 시를 통해 존재감을 얻는다. 그리고 시는 그 자체로 실재의 곁가지에 불과하다. 시인은 그가 앞서 규정했던 "수사修辭, 혹은 일탈의 영향을 받지 않는" 존재와는 대조적으로, 강조를 하기 위해 그리고 음조를 맞추기 위해 수사를 반복적으로 사용한다.

생각의 존재를 닮기,
생각들의 존재를 닮기.
resembling the presence of thought,
Resembling the presence of thoughts.

더 자세한 분석은 하지 않겠다. 〈뉴헤이븐의 평범한 저녁〉은 대단한 시다. 많은 평론가들이 평했듯이, 야심 찬 의도와 풍부한 의미를 담은 이 시는 장엄한 영감, 인식의 깊이, 외형적으로는 구어체이되 내적으로 조화를 이룬 언어, 지극히 섬세한 기교 등에서 실로 압도적이다.

스티븐스가 1949년의 뉴헤이븐의 저녁을 기리며 "레몬 나무의 땅에서"라고 읊은 마지막 구절에서 나는 18세기의 항해기에 실린 매혹적인 옛 판화를 떠올리곤 한다. 여행지의 풍경과 식물, 여행자와 원주민의 만남 등의 이야기를 손으로 그린 후 직접 손질하고 색칠한 판화를.

그 밖에도 스티븐스는 운율로 가득한 행들 속에서 최대한 매력적인 단어를 사용한다. 일례로 느릅나무elm와 레몬나무lemon의 치환은 두 종류의 나무를 서로 연관 짓는다.

두 종류의 나무만이 아니다. 거기에는 두 개의 땅, 두 개의 언어, 두 문화가 있다. 이 시는 두 곳의 지형 사이를, 그리고 마음의 지형 사이를 오간다. 이 시의 마지막 절은 의미와 소리, 기호와 음소, 육지와 바다 풍경, '느릅나무의 땅'과 '레몬 나무의 땅' 등에서 모두 이중적이다. 스티븐스는 '달랑거리고 흐느적거리는 dangling and gangling'처럼 유사음으로 노래하는 한편, 빛light과 그늘 shade, 흙clods과 잡초weeds, 금발blonde과 청동색bronzed 등 비슷한 음들을 되풀이함으로써 대비를 강조한다. 더 나아가 그는 'land'와 'turned around'의 'l-n-d'와 'r n-d' 발음을 연결 짓는 식으로 똑같은 질서에 따라 같은 음소를 배열하는 것을 반복한다.

이러한 유희성은 게슈탈트 법칙(하나의 패턴이나 패러다임에서 완전히 다른 대상으로 이동하는 것)과도 유사하다. 이것은 리듬과 하모니의 느낌, 운율적 패턴, 모음과 자음 소리의 복잡한 균형 등으로 강조된다.

수축과 이완 작용을 연상케 하는 마지막 발산에서 시구들은 꽉 짜인 상태에서 자유로운 상태로 확장된다. 그리고 시는 완전한 하나의 그림을 완성한다. 아무튼 그것은 배리 로페즈가 익히 묘사한 것과 같은, 동사적이고 원초적이며 레몬 빛을 띠는 다른 풍경들과 연결된다.

회화와
이미지로서의 감귤

삶에서 그려 낸……
모든 종류의 희귀한 과일들.
_요아힘 폰 잔드라르트

16세기 전환기에 플랑드르는 유럽에서 가장 부유한 지역 가운데 하나였다. 플랑드르는 직물로 부를 짜 내려갔다. 이곳의 거래상들은 영국에서 양모를 수입했고, 해협을 건넌 양모를 플랑드르에서 가공했다. 이렇게 완성된 상품은 유럽 전역에서 판매되었다.

가장 수익성 높은 사업은 서유럽 전역의 귀족과 부유한 상인들, 교회의 고위인사와 수도사들을 위해 제작한 태피스트리였다. 벽면 전체를 뒤덮을 정도로 거대한 장식품인 태피스트리는 메트로폴리탄미술관의 별관인 뉴욕회랑과 파리의 클뤼니미술관 등에서 볼 수 있다. 화려하게 장식된 태피스트리에서 가장 유명한 소재는 유니콘이지만, 여러 태피스트리에 고루 등장하는 주제는 오렌지 나무이다. 성스러운 것이든 세속적인 것이든, 일상에 대한 기록이든 비유적인 내용이든, 가정용이든 궁정용이든 아니면 교회용이든, 모든 종류의 태피스트리에는 오렌지 나무가 있다.

오렌지 나무가 이러한 예술 작품에 등장하고 또 매우 널리 유행했다는 사실은 그것이 얼마나 진기한 대상이었는지를 보여 준다. 이탈리아나 스페인 사람들은 이미 수백 년 동안 오렌지 나무를 재배했지만, 추운 저지대 국가에서는 오렌지 나무가 견디지 못했다. 플랑드르와 네덜란드의 여행자들은 남부 지역, 즉 감귤 과수원이 있는 곳을 여행하면서 감귤에 대해 알게 되었다.

이러한 여행을 할 수 있는 자들은 소수의 부유한 도시민들뿐이었다. 그렇다면 도로의 상태는 어땠을까? 12세기에 북부와 남부 유럽을 잇는 무역로를 복구하고 개발한 사건은 경제 혁명이라 할 만했다. 흑사병과 같은 질병에 반복적으로 충격을 받은 13, 14세기는 인구가 장기적으로 서서히 증가했던 토대 강화의 시기였다. 15세기가 끝나갈 무렵 프랑스의 프랑수아 1세 같은 국왕들을 본받아 알프스와 피레네 산맥 북부의 귀족 궁정에서도 오렌지 나무를 심기 시작했다.

그러나 15세기 후반까지 파리와 프랑스 북부, 영국, 저지대 국가인 플랑드르와 네덜란드 등을 포함하는 루아르 계곡 북쪽 땅에는 아직도 오렌지 나무가 이르지 못했다. 이곳에는 오렌지 나무가 한밤의 추위를 피할 수 있도록 막아 주는 장치조차 알려지지 않았다.

태피스트리용 밑그림은 이 사실을 증명하는 단서가 된다. 밑그림은 브뤼셀이나 그 근처의 작업장에서 태피스트리를 짜기에 앞서, 대개 파리의 장인들이 그렸다. 오렌지 꽃의 꽃잎은 분명히 다섯 개다. 그런데 수개월, 혹은 수년의 시간에 걸쳐 온갖 정성을 들여 짠 태피스트리인데도, 클뤼니미술관에 있는 〈성무일과La vie seigneuriale: La collation〉처럼 꽃잎이 네 개인 경우가 종종 있었다.

이러한 태피스트리에서 오렌지 나무의 역할은 무엇일까? 그 해답은 클뤼니미술관의 태피스트리 〈여인과 일각수Dame à la Licorne〉 속에 나타나 있다. 이 태피스트리는 여섯 개의 패널로 나뉘어 있다. 다섯 개의 패널은 촉각, 후각, 미각, 시각, 청각 등 오감에 대한 것이며, 여섯 번째 패널은 지적 즐거움을 상징한다.

각각의 패널에는 한 숙녀가 유니콘과 얼굴을 마주하고 있다. 꽃이 흩뿌려진 사랑스러운 정원 안에 인간의 형상과 신화 속 동물이 함께하고 있다. 몇몇 패널에서는 다른 사람과 다른 동물들도 등장한다.

여기에서는 정원 그 자체, 특히 오렌지 나무에 초점을 맞추어보자. 이 유토피아적 정원은 하나의 섬처럼 보인다. 둘러싸인 공간은 오직 신만이 그 내부에 들어갈 수 있음을 비유한다. 이 정원은 원형이지만 네 구석에 있는 나무 네 그루에 의해 사각형 형태가 덧씌워져 있다. 이러한 원과 사각형의 중첩은 인간인 소우주와 신이 창조한 모든 것, 즉 대우주의 결합을 상징한다.

나무는 왜 하필 네 그루일까? 숫자 4는 창세기에 묘사된 바처럼 에덴동산을 흐르는 네 개의 강을 상징한다. 또한 신중함, 강인함, 온유함, 정의로움 등 추기경의 네 가지 덕목을 상징하는 수이기도 하다. 그것은 또 성서를 읽고 해석하는 네 가지 방식을 상징한다. 문자적 의미와 비유적 의미, 도덕적 해석과 영적 해석 등이 함께 공존하고 있다.

나무의 종류는 무엇인가? 참나무, 소나무, 호랑가시나무, 그리고 오렌지 나무가 각각 한 그루씩 있다. 참나무는 활력을 상징한다. 이 나무는 도토리의 딱딱한 껍질을 깨야만 알맹이를 먹을 수 있다는 비유적 풀이와도 관련이 있다. 소나무는 제왕의 태도와 생각이라는 의미를 지니며, 호랑가시나무는 재기와 부활을 뜻한다.

그러면 오렌지 나무는 어떨까? 패널에도 묘사되어 있듯이 꽃과 과일을 동시에 지닌다는 점에서 입맛과 지각을 모두 자극하는 오렌지 나무는 자연의 경이로운 풍요로움을 의미하며, 또한 신이 우리에게 아낌없이 부어 주는 은총의 한량없음을 상징한다. 오렌지 나무를 풍요로운 정원과 동일시하는 것은 성 이시도르로부터 내려온 유산이다. 이시도르는 《어원학Etymologies》에서 정원을 야생과 구분하는데, 그 이유는 정원은 계절이 어떠하든 열매가 많이 맺히기 때문이다. 또한 오렌지 나무는, 구형의 모양과 과일의 색 때문에 태양을 상징한다. 이것은 가장 중요한 상징이며, 그리스도가 지닌 태양의 속성과도 연결된다(그리스도는 "나는 빛이요 생명"이라고 말한다).

호화로운 식탁을 그린 네덜란드의 정물화

16세기로 전환될 즈음 플랑드르에서 짠 태피스트리는 이 시기 동안 플랑드르 문화에서 오렌지 나무가 낯선 것이었음을 시사한다. 꽃잎의 수가 부정확한 것은 전하는 이야기를 듣고 그렸기 때문일 것이다. 100년 지난 후, 저지대 국가에서 생산하고 판매하는 정물화에는 감귤 열매가 급격히 늘어났다. 왜 이런 변화가 일어났을까?

17세기로 들어설 무렵, 네덜란드인은 서구에서 가장 부유한 민족이 되었다. 이들의 종교 프로테스탄트 또한, 흥기하는 자본주의를 통해 이윤을 얻는 일과 부딪치지 않았다. 이들의 부는 전적으로 국제 무역에서 비롯된 것이었다. 네덜란드인들의 해군력은 막강했으며, 이들의 선박은 지구의 네 구석에서부터 상품을 싣고 왔다.

풍요로운 네덜란드 도시민들은 예술 작품을 의뢰하고 구매할 여력이 충분했다. 이전에는 귀족들만이 누릴 수 있었던 일을 이제는 일반 시민들도 할 수 있었다. 게다가 도덕적 투명성을 강조하는 이들의 칼뱅주의 가치는 물질적 성공을 자랑하는 것을 막지 않았다. 오히려 과시는 바람직한 것으로, 다른 이들이 닮아야 할 모범을 제공하는 일이었다.

그래서 네덜란드 도시민들은 자신의 집에 정물화를 걸어 두었다. 환상적인 식사 풍경, 아름다운 꽃, 호화로운 천연의 진귀품 등 네덜란드 부르주아지가 열심히 일해 얻고자 하는 행복한 삶이 그 그림 속에 반영되어 있었다. 또한 정물화는 야생 사냥물, 희귀한 물고기, 향료, 이국 과일 등 이전 시대에는 귀족들의 특권이었던 아주 탐스럽지만 너무 쉽게 부패해 버리는 식도락적 진미들을 표현했다. 17세기 동안 정물화는 나무 패널, 캔버스, 구리판 위에 수만 점이나 생산되었다.

표면적으로 드러난 주제는 꽃, 감귤 같은 이국 과일, 맛있는 음식과 진미, 인도나 중동에서 수입한 직물, 머나먼 해변에서 온 기념품 조개 등이다. 이러한 정물화들은 고대의 풍요로움을 베르메르 시대의 회화적 언어로 번역한 것이었다. 이러한 그림들은 매우 사실적이어서 트롱프뢰유 기법을 서슴지 않는다. 그림 속 치즈 조각이나 버터 덩어리 등에 파리나 다른 벌레가 앉아 있는 경우도 있다. 관객은 그림을 보면서 이 작은 침입자를 옆으로 쓸어 버리거나 콕 집어 없애고 싶은 유혹을 느낀다. 기술적으로 이러한 효과는 두껍게 칠한 유약으로 표현할 수 있다. 유약은 렌즈처럼 빛을 집중시켜, 심도를 두드러지게 하고 색을 선명하게 해 준다. 네덜란드 화가들은 아주 세밀한 부분까지 세심하게 재현함으로써 색채를 통해 아름다운 자연 대상이 실재한다는 환상을 심어 주는 기술에 숙달해 있었다.

네덜란드 정물화는 역사의 한 순간, 즉 17세기와 18세기 네덜란드 신흥 부르주아지들의 정신세계(누군가는 꿈의 세계라고 말할지도 모른다)를 포착한 소중한 스냅사진이다. 17세기 플랑드르와 네덜란드의 정물화는 극단적 사실주의라는 회화 스타일을 공유하며, 신흥 부자들의 요구에 영합했다. 실제로 작품의 제작자들은 저지대 지역에서 고객들을 물색하곤 했다.

예를 들어 얀 다비즈 데 헴Jan Davidsz de Heem(1605~1683)이라는 화가는 고향 위트레흐트에서 경력을 쌓다가 안트베르펜으로 가서 이후 20년의 시간을 보냈다. 그는 왜 플랑드르의 상업 중심지로 이전했을까? 그곳의 시장이 무언가를 제공했기 때문이었다. 미술사가 잔드라르트에 의하면 그가 안트베르펜으로 간 이유는 "그곳에서는 커다란 자두, 배, 체리, 오렌지, 레몬, 포도 등 상태가 좋고 잘 익은 모든 종류의 희귀한 과일들을 실물로 그릴 수 있기 때문이었다."

데 헴에게 이러한 모델들이 필요했던 이유는, 그가 군침이 돌
도록 만드는 그림을 잘 그렸기 때문이다. 그의 작품 속에는 동양
의 진귀한 양탄자가 덮인 탁자 위에 고상한 유리그릇과 값비싼
술병이 놓여 있었으며, 도자기와 은쟁반 위에는 아주 아름답고
이국적인 과일들이 높이 쌓여 있었다.

네덜란드인들은 이처럼 뷔페가 펼쳐진 그림들을 '호화 정물
화' 혹은 '프롱크 정물화'라고 불렀다. 프롱크라는 형용사는 겉
치레와 사치스러움을 모두 뜻하므로 아주 적합한 용어였다. 이
장르에 적극적이었던 다른 화가들로는 아브라함 판 베이에른
(1620~1690)과 빌렘 칼프(1622~1693) 등이 있다.

감귤 나무는 프롱크 정물화에만 등장한 것은 아니었다. 정물
화의 다른 하위 장르인 '옹비트'는 아침 식사를 주제로 했는데 주
로 레몬이나 오렌지가 중심이 되었으며 감귤 나무도 등장했다.
빌렘 그라스 헤다(1593~1680)는 이러한 그림으로 명성이 높았다.

17세기 네덜란드 정물화에는 특히 빈번하게 반복되는 소재가
있다. 적당히 장식한 식탁에 꽃, 베네치아산 유리그릇, 자기, 조
개, 바닷가재나 굴 같은 해산물, 풍성한 과일 등이 가득 뒤덮여
있다. 화가는 이러한 구성의 전면에 자신의 탁월한 기교를 과시
할 샘플을 종종 그려 넣는다. 여기에는 껍질이 벗겨진 레몬이 이
용되는데, 과일에 아직 붙어 있는 나선형의 껍질은 미세하고 화
려한 레몬의 표면을 보여 주며, 그 속 레몬 조각 표면에는 레이
스를 닮은 하얀 중과피가 규칙적인 기하학석 배열을 이룬다.

껍질이 있는 레몬을 묘사한 작품으로는 데 헴의 〈과일이 있
는 정물〉(1652, 프라하 나르도니미술관), 〈디저트〉(1640, 파리 루브르미술

관), 〈정물〉(장크트갈렌미술관), 〈천으로 덮인 테이블 위에 푸른색과 흰색의 도자기 주전자와 굴, 레몬, 새우, 과일이 있는 정물〉(오토 나우만 주식회사)이 있으며, 그의 아들 코르넬리스 데 헴(1631~1695)의 〈과일이 있는 정물〉(1665/70, 도쿄 후지미술관), 빌렘 칼프의 〈앵무조개 술잔이 있는 정물〉(1660, 루가노 티센보르네미서 컬렉션)과 〈레몬, 오렌지, 와인 한 잔이 있는 정물〉(1663/4, 카를스루에 스타트리헤미술관), 아브라함 판 베이에른의 〈과일이 있는 정물〉(뮌헨 피나코테크 미술관), 〈연회 정물〉(헤이그 마우리트하위스 왕립미술관), 〈앵무조개 컵이 있는 정물〉(개인 소장), 그라스 헤다의 〈가재가 있는 아침〉(상트 페테르부르크 에르미타주미술관), 〈황금 술잔이 있는 정물〉(1635, 암스테르담 시립미술관) 〈정물〉(1634, 로테르담 보이만스반뵈닝겐미술관) 외에도 셀 수 없을 만큼 많다.

음식이 등장하는 17세기 네덜란드 정물화의 숫자는 상상을 초월한다. 그림 속에는 음식이 산더미처럼 쌓여 있으며, 화가는 아주 미세한 부분조차 놓치지 않고 각종 음식과 여기에 곁들인 바로크식 장식품을 재현한다.

앞서 언급한 것들 중 루브르미술관이 소장하고 있는 〈디저트〉는 역사적, 예술사적 가치가 아주 높은 작품이다. 이 작품은 1683년 이전 태양왕 루이의 수집품이었으며, 앙리 마티스Henri Matisse(1869~1954) 역시 이 작품에 깊은 관심을 보였다. 그는 1893년에 이 그림을 처음으로 모사했고, 이후 그것을 기초로 자신의 그림을 새롭게 그렸다. 이 작품이 바로 뉴욕 현대미술관에 있는 〈얀 다비즈 데 헴을 본뜬 정물Still Life after Jan Davidsz de Heem〉(1915)이다.

같은 시기 다른 곳에서도 이처럼 호사스러운 음식을 묘사한 작품이 인기가 있었을까? 대답은 조건부 '예'이다. 남쪽의 먼 지역에서도 비슷한 그림들을 그렸다. 네덜란드의 전형적인 모습과는 반대로, 네덜란드 정물화는 풍성함을 특징으로 한다. 이에 비해 이탈리아나 스페인 같은 가톨릭 국가의 경우 그림은 훨씬 더 제한적이었다.

예를 들어 이탈리아 화가 파올로 안토니오 바르비에리(1603~1649)가 그린 〈부엌 정물Kitchen Still Life〉(1640, 시카고미술관)에는 버섯, 포도, 아몬드가 담긴 접시가 앞에 보이고, 그 뒤에는 밤이 가득 든 바구니가 있다. 뒤편에 펼쳐진 눈에 띄게 하얀 종이 위에는 작은 화병으로 보이는, 다소 분간하기 어려운 나무로 된 물체가 보인다. 조반나 가르초니가 그린 〈감귤 그릇이 있는 정물Still Life with bowl of Citrons〉(1640년대 후반, 로스앤젤레스 게티미술관)도 마찬가지로 전통적인 식물 묘사에 더 가깝다.

한편 스페인 화가들은 자신들만의 스타일로 정물화를 그렸다. 동시대 네덜란드인들과 같은 주제로 그림을 그렸지만, 음식이 풍요롭게 쌓여 있는 모습을 강조하기보다 개별 생명체의 형태미와 그것들이 서로 대조를 이루며 빚어 내는 색상, 감촉 등에 초점을 맞추었다. 작품을 단지 감각적으로 녹여 내기보다는, 지적이며 때로는 영적인 내용을 작품에 불어넣음으로써 스페인 화가들은 보데고네스bodegones(수수한 여관을 뜻하는 'bodega'에서 온 말. 이러한 종류의 그림들이 여관에 종종 걸려 있었기 때문에 이런 이름이 붙었다)로 알려진 새로운 장르를 창조했다.

보데고네스는 갇힌 공간 내의 물건들을 소재로 한다. 조용한 분위기가 작품의 특징이며 주로 과일, 유리그릇, 병, 이국의 새, 보기 좋게 주름진 직물들을 한데 표현한다. 후안 산체스 코탄 (1561~1627)은 초기 바로크 시기 동안 보데고네스에 세련된 완벽미를 도입했다. 그는 마르멜로(장미과의 과일나무—역주)나 양배추 같은 일상의 물건에 쉽게 인지할 수 있는 영성을 불어넣었다. 프란시스코 데 수르바란Francisco de Zurbarán은 보데고네스를 창조한 또 다른 인물이다.

수르바란의 〈레몬, 오렌지, 그리고 장미Lemons, Oranges, and a Rose〉는 캘리포니아 패서디나의 노턴사이먼미술관이 보유한 주옥같은 작품들 중 하나이다. 이 그림을 왼쪽에서부터 오른쪽으로 훑어보면 금속 접시 위에 있는 레몬 몇 개, 바구니에 담긴 오렌지와 그 위에 꽂힌 꽃가지, 금속 접시로 보이는 것 위에 놓인 장미, 그리고 그 옆으로 물이 반쯤 채워진 섬세하게 묘사된 컵이 나타난다. 이 물건들은 탁자라기보다 받침대에 더 가까운, 탁한 자줏빛의 수평적 평면 위에 놓여 있으며 레몬과 오렌지의 표면은 사람의 손이 닿기를 간절히 바라는 듯 그 환영이 아주 사실적이다.

이 정물화는 수수께끼 같다. 이처럼 대상을 정확하게 보여 주는 이유는 무엇일까? 대상들은 왜 그렇게 모여 있을까? 보데고네스에 속하는 이 작품은, 음식물을 묘사한 그림에서는 좀처럼 보기 힘든 장미의 존재에 의해 반전된다. 수르바란의 그림은 꾸밈이 없다는 점에서도 이 시기 수많은 정물화들과 구별된다. 이 작품에서 트롱프뢰유 기법은 장식 하나 없는 도식적인 받침대,

즉 추상적 대상에만 집중되어 있는데 이 받침대는 과일과 꽃, 작은 컵 등을 받치고 있다.

어떤 사람들은 미술사의 유일한 목적은 미술품에 대한 해석을 제공하고 그 의미를 풀어내는 것이라고 믿는다. 그러나 또 다른 사람들은 그림을 하나의 해석에만 한정하려는 유혹에 저항한다. 수르바란의 작품을 말할 때도 이러한 사실을 마음에 새겨야 한다.

이 대작을 그린 사람은 누구인가? 프란시스코 데 수르바란은 펠리페 3세의 치세, 그러니까 중기 바로크 시대(1630~1670)를 대표하는 안달루시아의 화가였다. 완벽주의자였던 수르바란은 평생 동안 약 250여 점의 그림을 완성했다. 현재 노턴사이먼미술관에 전시된 작품은 1633년에 완성한 것인데, 평소 세비야에 살면서 작업하던 수르바란이 이 그림은 마드리드에 머물면서 그린 것으로 보인다. 화가로서 경력을 시작했던 이 해의 작품으로는 다섯 점의 그림이 남아 있다.

수르바란은 이 작품에 상당한 노력과 세심함을 기울였다. 장미와 물컵을 그린 초벌 그림이 아직도 존재하며, 그전의 종교화 두 점에서 똑같은 주제를 이미 사용한 바도 있었다. 또한 방사선 사진 판독 결과, 레몬 접시는 원래 설탕에 졸인 감자 접시 옆에 배치되어 있었다.

수르바란의 그림은 절묘한 원근법과 기교의 보고寶庫라 할 수 있다. 예를 들어 선반의 왼쪽에서부터 환한 빛을 받은 대상은 어두운 배경과 대조되어 섬세한 필치로 묘사되어 있다. 미술사가 샤를 스털링은 이 작품을 이렇게 설명했다. "화가는 레몬의 곡선에 맞추어 잎의 무늬를 조절하고 있으며, 컵의 주둥이와 바구니의 주둥이가 대응하도록 그렸다."

사실 이 그림은 인공과 자연을 병렬하고 있다. 인간이 제작한 금속 제품, 엮어 만든 바구니, 도자기에는 자연의 산물이 담겨 있다. 수르바란이 그린 수많은 대상들이 이국적인 아시아에서 기원한 것이라는 사실이 단순한 우연일까? 앞서 설명한 것처럼 감귤은 아랍인들이 안달루시아를 점령한 시기에 아시아에서 유럽으로 들어왔다. 장미는 페르시아가 원산지였다. 값비싼 물건인 도자기는 스페인, 포르투갈, 영국, 프랑스, 네덜란드 등 다양한 국가의 동인도 회사가 중국에서 수입한 것이다. 이 사실은 도자기의 영어 명칭 'China'를 보아도 짐작할 수 있다.

위의 내용으로 추론을 하자면 이 그림을 뒤덮고 있는 정신성은 수피 신비주의와, 순결을 최고의 가치로 여기는 태도 등 동방의 신비주의에서 비롯된 것이다. 수르바란은 환영을 구성해 냈다. 작품의 주제는 외견상 세속적이지만, 실제로는 이 일상의 재현물들 너머에 있는 것에 관심을 두고 있다. 일상의 재현물들은 알레고리이다. 이 그림을 바라봄으로써 우리는 자신과 자신의 내면적 삶을, 초월적 관념을 향해 열게 된다. 외형적으로는 보데고네스이지만 사실은 종교적 회화인 것이다.

어떤 작가들은 이 그림이 동정녀 마리아에 대한 경의를 상징적으로 나타낸다고 본다. 아주 그럴듯한 해석이다. 핵심은 바로 장미이다. 이 그림에서 장미는 물속에 있지 않고 물이 든 하얀 자기 컵과 나란히 있다. 꽃은, 아마도 어떤 여성에게 겸손하게 바친 것인 듯하다. 그래서 수평의 표면은 제단으로 볼 수 있으며,

그 위에 다양한 봉헌물이 놓인 것이라 해석할 수 있다. 신의 사랑과 고결함(장미와 물이 가득 찬 컵)을 정결함(레몬과 오렌지)과 풍요로움(오렌지 꽃)으로 연결 짓는 다양한 상징이 바로 이러한 신화적 암시를 강화하는 장치들이다. 습작품에 그렸던 달콤한 감자는 마찬가지로 신의 감미로움에 대한 비유로서 구성되었을 것이다.

수르바란의 그림에서는 또한 문화사의 핵심적 계기를 발견할 수 있다. 이 그림의 표현 양식은 무슬림이 스페인을 점령한 결과 남긴 유산으로서, 무슬림은 낭만적 사랑이라는 불후의 관념을 도입했다. 수르바란과 동시대인이었던 신비주의자 아빌라의 테레사(1515~1582)와 후안 데 라 크루스(1542~1591)의 문학작품에서 볼 수 있듯이 성스러운 사랑은 세속적 사랑의 언어로 표현되었다. 회화 작품에서는 아랍인들의 유산 외에도 유대인들이 스페인 문화에 남긴 요소를 최소한 한 가지 찾아 볼 수 있다. 바로 유대교의 중요한 축제인 초막절에 이용되는 시트론이다.

숨겨져 있던 사실들이 밝혀지면서, 현대의 관객들은 이베리아 반도가 유대인과 아랍인, 기독교인을 융합하는 문화의 용광로로서 활약했을 뿐 아니라 감귤이 아메리카 대륙을 향해 이동하는 데 정거장 역할을 했다는 사실 또한 되새겨 볼 수 있다.

화폭의 감귤을 새롭게 조명하다

서구 미술에서 감귤의 표현 방식은 점차 유사해지는 경향이 나타났다. 근대 초 저지대 국가에서 감귤 나무는 머나먼 환상에 속했다. 유니콘 태피스트리 속 감귤 나무들은 신화에나 나올 법한 존재였다. 자본주의가 도래함에 따라 17세기 네덜란드 정물화는 이러한 과일을 이국적이고 값비싼 것으로 묘사했으며, 화가들은 마치 보석이나 귀중품을 다루듯 과일을 섬세하게 묘사하는 데 치중했다.

그러다가 19세기로 넘어갈 즈음 서구 사회에서 감귤이 보편화되면서 그 가치는 뚜렷이 하락했다. 예술 작품 속에도 이러한 변화가 나타났다. 르네상스 시대에는 몇몇 생산지를 제외하면 주로 상류층을 위한 과일이었던 감귤이 이제 중산층의 상품이 되었던 것이다. 산업혁명으로 도시 중산계급의 재산이 증가했을 뿐 아니라, 중요한 기술적 혁신이었던 철도 역시 감귤이 부르주아지의 식탁에 오르는 것을 가능하게 만들었다. 그 결과 감귤은 1870년대까지 유럽 회화에서 그저 스쳐지나가는 존재로 등장하게 되었다. 감귤은 오직 정물화에만 등장하는데, 이 장르가 다시 유행한 시기조차 얼마 되지 않았다.

사람들이 감상하는 그림 속 감귤은 여전히 먼 생산지에서 온 물건이었다. 이 그림들은 원하지만 얻을 수 없는 소비의 대상을 보여 줄 목적으로 그린 것이었다. 오슬로에서 상트페테르부르크에 이르기까지, 또한 적어도 19세기 초반까지 보스턴과 뉴욕에서도 이것은 어느 정도 마찬가지였다. 이러한 점에서 필라델피아에 화실을 갖고 있던 라파엘 필Raphaelle Peale(1774~1825)의 감귤 그림들은 주목할 만하다. 그 시대의 보통 사람들과 마찬가지로 그의 아버지 역시 정물화를 낮추어 보았다. 사람들은 이러한 장르가 전문가들에게는 가치 없는 것이라 여겼다. 라파엘 필은 이러한 편견에 도전했고, 〈디저트(레몬과 오렌지가 있는 정물)〉(1814, 워싱턴 D.C. 내셔널갤러리 소장)와 같은 대형 그림을 그렸다.

유럽 대륙의 경우, 감귤을 가치 있는 대상으로 부활시킨 장본인은 바로 인상주의 화가들이었다. 사과 그림으로 유명한 폴 세잔(1839~1906)은 정물화에 종종 오렌지도 그려 넣었다. 17세기 네덜란드 화가들은 질감과 사실적 세부 묘사에 그토록 집중했으나 폴 세잔 이후 그림의 초점은 이제 빛과 형태로 옮겨갔다. 노란색에 매료되었던 빈센트 반 고흐(1853~1890)는 〈오렌지, 레몬, 그리고 파란 장갑이 있는 정물〉(1899, 예일대학교, 폴 멜런 기증) 등의 정물화에 레몬을 포함시켰다. 고흐가 노란색에 빠진 이유는 압생트(19세기 말 유럽에서 유행했던 술로, 정신착란과 시각장애를 일으킨다고 알려졌으며 한때 '악마의 술'이라고 불리기도 했다-역주) 중독 때문이라는 설도 있고, 또 어떤 사람들은 이식증(별난 음식이나 이상한 물질을 좋아하는 증상-역주)이라는 직업병 때문에 고흐가 장뇌와 테레빈을 찾았다고 설명한다.

인상주의의 뒤를 이은 입체파는 정물을 유난히 좋아했다. 에스파냐의 화가 후안 그리스(1887~1927)는 〈과일 접시, 병 그리고 레몬〉(1916, 워싱턴 D.C. 필립스 컬렉션 갤러리)을 비롯해 감귤을 자주 그렸으며, 프랑스의 앙리 마티스는 감귤 정물을 주제로 17세기부터 20세기까지의 서구 회화를 개괄했다. 앞서 말한 것처럼 1893년에 그는 루브르에 있는 데 헴의 대작을 모사했다. 그리고 〈얀 다비즈 데 헴을 본뜬 정물〉을 그리기 위해 동일한 모델로 다시 돌아갔다. 겨우 1년 후, 마티스는 또 다른 정물화 〈오렌지가 있는 화병A Vase with Oranges〉(개인 소장)을 그린다.

〈오렌지가 있는 화병〉은 1916년도 작품이다. 이 그림에서 마티스는 과일들이 소중히 간직할 보물임을 보여 주었다. 오렌지들은 캔버스에서 홀로 색을 지닌 대상으로 눈에 두드러진다. 이 것들이 아니었으면 캔버스는 차갑게 통일된 회색빛으로 뒤덮였을 것이다. 오렌지들은 성배 모양의 유리함 안에 들어 있는데, 마치 신께 바치는 제물 같은 느낌이다. 분명 수르바란의 그림을 의도적으로 참고한 흔적이다. 이 장면을 비추는 빛은 어둡지만 오렌지들은 내면의 밝은 빛을 발하고 있다. 이상하게도 이것들은 오렌지색보다는 레몬 색에 가깝다. 이 작품은 위에서 내려다보는 시선을 담고 있는데, 마티스의 작품에서는 드문 경우이다.

〈오렌지가 있는 화병〉에서 마티스는 전통과 결별한다. 이 제목의 주제인 화병과 오렌지는 캔버스의 중간 부분 전체를 차지하는데, 이것을 빼면 식별할 수 없는 회색빛만 아무런 볼거리도 없이 펼쳐져 있다. 관객들은 탁자 위에 놓인 이 과일 그릇을 일어선 위치에서 보게 된다. 그리고 그림의 틀은 창문의 상단 전체를 잘라낸다. 우리는 윗부분이 무자비하게 잘려나간, 장면의 일부만을 보게 된다. 게다가 캔버스의 상단 테두리 때문에 그 바로 아래 있는 맨 위쪽 오렌지 두 개가 잘려 버렸다. 그릇의 테두리도 마찬가지로 전체를 다 볼 수 없다. 원주의 약 3분의 1은 사라져 버렸다. 이것은 지극히 의도적인 구성으로, 관객의 시각을 부분적으로 배제한 것이다.

과일을 담고 있는 화병의 굽에는 초승달 모양의 오렌지 과육 조각이 자유분방하게, 그러나 동시에 신중하고 의도적으로 놓여 있으며, 화병은 위에서 내려다보는 시점을 강조하기 위해 극적으로 압축되었다. 이것은 외부와 내면, 보이는 것과 실재하는 것의 변증법을 환기한다. 오렌지 표면의 질감, 그리고 구의 형태

등은 그것이 분해된 모양인 과육 조각과 대비된다. 껍질이 과육과 함께 보이고, 절단된 일부와 전체가 함께 제시된다. 이 그림이 완성된 1916년이라는 해는 또 다른 절단이 일어났던 시기이다. 제1차 세계대전으로(마티스는 나이가 너무 많아서 병사로 참전할 수 없었다) 세상은 공포에 짓눌려 있었다. 이 그림은 현실도피자의 환상이 결코 아니며, 시대의 음침함으로 온통 뒤덮여 있다.

전통과 단절한 화가들

르네상스 이후로 그림은, 수르바란의 그림에서처럼 '창을 통해 보이는 광경'을 보여 주는 것을 목표로 했다. 화가의 눈은 세상을 바라보며, 붓을 놀리는 손은 보이는 것을 패널이나 캔버스 위로 옮긴다. 이러한 그림에서 주제는 '창'의 위치를 결정한다. 꽃다발은 캔버스 중앙에 등장하며 정면에서 보이곤 하는데, 화가의 시선은 묘사하는 대상과 일직선상에 위치한 것처럼 (잘못) 보인다. 이것은 암묵적 관습 가운데 하나였으며, 광학과 심리학의 영향을 모두 받은 현상이었다. 무언가를 응시하는 눈은 대상에 초점을 맞춘 채 모든 방향의 가시권에서 그 대상을 보기 위해 지속적으로 작동한다.

마티스는 이러한 전통에 젖어 있었다. 그는 실제의 창으로 원근법에 의해 가정된 가상의 창을 복제하기를 좋아했다. 그의 많은 그림들이 창문이나 방문이 있는 방을 묘사하는데, 이 문들은 콜리우르나 다히티 등 바깥의 해변 풍경을 향해 열려 있다. 그런데 〈오렌지가 있는 화병〉에서 그는 완전히 다른 무언가를 시도했다. 지금까지 주제를 구성해 왔던 방식을 거부한 것이다.

이 그림에서 새로운 논리를 보여 주는 요소는 또 있다. 아주 중요한 주제였던 오렌지 그릇이 단순한 도구로 전락한 것이다. 이 그림은 그림 자체에 집중하도록 요구한다. 구성의 주제는 바로 구성 그 자체이다. 마티스는 묘사되는 진짜 대상에 대한 단서들을 없애 버렸다. 색채는 의도적으로 틀리게 써서 오렌지는 노랗고 군데군데 녹색을 띠는 부분도 있는데, 아무튼 금빛은 아니다.

수르바란의 그림은 종교적 감성을 목표로 한 것이었으며, 그림을 사실적 재현으로 채웠다. 반면에 마티스의 오렌지 그림은 대응의 역설을 통해 전통적인 재현의 법칙을 폐기했다. 그리고 그 과정에서 감정의 충만함을 획득했다.

이러한 감정은 오렌지에 대한 마티스의 열정에서 비롯된 것이다. 오렌지의 모습은 일상의 작은 깨달음을 불러온다. 오렌지는 즐거움, 인생의 아름다움을 나타내는 징표이다. 마티스가 화가로서 평생 가장 자랑스러워했던 순간은 1945년, 피카소가 자신의 1912년 작품 〈오렌지 바구니가 있는 정물〉을 구입했을 때였다. 마티스는 이 일로 크게 기뻐했고, 그 후 새해가 되면 친구이자 이 위대한 라이벌에게 오렌지 바구니를 보내곤 했다.

그런데 마티스는 왜 그러한 경로를 밟았을까? 초기에 데 헴의 그림을 모사할 때부터 그가 아주 친숙했던 수르바란의 고전적 사실주의 스타일로 그림을 계속 그릴 수는 없었을까? 지금도 마찬가지지만 그의 시대에는 이러한 미술적 전통에 깊이 물든 화가들이 분명 있었다. 그들은 의뢰받은 초상화를 생산했으며, 전 세계의 대학 홀에는 이런 스타일로 그린 총장이나 학장의 초상화가 걸려 있다. 이 화가들은 부유한 의뢰인의 초상 외에도 사진과 같은 정물과 풍경을 그렸다.

　질문 속에 답이 있다. 전통을 따른 사실적 재현은 막다른 골목이었던 셈이다. 수르바란이 그린 대작의 정신적 분위기만 살펴봐도 한 가지 명확한 이유를 알 수 있다. 사람들의 심성이 17세기와 비교해 볼 때 전적으로 비기독교화되었던 것이다. 세속의 닳아빠진 눈으로 보면 이 그림은 그저 노력깨나 기울인 사실주의 작품 중 하나 정도로 보일 수도 있을 것이다.

　베르메르와 수르바란의 시대에 사람과 사물(꽃다발, 과일 그릇 등)을 복제하듯 묘사하는 기법은 절정에 달했다. 이 역사상의 시점에서부터 후대의 화가들은 다른 길을 발견했다. 고대 그리스 철학자인 헤라클레이토스가 남긴 유명한 말대로, 같은 강물에 두 번 발을 담글 수는 없는 법이다. 베르메르 이후의 미술은 이른바 사실주의라는 옛 법칙을 재탕하는 화가들과 개혁적 화가들 사이의 괴리가 서서히 드러나게 되었다. 개혁적인 화가들은 기법과 실재의 묘사 모두에서 다른 표현 방법을 추구하는 이들이었다.

　반면에 전자의 화가들은 미술을 무엇보다 하나의 상품으로 평가하는 부유한 부르주아의 욕망을 충족하는 데 충실했다. 후원자를 위해 그림을 그리고 상업적 그림으로 생계를 유지했던 르네상스 화가들의 후손이라 할 수 있었다. 이들은 아카데미 화가로 알려졌는데, 19세기 후반의 퐁피에르(영감이 없는 화가들)가 한 예이다. 이들과 달리 개혁적 화가들은 마네를 시작으로 이러한 선동과 깨끗하게 단절했다. 특히 인상주의 화가들은 베르메르와 수르바란의 회화에 이미 존재했던 단서에서 실마리를 찾았다. 앙드레 말로는 고야를 이러한 혁명의 선두주자로 꼽았다.

야수파, 입체파, 초현실주의, 그리고 그 결과로 등장한 추상주의 등 나머지 예술 사조를 여기에서 자세히 설명할 필요는 없을 것이다. 오늘날에는 부르주아의 이념적 가치를 상업화하는 일이 빈번하며, 사실적 회화에 대한 수요가 아주 많다. 라파엘전파Pre-Raphaelites(19세기 중엽 영국에서 일어난 예술운동으로, 라파엘로 이전처럼 자연에서 겸허하게 배우는 예술을 표방한 유파-역주)의 인기가 지속되고 있다는 사실이 그 증거이며, 가장 극단적인 토머스 킨케이드의 상업주의에 이르기까지 그 전통은 줄곧 이어져 내려오고 있다. 이 시대 일부 상업 화가들은 전통과 장인의 기술, 즉 아카데믹한 방식의 데생과 회화를 신조로 삼는다.

지극히 상업적인 예술 작품, 감귤 상표

그러나 상업미술도 예술적 가치와 창의성을 모두 확보할 수 있다. 이러한 미술의 원형은 캘리포니아에서 미국의 나머지 지역으로 감귤을 선적하면서 시작되었다. 플로리다도 바로 그 뒤를 이었다. 1885~1955년 사이의 시기, 나무 포장상자에는 업체 이름, 원산지 정보, 과일의 등급 등이 표기된 형형색색의 상표들이 붙어 있었다. 레몬, 오렌지, 그레이프프루트 등 과일의 종류에 따라 상표는 조금씩 달랐다. 이후 이 인쇄된 종이는 수집가들의 수집 품목이 되었으며, 현재는 인터넷 등에서 이 물품의 거래가 이루어지고 있다. 이 상표들은 또한 미국에 관한 훌륭한 풍물지라 할 수 있다. 예술적 가치가 높으며, 사회사적으로도 흥미로운 자료가 되기 때문이다.

먼저 감귤 상표의 역사를 개략적으로 살펴보자. 로스앤젤레스에 대륙횡단 열차가 들어오고 경작자들이 미국 동부 시장에 오렌지를 선적하기 시작하자, 남부 캘리포니아 농부들은 이 새로운 노다지를 이용해 돈을 벌고자 했다. 제2차 골드러시라 부를 만한 이 현상으로 1880년대에 캘리포니아로 유입된 인구의 수는 크게 증가해서, 주 인구가 약 34만 5000명이 더 늘었다.

생산업자들에게는 나라를 가로질러 선적되는 자신들의 오렌지 나무상자에 상표를 붙이는 일이 일종의 자부심과 관련된 문제였다. 한편으로 상표는 캘리포니아와 캘리포니아드림을 홍보하는 하나의 수단으로서, 단순히 오렌지를 파는 것이 아니라 머나먼 곳에 있는 멋진 나라와의 만남을 의미하는 것이었다. 훗날의 할리우드 영화가 바로 이와 유사한 마법의 전파로라 할 수 있을 것이다.

감귤 상표는 처음부터 기존의 기법을 이용했다. 1870년대 무렵, 샌프란시스코의 주요 인쇄소 열다섯 곳에서는 와인 병 상표 사업이 활발하게 성장하고 있었다. 여기서는 석판인쇄 기법을 이용했는데, 이후 1880년대에 독일 이민자 막스 슈미트가 금속판을 이용하는 공법인 아연 제판술로 목판이나 석판을 대체했다. 와인 상표를 디자인하던 인쇄소들은 그 경험을 살려 값싸고 색이 화려한 감귤 상자 상표 인쇄로 손쉽게 전환할 수 있었다.

한편 캘리포니아 감귤 경작자들은 조합을 결성하게 되었다. 후에 캘리포니아 과일경작자거래소로 이름이 바뀌는 남부캘리포니아 과일거래소는 상표 크기(오렌지의 경우 가로 25.5, 세로 28센티미터 크기의 직사각형 형태이며, 크기가 더 작은 레몬 상자는 상표 크기도 조금 더 작았다), 그 안에 서술할 기술 정보, 썬키스트 상표의 권장사항 문구 등을 표준화했다.

개별 상표의 디자인은 다양했지만, 널리 이용되는 한 가지 선도적인 스타일은 있었다. 특히 삽화는 특정한 스타일을 따랐는데, 미술관이나 박물관에서 볼 수 있는 회화의 흐름이 상업미술에는 더 잘 적용되었던 셈이다. 이러한 스타일은 시기에 따라 세 종류로 구분되며, 감귤 상표 역시 연속된 이 세 시기 중 한 유형으로 분류할 수 있다.

1885년에서 1920년의 스타일은 자연주의이다. 자연주의 스타일은 당시 미국의 대중미술에서 그 강렬함과 역동성을 차용했다. 우편엽서를 닮은 이 상표들은 캘리포니아의 풍경을 묘사하는데, 대개 높은 산을 배경으로 감귤 농장이 서 있다. 그 밖에 캘리포니아의 식물들과 야생 생물 역시 자주 등장한다. 색조는 부드럽고 약했다. 이러한 상표가 시장에서 감귤을 사는 주부들의 눈길을 끈다고 판단했던 것이다.

그러다가 1918년, 캘리포니아 과일경작자거래소가 의뢰한 연구로 인해 인식의 변화가 일어났다. 경매소의 중간 거래상이 목표가 되었으며, 대체로 이들은 남성이었다. 그에 따라 상표는 야외의 모험이나 개척지 캘리포니아를 주제로 하는 등 훨씬 마초적인 내용으로 제작되었다. 이어진 1920~1935년 시기에는 좀더 건조하고 현대적인 상표 스타일이 지배적이었다. 역동적인 이름과 슬로건을 내건 명쾌하고 단순한 이미지들이 넘쳐났다. 이때는 멀리서도 한눈에 알아볼 수 있고 쉽게 기억할 수 있는 디자인에 초점을 두었다. 경매장에서 과일을 구매하는 도매상들이 해당 브랜드를 계속 구매하도록 유도하는 것이 상업적 성공의 필수 요소였기 때문이다. 감귤 상표의 경우 대공황이 시작된 1930년이 전성기였다고 할 수 있다. 당시 캘리포니아의 경작자들이 선적한 감귤 상표의 종류는 약 2000종에 달했다.

세 번째이자 마지막 시기인 1935~1955년에는 제2차 세계대전의 결과, 예술 형태의 감귤 상표는 종말을 고하게 되었다. 전쟁에 전력하느라 금속 인쇄판들은 폐기되었다. 게다가 미리 인쇄가 되어 있는 판지 상자를 선호하게 되면서 노동 집약적인 나무상자는 사라졌다. 사람들은 이제 다채로운 색상의 상표는 찾지 않았다. 이 마지막 시기에는 상업 로고가 지배적 스타일로 떠올랐다. 오렌지 상표에는 3차원적인 커다란 문자와 함께 오렌지 그림이 등장했다. 이러한 문자는 분사된 그림자를 이용해 장엄하게 보이도록 연출되었으며, 상표를 비스듬히 가로지르거나 곡선을 따라 배열되기도 했다.

70년 동안 모두 합쳐, 서로 다른 8000개의 디자인이 20억 개 이상의 오렌지 상자를 장식하는 데 사용된 것으로 추정된다.

플로리다는 상황이 약간 달랐다. 모든 상표들은 주州 농업국에 등록되었는데, 여기에서는 색상이 지정되어 있어서 A등급에는 푸른색, B등급에는 붉은색, C등급에는 녹색을 사용해야 했다. 가장 큰 인쇄소는 탬파에 있는 플로리다경작자인쇄소였다. 현재 알려진 플로리다산 감귤 상자 상표는 1000개 정도로, 크기는 모두 가로세로 약 23센티미터이다.

이런 감귤 상표들은 어떤 방법으로 사람들에게 다가갔을까? 초기에는 상표에 캘리포니아드림의 만족감을 투영하고 그 지역의 경이로운 자연을 묘사하는 것이 일반적이었다. 예를 들어

1893년 벤투라 카운티에 설립된 리모네리아 사는 이 회사에서 생산한 발렌시아오렌지에 '브라이들베일Bridal Veil'이라는 상표명을 붙였다. 이 상표에는 과일과 잎사귀와 꽃다발 옆에 요세미티 국립공원의 유명한 폭포 브라이들베일이 그려져 있다. 풀러턴의 경작자 찰스 채프먼은 늦게 수확한 자신의 발렌시아오렌지를 '골든이글Golden Eagle'이라는 이름으로 선적했다. 오렌지 더미 위에서 날개를 활짝 펼치고 비행하는 무서운 새의 이미지는 캘리포니아와 미국, 황금과 독수리 등, 두 가지의 신비로운 대상을 결합한 것이다.

때로는 언뜻 보기에 부조화한 상징들이 초현실적 호소력을 발하는 강력한 이미지를 창조해 내기도 했다. 나는 반쯤 깐 오렌지가 있는 '마주마Mazuma' 상표를 아직도 기억한다. 손에 쥔 듯한 오렌지는 규칙적으로 칼집이 나 있고 껍질 일부가 벗겨져 있는데, 그 위에 펼쳐진 것은 지형도로 보이며 옆에는 금화 가방('마주마'는 돈을 가리키는 속어이다)이 놓여 있다.

어떤 상표는 즉각적으로 이해되는 것이 아니라, 오히려 비합리적 부조화 때문에 훨씬 더 깊은 인상을 남긴다. 리버사이드의 맥더몬트 사가 사용한 '그린링스Green Rings'라는 상표가 바로 그런 경우였다. 이 상표에는 정체를 알 수 없는 녹색 널빤지 네 개가 등장한다. 속이 텅 비고 둥근 이 녹색 널빤지 위에는 과일이 놓여 있다. 분명 보는 이의 마음에 잊을 수 없는 이미지를 남기려는 의도일 텐데, 사람들이 이 상표를 보고 전적으로 자의적인 해석을 하면서 그 효과는 더 커진다.

브랜드 인지도를 높일 때는 반복 효과가 좋은 수단이다. 중간 시기의 상표는 지나치게 자신을 드러내는 경향이 있었다. 중개소에서 매수인이 오렌지 상자를 구입하리라는 사실이 뻔한데도 상표에는 대개 오렌지 그림이 붙어 있었다. 오렌지 카운티의 플라센티아 상호오렌지조합Placentia Mutual Orange Association에서 만든 '칼레도니아Caledonia' 상표, 캘리포니아의 업랜드그로브스 사에서 만든 '업랜드골드Upland Gold', 벤투라 카운티 파이루의 파이루감귤협회Piru Citrus Association에서 만든 '벨오브파이루Belle of Piru' 등에서 볼 수 있는 이런 중복적 표현은 지극히 의도적인 것이었다. 바로 오렌지, 업랜드, 파이루 등의 반복되는 단어들을 도매상의 머리에 각인시키는 것이 그 목적이었다.

그러나 내 생각에 최고의 영예는 '인덱스Index' 상표에 돌아가야 할 것 같다. 상표 이름에 있는 집게손가락이 오렌지 상자를 가리키는데, 종이 포장을 해도 그 대부분이 보인다. 상자의 옆면에도 상표가 붙어 있으며, 상자의 긴 면에는 두 손 사이에 '인덱스 브랜드'라는 단어가 박혀 있다. 여기에서 집게손가락 두 개가 따옴표 모양을 하고서 브랜드 명을 가리킨다. 바닥에는 '라 하브라 벨리'라고 주소가 씌어 있고, 내용물을 가리키는 '레몬-오렌지'라는 글씨가 또 한 번 붙어 있다.

감귤 상표에 나타난 미국화의 모습

그럼 세 가지 스타일 가운데 첫 번째, 즉 캘리포니아 풍경을 보여 주었던 상표 이야기로 돌아가 보자. 내가 가장 좋아하는 것은 벤투라 카운티의 파이루감귤협회에서 생산한 '홈오브라모나Home of Ramona'로, 저작권은 엘피아노 델 발레에게 있으며 발행

연도는 1900년이다. 이 상표는 발렌시아오렌지를 홍보하고 있는데, 그중 하나인 유명한 썬키스트는 종이 포장지의 왼쪽 아래 구석에 붙어 있다(이 특정 상표는 1914년 이후에 등장한다). 전면에는 스페인풍 캘리포니아 양식의 집이 한 채 보인다. 대문은 닫혀 있고, 입구에는 지붕형 현관과 기둥이 있으며, 꽃이 만발한 나무도 보인다. 오렌지 농장은 중간 부분에 있으며, 맨 뒤에는 눈 쌓인 거대한 산이 자리하고 있다. 산의 모습은 벤투라 카운티에서 실제로 보는 것보다도 훨씬 더 인상적이다. 이 상표는 란초카뮬로스를 배경으로 한 헬렌 헌트 잭슨의 소설《라모나Ramona》에서 영감을 받은 것이라고 한다.

이러한 상표는, 와인 양조장 샤토를 그려 넣은 프랑스의 와인 상표와도 비슷하다. 실제로 이 감귤 상표가 프랑스 와인 병을 본뜬 것이라는 생각이 들 만큼, 아래쪽 소유주의 집 그림과 이를 둘러싼 배경은 완전히 똑같다.

그러나 프랑스에서 프랑스 와인에 통했던 기법이 미국에서는 성공하지 못했다. 프랑스 문화에서는 특정 지역의 사람이나 생산물을 규정할 때 테루아terroir(포도가 자라는 데 영향을 주는 지리적인 요소와 기후적인 요소, 포도 재배법 등을 모두 포괄하는 단어-역주)가 매우 중요하다. 샤를 드골은 최소한 350개의 서로 다른 치즈가 존재하는 나라를 통치하기란 불가능하다는 재담을 남긴 바 있다. 이 치즈들은 서로 다른 장소에서 생산되며 그 맛과 향은 지역의 지리, 기후, 토양, 역사적 전통 등을 모두 반영한다.

그러므로 프랑스 단어 테루아는 농업 지역, 전통, 보수주의 등이 결합된 개념이며 '탁월하다'는 의미 또한 포함한다. 프랑스

와인의 원산지 통제명칭 시스템은, 브랜드 명과 그 와인이 숙성된 실제 지역을 결합하는 수단이다. 그리고 샤토 이미지와 함께 병에 붙은 상표는, 이러한 수확물을 표현하는 시각적 아이콘이다.

캘리포니아의 포도 및 감귤 경작자들은 유럽의 와인 상표를 모방하는 것으로 출발했지만, 상표의 문화적 차이가 얼마나 큰지는 알지 못했다. 이러한 상표는 지속될 수 없었다. 자유로운 이동성을 더 중요하게 생각했던 미국인들에게 테루아 개념은 낯선 것이었다. 유럽인들과 달리 미국인들은 흔히 사회적 성공과 지리적 이동성을 동일시한다. 몇 년 이상, 심하게는 평생 동안 한곳에 머무르는 것은 미국인들에게 곧 정체를 뜻한다.

그리하여 정적인 우편엽서 스타일의 상표는 제1차 세계대전이 시작되면서 미국인의 역동성과 속도를 보여 주는 이미지로 대체되었다. 수많은 상표에는, 화물 열차가 감귤 상자를 싣고 소비자를 향해 쇄도하는 모습이 등장했다. '더블에이Double A' 상표가 대표적인 예이다. 1920년대에는 비행 산업의 발전으로 비행기 그림이 나타나기 시작했다. '시티인더스카이City in the Sky' 상표는 구름 위에 떠 있는 미래형 도시의 그림으로, 〈스타 트렉〉을 예견하듯 비행선을 갖추고 있다. '에어십Airship'은 비행기를 로고로 하는 또 다른 상표이며, '글라이더Glider'라는 상표에서는 글라이더 그림도 찾아 볼 수 있다.

이러한 감귤 상자의 상표를 보면 미국화의 전형을 확인할 수 있다. 비슷한 예로 영화, 특히 애니메이션 영화를 들 수 있다. 월트 디즈니 같은 사람들의 공로로 애니메이션 영화는 진정한 미국 미술의 한 형태로 자리매김했으며, 감귤 상자의 상표 미술과 같은 시기에 어깨를 나란히 하고 발전했다.

그렇다면 미국화는 어떤 모습으로 나타났을까? 미국 하면 제일 먼저 떠오르는 것은 대륙의 광활함과 통합의 필요성이다. 또한 미국은 이민자들의 국가이기 때문에, 이민 역시 한 가지 특징이 된다.

미국의 정체성은 서부 개척과 같은, 신화로 전환된 역사에 뿌리를 둔다. 서부영화가 영화의 한 장르로 성공할 수 있었던 요인이 감귤 상자 상표에도 영향을 미친 것이다. 그래서 상표에는 아메리카 원주민과 서부의 풍광, 그리고 아메리카 원주민 전사들이 자주 등장한다. '브랑코Branco' 상표에는 카우보이가 말을 타고 모래 위를 질주하며, '인디언벨르Indian Belle'와 '인디언브레이브Indian Brave'는 바위에 앉은 한 여성의 사랑 이야기를 보여 준다. '카웨아Kaweah'에는 또 다른 젊은 아메리카 원주민 여성이 등장하며, '팔라브레이브Pala Brave'에는 머리장식을 한 아메리카 원주민이 나타난다. '록키힐Rocky Hill'에는 아메리카 원주민 추장이 언덕 위에서 말과 함께 있는 모습이 보인다.

이러한 상표의 이미지는 미국의 초등학교 어린이들에게 가르치는 소재와 정확히 일치한다. 조지 워싱턴이나 에이브러햄 링컨 같은 미국의 영웅들, 오염되지 않은 대지의 아름다움, 기사와 숙녀가 등장하는 기사도 시대(옛 남부를 이상적으로 구현해 낸 〈바람과 함께 사라지다〉에 잘 나타나 있다), 사나운 아메리카 원주민 전사들과 맞섰던 서부의 정복전쟁 등이 바로 그것이다.

그러므로 상표 미술은 일반적으로 소재에 있어 매우 미국적이다. 이국적 풍광을 그리는 경우는 별로 없었다. 예외인 소재가

한 가지 있는데, 바로 스코틀랜드이다. 몇몇 상표에는 다양한 종류의 스코틀랜드 격자무늬가 등장한다. '칼레도니아' 상표의 아름다운 그림에는 격자무늬 옷을 배경으로 엉겅퀴가 보이며, '트위드Tweed'에도 비슷한 천 조각이 나타난다. 스트라스모어패킹하우스 사는 스코틀랜드를 주제로 한 상표 몇 가지를 출시했다. '스카치래시진Scotch Lassie Jaen'에는 스코틀랜드 전통의상을 입은 매력적인 소녀가 미소 지으며 손을 흔든다. 또한 '스크라스모어Strathmore' 상표에는 백파이프 연주자가 역시 전통의상을 입고 엉겅퀴를 배경으로 행진을 한다. 그 밖에도 스코틀랜드를 소재로 한 상표는 '킬티Kiltie' 등 여러 가지가 있다.

스코틀랜드, 혹은 스코틀랜드의 문물과 감귤의 결합을 설명해 주는 음식으로는 마멀레이드가 있다. 마멀레이드는 스코틀랜드에서 기원한 것으로 추정되는데, 토스트와 함께 미국인의 아침 식사에서 빼놓을 수 없는 음식이다. 1920년대에 캘리포니아 과일경작자거래소가 아침 식사로 오렌지 주스 한잔을 마시자는 대대적인 판매촉진 활동을 시작한 이래로, 감귤을 아침 식사와 연관 지어 판매를 늘리려는 온갖 시도가 환영을 받았다. 한 예로 리버사이드 카운티에 있는 코로나풋힐레몬 사가 만든 '타탄Tartan' 상표는 아침상에 놓인 그레이프프루트로 고객들을 유혹한다.

상징을 분석하는 것은 광고를 이해하는 강력한 수단이다. 상징은 세 부분으로 구성된다. 라틴어로 '픽투라pictura'라고 하는 수수께끼 같은 이미지는 두 가지 문자석 요소를 동반한다. 모토 혹은 표제인 '인스크립티오inscriptio'와 설명 '서스크립티오

suscripto'이다.

내 생각에, 모든 광고는 르네상스 시대에 처음 도입되었던 모델에서 아직도 벗어나지 못하고 있다. 멋있는 '에어십' 상표를 예로 들어 보자. 필모어시트러스 사는 출발부터 이 상표를 고안했고 이것을 계속 고수했다. 처음에는 감귤 농장 위를 비행하는 비행선을 이미지로 사용했으나 항공 산업의 진보에 따라 그 모습도 점차 발전해 갔다.

지금 내가 보고 있는 상표에서는 땅을 향해 하강하는 프로펠러가 네 개 달린 여객기(제2차 세계대전의 공중요새였던 B-17, 혹은 B-21과 똑같은 모양인데, 깨끗하게 들여다보이는 창문으로 여객기라는 것을 알 수 있다) 전면 왼쪽 아래에는 포장에 싸인 오렌지가 있는데, 필모어시트러스 상표의 특징인 썬키스트 로고가 선명하게 새겨져 있다. 이 상표는 두 가지 점에서 의문스럽다. 왜 비행기가 밑을 향하고 있을까? 그리고 왜 비행기 날개의 밑부분과 수평안정판은 아래에서부터 황금빛으로 흠뻑 물들었을까? 두 번째 질문의 해답은 명백하다. 황금색은 썬키스트 오렌지로 인한 것이다. 첫 번째 질문에 관해 말하자면, 승객들이 밖으로 나와 황금 과일을 맛보려 아우성치고 있는 것으로 미루어 볼 때 이 비행기는 필모어라는 엘도라도에 막 착륙하는 중이라는 것이 숨어 있는 메시지이다.

감귤 향을 지키기,
혹은 더하기

언젠가 죽을 수밖에 없다는 생각에 인간은 다양한 물건들을 남긴다. 책갈피 속 말린 꽃잎, 이집트인의 미이라, 이집트 파이움에서 발견된 신비스러운 초상화. 기르던 애완동물이나 사냥 전리품 등의 박제. 이것들은 모두 한때 생명을 가졌던 유기체의 흔적을 보존하려는 인간의 의지를 반영한다. 그리고 모든 문화는 이와 비슷한 욕구를 충족한다고 할 수 있을 것이다.

그런데 더 흥미로운 질문은 이런 것들이다. 왜 인간의 뇌는 초기의 의식 상태로 돌아가려고 할까? 개인에게 기억이란 간직할 가치가 있는 것일까? 집단으로서의 인간은?

프루스트의 대표작 《잃어버린 시간을 찾아서A la recherche du temps perdu》는 신비로운 기억의 영역을 대담하게 탐구하는 작품이다. 프루스트는 후각과 미각의 기억에 깊은 관심을 보였는데, 마들렌 과자를 먹으며 옛 기억을 되살린 일화는 아주 유명하다.

실제로 이러한 기억들은 우리가 음식이나 와인을 평가할 때 중요한 작용을 한다. 클래식 음악 애호가가 클라리넷 소리를 좋아하되, 그것이 오케스트라에서 다른 악기들과 조화를 이루어 화음을 만드는 심포니 역시 즐겨 감상하는 것과 마찬가지로 미식가는 부르게유 와인 병 속에서 바이올렛 향을 구별해 내거나 잘 차려진 식사에서 맛과 향의 복합적 향기를 음미하는 데 즐거움을 느낀다.

연구 결과에 따르면, 감귤은 감각 기억을 아주 오랫동안 유지시킨다고 한다. 이번 장에서는 이러한 주장을 뒷받침하는 경험적 증거들을 살펴본 후 탄제린 맛, 레몬의 신맛, 태양에 데워진 포도의 향까지 되살려 내는 요리 속임수 몇 가지를 알아볼 것이다.

이러한 비책들이 개발된 이유는 무엇일까? 감귤이 향수처럼 오랫동안 값비싼 귀중품이었기 때문일까? 아마도 그럴 것이다.

상업용 탄산 음료수 상당수에서는 감귤 향이 난다. 즉 감귤 맛 소프트드링크가 널리 사랑받고 있다. 전통적으로 이 맛은, 오렌지 맛이 나는 L-리모넨과 레몬 맛이 나는 D-리모넨을 함유한 감귤 씨에서 추출한 에센셜 오일에 기인한다. 복합 성분의 에센셜 오일이 단일 합성 화학물로 대체되기도 하는데, 좀더 저렴하지만 질적으로는 다르다.

에센셜 오일을 사용하여 소프트드링크의 맛을 내는 전통적 방식은 기술적 어려움이 따른다. 기름은 물과 섞이지 않기 때문이다. 따라서 유화 촉매제가 필요하다. 이것은 아주 적은 양으로도 기름을 물에 떠 있는 미세 물방울로 전환하는데, 그 양이 너무 적어서 음료수를 마시는 사람은 알아차리지도 못한다. 물론 이러한 유화액은 분해되지 않으면서 탄산화하지 않아야 한다.

그럼 사탕은 어떨까? 사탕은 음식 역사에서 가장 풍부한 물질인 동시에 종류 또한 가장 다양하다. 유럽인들이 근대 초기 이전에 즐겨 먹던 달콤한 사탕 종류를 맛보려면 칼리송을 먹어 보라. 칼리송은 엑상프로방스의 특산물로 꿀로 만들었다. 누가와 스페인 뚜론의 사촌 격인데, 이 음식들의 역사는 아랍인의 점령과 알안달루스까지 거슬러 올라간다. 다양한 종류의 사탕이 중동에서부터 스페인, 포르투갈, 이탈리아를 거쳐 서부 유럽에까지 도달했다. 현재 우리가 먹는 사탕 속에도 중세 후기와 르네상스시기에 사용했던 성분들이 함유되어 있다. 아라비아고무, 검아카시아 나뭇진, 트래거캔스고무, 사프란 등 베네치아 갤리선의 물품 창고에서 나던 냄새를 지금의 사탕에서도 맡을 수 있다.

감귤 향 사탕 만들기

16세기와 17세기에는 사탕수수가 유럽에 대량으로 들어오면서 감미료로 사용되던 꿀을 대신하게 되었다. 근시안적인 음식사가들은 사탕이 처음 만들어진 것이 19세기 초반, 서부 유럽에 사탕무당이 소개되었을 때라고 본다. 하지만 사탕이 상업적으로 제조된 시점은 그때로 본다고 하더라도, 단것의 역사는 훨씬 길게 잡아야 할 것이다.

예를 들어 레몬 드롭스는 어떻게 만들어졌을까? 옛날에 레몬 드롭스의 표면은 감귤 씨와 사과 찌꺼기에서 추출한 펙틴으로 겔화했다. 향은 레몬 오일로 냈고, 사프란을 약간 넣어 색을 노랗게 만들었다. 19세기 말이 되어서야 천연 염료 대신 인공색소를 이용해 사탕에 색을 내기 시작했다. 마찬가지로 오렌지 드롭스는 오렌지 오일이나 네롤리 오일로 향을 내 만들었다.

지금도 그렇지만 당시의 과제는 감귤 과일의 특징인 단맛과 신맛이 조화를 이루도록 하는 것이다. 사탕은 기본적으로 포도당, 과당, 엿당, 자당 등의 설탕과 마니톨, 혹은 소르비톨 등 설탕 관련 화학물질들로 구성된다. 이러한 분자들 대부분은 단맛을 내므로(아주 적은 양의 설탕으로도 단맛이 난다), 감귤 향 제조 공식의 첫 번째 부분은 아주 간단하다고 할 수 있다. 두 번째 부분도 마찬가지로 쉽다. 시트르산은 사탕에 필요한 강도, 결정도, 씹히는 정도가 어떠하든 상관없이 신맛을 내는 데 아주 유용한 성분이다. 사실 식품 성분으로서는 다른 유기산이 시트르산을 능가한다. 원래 사과에서 추출한 말산은, 향을 강화하고 신맛을 유지하는 데 있어 시트르산보다 우월하다. 와인의 부산물인 타타르산은 시트르산과 사과산 사이의 신맛을 낸다.

이제 말린 감귤 껍질 이야기로 넘어가자. 발레 지역의 오두막집 샬레이건, 발다오스타의 작은 농장이건, 혹은 오트사부아의 오래된 돌집이건, 알프스의 가정집에는 부엌이나 거실 벽에 검소한 장식품을 걸어 둔다. 바로 말린 과일로 만든 고리이다. 집 안에서 여자들이 손으로 만들기도 하고, 아이들 중 하나가 초등학교 과제로 만들기도 한다.

이 과일 고리는 풍요의 의미를 담고 있으며, 길고 매서운 겨울 동안 따뜻한 여름의 기억을 간직한다는 의도 또한 서려 있다. 고리의 재료인 과일 조각들은 결국에는 단단해지고 먼지도 탄다. 그래서 연례 축제 의식 때마다 고리를 교체해 주어야 한다.

글을 써 내려가는 지금, 나는 이 태양의 표상을 손에 쥐고서 프랑스 알프스에서 보냈던 어린 시절을 떠올려 본다. 라피아야 자 줄에 대여섯 개쯤 되는 크고 둥그런 모양의 재료들이 달려 있고 그 사이사이에 레몬과 오렌지 조각이 번갈아 끼워져 있다. 두툼한 레몬 조각들은 하얀 크림색으로 변색되었다. 좀더 얇은 오렌지 조각들은 거무스름해져서 짙은 루비색, 혹은 검붉은 색을 띤다. 저 큰 재료들은 원래 정확히 무엇이었을까? 사과? 토마토? 클레멘타인? 이것들은 세월과 함께 오그라들었다. 부드럽고 윤이 나는 껍질은 시간을 초월한 골동품 바이올린의 광택이 흐른다.

이것은 단순한 장식품이 아니다. 나는 추운 겨울날 밤 이 고리를 사용하는 것을 본 적이 있다. 과일 조각 하나를 뜨거운 홍차나 허브차 위에 띄워 장식도 하고 향도 낸다. 여기에는 실용적인 의미와 상징적인 의미가 얽혀 있다. 여름에 대한 기억은 춥고 매서운 계절을 나는 동안 마음이 가라앉지 않도록 지켜 준다.

방금 설명했던 고리는 기억의 저장소이다. 말린 과일은 원래의 맛과 향을 어느 정도 간직하고 있다. 말리는 과정에서 맛과 향이 응축되는 것이다.

화학물질에 먼저 담근 후에 과일을 말리면 세균이 죽고, 따라서 과육이나 섬유질이 부패하는 것을 방지할 수 있다. 건조한 식품은 말린 고기, 대구, 말린 소시지, 치즈 등의 염장 식품과 같은 이점이 있다. 염장은 아주 먼 옛날부터 인류가 단백질을 공급해 온 방법이기도 하다.

사탕 제조 과정 또한 마찬가지로 과일과 설탕을 주입하고 건조하는 공정을 거친다. 적어도 르네상스 이후로 유럽의 미식가들은 과일 사탕을 대접할 수 있게 되었다. 로마, 비엔나, 프랑크푸르트, 리에주, 파리, 위트레흐트 같은 서유럽 도시의 과자 상인들은 대추야자나 무화과 같은 아시아산 과일을 맛보고 싶다면 사탕을 먹어 보라고 고객들에게 이야기하곤 했다. 그중에서도 가장 흔한 맛은 종류도 다양한 감귤이었다.

신맛을 단맛으로 바꾸는 놀라운 결과를 감안한다면 사탕 제조 공정은 쉬운 편이다. 설령 원래 과일 맛이 다소 시큼할지라도 사탕으로 만든 오렌지는 아주 달콤해진다. 게다가 틀림없는 오렌지(혹은 레몬, 탄제린, 클레멘타인)의 향기와 맛이 온전히 보존된다(혹은 그렇게 보인다).

오렌지 과육을 깨물면 피막에 구멍이 뚫리면서 속살이 터져 신맛과 단맛이 결합된 과즙이 입안에 가득해진다. 그런데 오렌지 사탕은 만드는 과정에서 신맛이 일체 사라진다. 사과나 건포도 등 다른 마른 과일을 먹을 때와도 비슷한 느낌이다. 즉, 당도가 높아지고 강화되는 것이다. 사실 사탕 제조 과정에서 과일은 그 세포에서 나오는 과즙을 모두 잃게 된다. 내용물들이 설탕으로 완전히 대체되는 것이다.

자연 향과 인공 향의 조화

16세기 동안 가장 영향력 있는 요리책을 썼던 도슨은 오렌지나 시트론을 사탕으로 제조하는 조리법을 다음과 같이 제시했다.

시트론을 따서 조각조각 자른 후 과즙과 속을 빼낸다. 부드러워질 때까지 한 시간 반 동안 신선한 물에 끓이고, 꺼내서 차가운 물에 한참 담가 둔다. 그 다음 또 다른 신선한 물에 넣고 불 위에 올려서 약한 불로 잠깐 가열한다. 푹 끓이는 것이 아니라 약간 무르게 되도록, 그렇게 여드레 동안 매일 뜨거운 물로 계속 끓인다. 어떤 사람은 시트론이 너무 물러지지 않도록 하루는 빼고 물을 끓인다. 단, 껍질의 쓴맛을 제거하려면 밤에 새 물로 바꾸어야 한다. 쓴맛이 없어지면 설탕이나 투명해진 꿀을 가져와 거기에 시트론을 넣는데, 먼저 물기를 빼내 잘 말려야 한다. 겨울에는 서리를 맞지 않도록 하며, 여름에는 밤새도록 내버려둔다. 꿀 속에 하루 낮, 하룻밤을 둔 후, 시트론은 빼고 약한 불로 꿀과 설탕만을 한 시간 반이나 그보다 조금 짧게 끓인다. 이것을 식혀서 차가워지면 다시 약한 불로 한 시간 반 혹은 그보다 짧게 끓이며, 식으면 시트론과 함께 다시 불 위에 올리는데, 이러기를 이틀 아침 동안 계속한다. 설탕이 아니라 꿀을 물에 넣을 거라면, 두 번 맑게 우려내야 하며 여과기로 여과를 해야 한다. 그래서 따뜻해지고 맑아지면 다시 불 위에 올리는데, 시트론만 함께 넣고서 15분 동안 약한 불에 끓이고, 그런 다음 불을 빼고 하루 낮 하룻밤 내내 내버려 둔다. 다음날 아침 30분간 모두 함께 다시 끓이는데 이러기를 이틀 아침 동안, 꿀이나 설탕이 시트론과 잘 융합될 때까지 한다.

이처럼 15세기 말에는 꿀과 설탕이 감미료로 사용되었다. 이때는 도슨의 요리법이 필요했지만 지금은 현대적인 방식으로 제조 과정을 한결 단축할 수 있다.

밝은 빛의 감귤 과일 두세 개. 단, 라임은 안 됨.

과립형 설탕 3컵

- 과일의 껍질을 제거한 후 6~7mm 정도로 가늘게 자른다.
- 과일 조각을 끓는 물에 넣고 2분 동안 펄펄 끓인다.
- 과일 조각을 여과기에 넣고 흐르는 찬물로 생기를 준 다음, 신선한 물을 이용하여 한 번 더 끓이는 과정을 반복한다.
- 설탕 2컵을 물 1컵에 풀어 천천히 끓인다.
- 데친 감귤 조각을 넣고 20분 동안, 혹은 색이 투명하게 바뀔 때까지 펄펄 끓인다.
- 시럽에 넣은 과일 조각을 식힌 뒤, 약간 끈끈해질 때까지 선반 위에서 두 시간 이상 건조한다.
- 미리 준비해 둔 설탕 컵 안에 과일 조각들을 넣고서 굴려 설탕을 바른 후, 공기가 새지 않는 용기 속에 보관한다.

이것이 바로 가장 맛있게 만드는 방법이다. 이 과정을 따르면 껍질에 보존되어 있던 파괴되기 쉬운 분자들의 성질을 변화시켜 목적한 바를 완벽하게 이룰 수 있다. 뜨거운 물에 한 시간 정도 끓이면, 분자가 파괴되는 것이 아니라 변화되는 것을 목격할 수 있다.

물론 건조하거나 사탕으로 만드는 동안에도 많은 화학물질들

은 보존된다. 파괴되지 않은 이들 화학물질이 향이 오래가도록
해 준다.

만약 천연 향을 유지하고 싶다면 화학자의 연구실에서 나뭇
잎을 가져오는 게 더 좋은 생각일 것이다. 화학자들은 한 식물에
서 어떤 물질을 떼어내면 용매를 이용해 이것을 추출하기 시작
한다. 이 과정은 용매에 포함된 다양한 화학물질의 용해도에 따
라 달라진다. 화학 실험실에는 물, 알코올, 에테르, 석유에테르,
벤젠, 헥산 등 다양한 용매들이 구비되어 있다.

자연 향의 복구라는 과제는 두 가지 이유에서 쉽지 않다. 어
떤 성분은 한 가지 용매(이를테면 물)에서는 녹지만 다른 용매(예를
들어 알코올)에는 녹지 않는다. 또 일부는 추출 과정에서 화학적으
로 변화되기도 한다. 12세기에 유럽인들이 증류를 통해 알코올
을 정제하는 방식을 원천 기술자인 아랍인들에게서 배운 이후,
알코올 추출은 가내 산업으로 자리를 잡았다. 알코올 추출물은
신앙요법의 치료제로 쓰였으며 베네딕틴, 쿠앵트로, 샤르트뢰즈
같은 술의 선조쯤 되는 술들을 생산하는 재료가 되었다. 물론 알
코올 추출법은 감귤 껍질에도 적용되었다. 오렌지 와인을 보라.

오렌지 와인

껍질을 벗긴 오렌지 6개
도수 최소 90도 이상의 과실주용 알코올 1리터
과립형 백설탕 900그램

드라이 화이트 와인 3병

스위트 화이트 와인 2병

말린 후추 열매 6개

정향 6개

계피 막대 1/4

- 오렌지 껍질에서 흰 중과피를 최대한 많이 제거해 준비한다.
- 껍질을 양념과 함께 과실주용 알코올에 집어넣는다.
- 약 3주 동안 재워 둔다.
- 설탕을 넣고 녹을 때까지 나무 주걱으로 젓는다.
- 와인을 넣는다.
- 3주 동안 다시 재워 둔다.
- 알맹이를 걸러 낸다.

《날것과 익힌 것Le cru et le cuit》은 인류학자 클로드 레비스트로스가 쓴 책의 제목이다. 이 책은 아메리카 인디언의 이야기에 기초하고 있으며, 구조주의 해석을 제시한다. 앞서 봤듯이 사탕 만들기와 끓이기는 감귤 껍질의 분자 일부를 파괴한다. 대부분의 테르펜은 온도 상승을 버티지 못하기 때문에 어느 정도는 구조적 손상을 입게 된다.

그러나 익히는 과정이 전적으로 향을 해치는 것은 아니다. 이 사실은 일상의 경험에서도 알 수 있다. 스토브 위의 냄비에서는 좋은 냄새가 풍긴다. 부엌은 요리로 인해 자연향이 파괴되는 장소이기도 하지만, 요리 그 자체가 창조하는 새로운 향이 등장하는 곳이기도 하다.

감귤은 이러한 원리에 딱 들어맞는다. 요리 때문에 새로운 휘발성 분자들이 발생하고, 일부는 코를 즐겁게 한다. 이것은 캐러멜화와 메일라드 반응 때문이다.

캐러멜화 과정에서는 먼저 열이 가해지면 감귤 과일에 존재하는 자당 분자들이 포도당과 과당으로 분리된다. 일단 분리된 이러한 분자들은 두 번째 단계에서 가열되면 서로 결합하여 긴 중합 사슬의 캐러멜이 된다.

다음으로 메일라드 반응은 20세기 초에 발견된 것으로, 부엌에서 풍기는 입맛 돋우는 향의 주범이 된다. 음식 속 단백질의 아미노산과 설탕을 함께 익히면 이 둘이 결합하여 휘발성 분자가 되는데, 우리는 이 냄새를 아주 좋아한다. 요리할 때 고기와 채소가 누렇게 변하고 그 과정에서 향을 발산하는 것 역시 메일라드 반응 때문이다.

설탕 시럽을 가열하면 캐러멜화와 메일라드 반응이 일어나기 적절한 환경이 조성된다. 물론 설탕 시럽이란 고농축 설탕을 함유하는 수용성 용액을 말한다. 설탕 시럽은 극소량의 단백질과 아미노산을 함유하고 있지만 메일라드 반응이 일어나기에는 충분하다. 요리할 때는 물에 설탕을 녹여 시럽을 만드는데, 물은 상당한 양의 설탕을 흡수할 수 있다. 설탕만 함유되어 있다면, 오렌지 주스나 포도 주스를 가열해도 얼마든지 시럽을 만들 수 있다. 주스 속 수분이 대부분 증발되어 사라지면 주스는 점차 끈끈해진다. 그리하여 주스를 가열하거나, 아니면 더 좋은 방법인 끓이기를 하면 감귤 덩어리 전체는 레비스트로스가 강조했던 두 가지 영역, 즉 자연과 문화가 결합한 산물이 된다.

향긋한 마멀레이드의 복잡한 어원

뉴질랜드에서 제일 좋은 대학교의 화학과에 재직 중인 동료가 한 명 있는데 오클랜드에 있을 때 그의 아내는 마멀레이드 요리법을 전수해 주었다. 다음은 내가 노트에 적어 둔 내용이다.

마멀레이드

이 요리법에서 설탕 분량을 조절하는 최선의 방법은, 요리된 과일을 담을 각각의 컵마다 설탕을 4분의 3 정도 넣는 것이다. 혹시 세빌 오렌지를 찾을 수 없으면 신맛을 더하기 위해 레몬 두 개를 첨가하면 된다.

큰 포도 2개
오렌지 6개(세빌오렌지가 가장 좋다)
과립형 백설탕 약 1컵
흑설탕 1컵

• 과일을 씻고 얇게 썰어서 냄비에 넣고 물을 채운다.
• 밤새도록 뚜껑을 덮어 과일을 보관한다.
• 다음날, 약 40분 동안 과일과 물을 펄펄 끓여 과일을 무르게 만

든다.

- 과일이 거의 물러지면 철판 위에 설탕을 올리고 오븐에 넣어 135도로 데운다. 약 20분 동안 가열한다.
- 데워진 설탕을 과일에 붓고 과일이 굳어질 때까지 조린다. 냉장고에 빈 접시를 넣어 두고 요리 중간중간 과일의 농도를 시험해 본다. 과일이 차가운 접시 위에서 빠른 시간 내에 형태를 갖추면 농도가 적당한 것이다.
- 약간 식혀서 유리병에 담아 두고 저장한다.

나는 마멀레이드를 볼 때면 향긋한 냄새에 얽힌 따사로운 기억이 떠오른다. 플로리다 해안에 있는 시더키는 우아하게 하늘을 나는 수많은 펠리컨과 야생의 정취 때문에 관광객이 몰리는 곳이다. 하지만 이곳은 삶의 터전을 마련하기 어려운 곳이다. 카리브 해에서 시작해 북으로 이동하는 허리케인이 이 마을을 정기적으로 휩쓸고 지나가기 때문이다.

마이애미 근처 코럴게이블스에서 드라이브를 즐기던 중, 나와 아내는 시더키에서 잠깐 멈추었다. 운이 좋았던지 우리는 아주 괜찮은 모텔에 머물게 되었다. 요란하게 광고는 하지 않았지만 참 우아한 숙소였다. 취사시설도 완벽하게 갖추어져 있어서 요리하고 싶은 마음이 절로 들었다. 그래서 우리는 아침에 밖으로 나가 감귤을 샀다. 그리고 위에 소개한 요리법대로 마멀레이드를 만들었다. 우리가 시더키에 머무는 동안 숙소에서는 아주 좋은 냄새가 진동했다. 이 지역의 이름에서 연상되는 향기와도 어느 정도 일치하는 냄새였다('cedar'는 삼나무를 뜻한다-역주). 우리는 과일을 샀던 근처의 작은 시장에서 빈 유리병도 몇 개 사서, 우리가 만든 마멀레이드를 채웠다. 뉴햄프셔를 향해 U.S. 1번 도로를 따라 북쪽으로 달리는 내내, 마멀레이드는 우리의 배를 넉넉하게 채워 주었다.

마멀레이드의 어원에 대해서는 몇 가지 공상적인 설이 존재한다. 어떤 사람들은 이 요리법의 기원이 스코틀랜드라고 주장하는데 그리 근거 있는 이야기는 아닌 듯하다.

이 얘기의 주인공은, 프랑스의 황태자 도팽과 짧은 결혼 생활을 했던 스코틀랜드의 여왕 메리이다. 그녀가 병에 걸렸을 때 시종들이 프랑스어로 "메리가 아파요Marie est malade"하고 말했는데 이 말이 곧 '마멀레이드'가 되었다는 것이다. 아픈 메리 여왕이 오렌지 잼을 먹고 싶어 했다는 것인지는 알 수 없다. 또 다른 왕실 이야기에서는 이 여왕이 뱃멀미를 하는 바람에, 바다를 뜻하는 프랑스어 'mer'와 아프다는 뜻의 'malade'가 합쳐져서 '마멀레이드'가 되었다고도 전한다.

사실 영어 단어 '마멀레이드'는 반도에서 기원했다고 보는 편이 더 일리가 있다. 이 음식은 원래 17~18세기에 프랑스나 영국으로 수출되었던 세빌오렌지로 만들었기 때문이다. 실제로 포르투갈어에는 마르멜로 과일을 뜻하는 'marmelo'라는 단어가 있는데 이 말은 또, 몇 가지 종류의 달콤한 사과를 일컫는 데 사용했던 라틴어 단어 'melimelum'에서 유래한 것이다. 스페인어에도 'mermelada'라는 단어가 아주 일찍부터 존재했다는 사실을 보면 마멀레이드가 남부 유럽의 로망스어에서 유래했다는 주장은 한층 확고해진다. 이 단어가 프랑스어에 처음 나타난 것은 1573년으로 거슬러 올라간다. 당시는 'mermelade'로 표기했으며 1642년에는 'marmellade'라고 썼는데, 두 단어 모두 포르투갈어 'marmelo'와 아주 유사하다.

종합해 보면 영어 단어 '마멀레이드'는 달콤한 마르멜로 젤리를 지칭하는 포르투갈어 'marmelada'에서 유래한 것이 유력하다. 이 말이 직접적으로 전파되었는지 아니면 프랑스를 통해 간접적으로 들어왔는지에 관해서는 과학적인 의문이 든다. 직접 전파설은 전설에 가깝다. 브라간사 왕가의 카타리나가 1662년 찰스 2세와 결혼한 후 고향의 마르멜로 설탕절임에 대한 향수가 깊어 갔다는 이야기다. 그러나 '마멀레이드'는 프랑스어에 최초로 등장하기 훨씬 이전인 1480년에 이미 영국 언어에 기록되어 있다.

'murmblade', 'marmalet', 'marmalad', 'marmaled' 등 프랑스어에서 차용한 다양한 표기법이 영어에 등장한 것은 16세기와 17세기로 거슬러 올라간다. 이 단어들은 대부분 끓인 마르멜로로 만든 설탕절임을 가리켰다.

그러면 '마르멜로'라는 단어는 어떻게 감귤에 설탕을 넣어 요리한 음식을 의미하게 되었을까? 이 질문에 답하기 위해서는 꿀사과, 혹은 달콤한 사과를 뜻하는 라틴어 'melimelum'으로 되돌아가야 한다. 이 단어는 또 오렌지 설탕절임, 혹은 마멀레이드를 뜻하는 그리스 단어 'melimêlon'에서 온 것이다.

마르멜로 과일과 마멀레이드 사이의 혼동은 고대 라틴어와 그리스어, 그리고 두 종류의 과일 사이의 중요한 어휘적 차이에서 비롯되었다. 라틴어에서는 견과류(라틴어로 nux)와 씨가 든 음식을 모두 'malum(그리스어 mêlon에서 유래)'으로 통칭했다. 그래서 로마인들에게 사과는 'malus'로 알려졌고, 사과소스는 여기에서 파생된 단어 'melata'로 알려지게 되었다. 우리가 마멀레이드로 알고 있는 것에 그리스인들이 이미 'melimêlon'이라는 이름을 붙였기 때문에, 로마인들은 오렌지 마멀레이드를 'melimelata' 라고 유사하게 불렀다. 포르투갈어 마르멜로는 똑같이 그리스어 'melimêlon'에서 온 것이지만 꿀사과라는 의미를 지닌다. 여기서 꿀사과는 사과나무에 접붙인 마르멜로를 뜻한다. 요즘 우리가 사용하는 '멜론'의 어원 역시 내부에 씨앗을 가진 부드러운 과일을 뜻하는, 같은 이름의 그리스어와 라틴어로 거슬러 올라간다.

한편 이탈리아어와 프랑스어에서는 뒤죽박죽 상태를 'meli-melo'라 표현한다(영어의 'mish-mash'에 해당). 이 단어와 '마멀레이드' 사이에는 어떤 관련이 있을까? 현재 미국의 수많은 레스토랑에서는 '프루트멜리멜로fruit melimelo'라는 이름의 과일 샐러드를 먹을 수 있다.

세 가지 맛이 섞인 조미료, 처트니

처트니chutney는 영국이 인도를 식민지로 점유하는 동안 발견해 세계에 알린 조미료이다. 여기에는 온갖 재료가 혼합돼 있으며 강하고 매운 향이 나는데, 옥스퍼드 영어사전은 이렇게 설명한다. "익은 과일, 산, 혹은 시큼한 허브가 뒤섞여 있으며, 칠리와 후추 등의 맛이 난다." 즉 처트니는 달고, 시고, 매운 세 가지 맛이 결합된 음식이다. 처트니의 종류는 아주 많은데, 아래 요리법처럼 감귤류로 만드는 경우가 많다.

라임 처트니

라임 12개를 반으로 자른 것

껍질을 까서 4등분한 중간 크기 양파 1개

핫 그린 칠리페퍼 4개

생강 뿌리 2.5센티미터

씨 없는 건포도 100그램

그린 카르다몸 깍지 7개

검은 후추열매 1술

고수 씨 1술

겨자씨 1술

말린 레드 칠리페퍼 4개

사과 식초 1컵 반

굵은 소금 3큰술

흑설탕 450그램

- 반으로 자른 라임 여섯 개를 즙을 낸 후 찌꺼기는 버린다.
- 남은 열여덟 개의 라임 조각과 그린 칠리페퍼, 양파, 생강, 건포도를 섞은 후 곱게 다진다. 이것을 금속제가 아닌 사발에 넣는다.
- 카르다몸 깍지를 딴다. 냄비 속에 후추열매, 카르다몸 씨, 겨자

씨, 고수 씨, 말린 레드 칠리페퍼를 넣고 3분 동안 가열하면서 계속 저어 준다. 물기 없는 접시 위에서 향료를 식힌 후 곱게 갈아 준다.

- 다진 과일 혼합물에 향료, 라임 즙, 설탕, 식초를 넣는다. 잘 섞이도록 저은 후 덮개를 덮어 이틀 동안 실온에서 우려낸다.
- 3일째 되는 날 혼합물을 법랑 단지(스테인리스는 안 됨!)에 붓고, 소금을 넣은 다음 서서히 가열한다. 뚜껑을 덮지 않고 30분 동안 펄펄 끓인다.
- 미리 준비한 깨끗한 항아리에 넣는다. 항아리에 꼭 맞는 뚜껑을 덮어 밀봉한다. 차가운 곳에 저장한다.

처트니에는 '시트러스 글라우카', 혹은 '에레모시트러스 글라우카'라고도 부르는 데저트라임이 쓰인다. 미국에서는 아직까지 대중적인 판매 전 단계에 있는 과일이다. 데저트라임은 오스트레일리아 중에서도 강우량이 적은 뉴사우스웨일스와 퀸즐랜드의 넓게 펼쳐진 토양에서 자라며 야생에서 볼 수 있다. 봄철에 꽃이 피어 한여름에 수확하는데, 지금까지 알려진 감귤류 중에서도 그 기간이 가장 짧다. 열매는 황록색을 띠며, 지름이 2센티미터밖에 안 될 정도로 작다. 대개 씨가 없으며 과즙이 풍부하고, 서인도 라임의 신맛이 난다.

타르트 속의 다양한 화학반응

마멀레이드와 유사한 음식으로 레몬(혹은 오렌지) 타르트가 있다.

수많은 문화권에서 이런 달콤한 후식은 어머니의 따뜻한 애정을 상징한다.

레몬 타르트

타르트 파이지 만들기

중력분 1과 1/4컵

차가운 무염 버터 1덩이(1/2컵)

설탕 1/2 작은술

소금 1/2 작은술

냉각수 2~3큰술

계란 노른자 1개

- 오븐을 175도로 미리 데운다.
- 푸드프로세서(전동 모터의 힘으로 재료를 고속으로 썰거나 갈거나 반죽하거나 하는 조리기구-역주)에 밀가루, 소금, 설탕, 버터를 넣고 굵은 입자가 형성될 때까지 섞는다.
- 이것을 사발에 옮긴다. 그 위에 냉각수를 뿌린 후 공 모양이 될 때까지 포크로 섞는다. 너무 건조하면 물을 좀더 뿌린다.
- 가루반죽을 원반 모양으로 만들어 비닐에 싼 후 최소 30분 동안 냉장고에 둔다.
- 밀가루를 얇게 깔아 눈 판 위에 가루반죽을 편다.
- 반죽을 9인치 타르트 팬 크기에 맞춘 후 사방에 포크로 구멍을

뚫는다.

- 타르트 주위를 알루미늄 포일로 싼 다음 파이웨이트(파이지를 구울 때 부풀지 않도록 파이 위에 눌러 놓는 작은 도자기 구슬-역주)나 쌀, 콩 등으로 위를 채운다.
- 가장자리가 약간 군을 때까지 10분 정도 외부를 굽는다. 포일과 파이웨이트를 제거한 후 옅은 갈색이 될 때까지 약 10분 정도 더 굽는다.
- 파이지 안쪽 전체를 계란 노른자로 발라 밀봉하고 식힌다.

속 만들기

껍질을 까서 다진 레몬 2개

과립형 설탕 1컵

큰 달걀 2개

무염 버터 1/3컵

(위에서 만든) 속에 아무것도 넣지 않고 구운 9인치 크기의 타르트 파이지 1개

- 냄비에 레몬즙을 낸 후 껍질, 설탕, 달걀을 넣고 잘 섞이도록 휘 젓는다.
- 냄비를 약한 불에 올려놓고 약간 걸쭉해지도록 계속 저어 준다.
- 불을 빼고 사발에 걸러 낸다.
- 버터를 넣고 휘저은 다음, 준비해 둔 타르트 파이지에 붓는다.
- 속이 가운데에서 찰랑거리는 상태가 될 때까지 약 20분 동안 굽는다.

• 상온에서 식힌 후, 차게 해서 원하는 대로 장식한다.

  내 친구인 요리사 신디 골드먼은 이 요리가 작은 레몬 타르트
에 필요한 모든 것, 즉 바삭바삭하고 맛있는 크러스트, 새콤달콤
한 맛, 예쁜 모양 등을 고루 갖추었다고 평한다. 여기에 장미 모
양의 달콤한 휘핑크림과 설탕에 절인 레몬 껍질을 함께 얹어 주
면 아주 훌륭한 장식이 된다. 이 요리법에서 제시한 바처럼 레몬
속을 미리 만들어 두면 제대로 모양을 낼 수 있을 것이다.

  요리 과정을 주의 깊게 관찰하면, 달걀을 설탕과 함께 저을
때 형태가 변하는 것을 볼 수 있다. 설탕은 물에 녹는 성질이 있
는데, 달걀은 일부가 물로 구성되어 있기 때문에 설탕 분자와 섞
인다. 이러한 자당 분자들은 달걀의 단백질과 상호작용한다(달걀
흰자위는 알부민이라는 단백질이 물에 용해된 것이다).

  일반적으로 생각하기에는 설탕이 레몬주스의 산도, 즉 신맛
을 상쇄하는 데 도움이 될 것 같지만 사실은 그렇지 않다. 산도
를 상쇄하는 것은 가성소다 같은 염기성이지만, 요리할 때 가성
소다나 베이킹소다를 넣으면 위장을 해칠 수 있으며 타르트는
말할 수 없을 정도로 괴상해질 것이다.

  레몬주스와 설탕 사이에 일어나는 흥미로운 화학반응은 그
밖에도 더 있다. 레몬의 산성은 자당 분자들을 그 구성 성분인
포도당과 과당 분자로 갈라놓는다. 그렇게 되면 이 분자들은 자
유롭게 재결합하는데, 오븐에 가열해도 같은 반응이 일어난다.
그 결과로 생긴 포도당 중합체와 과당 단위체는 캐러멜이라 부

른다. 캐러멜화가 시작되는 것은, 파이를 굽는 과정에서 표면의 색이 변하는 것을 통해 확인할 수 있다. 오븐에 타르트를 오래 내버려 둘수록 색은 더 어둡게 변한다.

달걀노른자와 버터도 이에 버금가는 흥미로운 화학물질이다. 달걀노른자는 대부분 지방 분자인 레시틴lecithin이라는 화학물질로 구성된다. 그래서 이것은, 동물성이건 올리브 오일 같은 식물성이건 상관없이 다른 지방들을 유화한다(마요네즈가 바로 이런 방식으로 만들어진다). 그리하여 달걀노른자와 버터가 혼합된 거품 부분은 지방 유제로 구성된다.

파이의 속 중에서도 달콤해진 알부민 부분은, 다른 좋은 단백질들이 모두 그렇듯이 가열된 오븐 속에서 변성된다. 알부민은 패스트리에 피막을 입히는데, 바니시로 그림에 막을 입히는 것과도 원리가 같다.

멋진 타르트를 만들고 싶다면 밤새도록 쿠앵트로 술에 담그거나 설탕조림을 해 보라. 새롭게 습득한 중합체 화학 지식을 과시할 수 있는 것은 물론, 훌륭한 패스트리 요리사로 거듭날 수 있을 것이다.

여기에 몇 가지 변화를 줄 수도 있다. 당신은 레몬 대신에 다른 과일을 시도해 보고 싶을지도 모른다. 그렇다면 레몬 즙을 생략할 수도 있고, 앞의 요리법에서 설탕을 같은 양의 꿀로 대신할 수도 있다. 꿀에는 벌들이 만든 효소가 이미 자당을 포도당과 과당의 혼합물로 분리해 두어, 언제든 가열만 하면 캐러멜화될 준비가 갖추어져 있다. 이렇게 하면 벨기에의 옛날식 패스트리인 타르트 오쉬크르를 재창조할 수 있을 것이다.

나라에 따라 좋아하는 음식 스타일도 다르다. 예를 들어 프랑스인들은 미국인들이 먹는 것보다 훨씬 건조하며, 상대적으로 반죽이 더 많고 속은 덜 찬 타르트와 피자를 좋아한다. 막 구운 바게트를 생각해 보라. 껍질과 속의 비율은 어느 정도일 때 최적일까? 위의 요리법에서 속의 양을 50퍼센트까지 자유롭게 늘려 보라. 그렇지만 체중이 불었다고 나를 원망하지는 마시길!

잃어버린 에덴동산의
열매를 위하여

레몬주스, 파멸의 주스.
_스페인 속담

음식, 특히 디저트에는 맛과 감촉이 결합되어 있다. 거품은
이 두 가지를 살리는 데 아주 좋은 요소이다. 미세한 공기 거품
이 음식을 부풀리면 음식의 밀도가 약해진다. 또한 거품 때문에
분산된 휘발성 분자들은 기포와 그 주변을 둘러싼 그물 조직 사
이를 분리하여 향을 감지하기 어렵게 만드는데, 그 결과 음식에
미묘한 맛이 더해져 이상적인 상태가 된다.

아주 적절한 사례가 바로 에스프레소 컵 위의 거품이다. 커피
를 제조할 때는 스팀을 이용해 분쇄한 커피콩에서 음료와 향을
추출하는데, 이때 커피 분말에 있는 설탕 분자가 일부가 캐러멜
화된다. 커피콩은 이러한 효과를 충분히 낼 수 있을 만큼 설탕을
함유하고 있다. 이렇게 캐러멜화된 설탕(앞에서 말한 중합체)은 작은
공기 거품을 둘러싸는 그물 조직을 형성한다. 그리고 이 공기 거
품에는 휘발성 방향 분자들이 함유되어 있다. 스팀을 통해 분말

에서 향이 추출되고 뜨거운 커피로 액화되면, 둥둥 떠 있는 크림 거품의 표면으로 분해된 공기가 떠오른다.

깃털처럼 섬세한 요리, 사바이옹

커피를 만드는 과정은 보기 즐거울 뿐 아니라 커피 향을 내는 분자들, 즉 수백 가지의 화학물질들이 발산되어 맛도 좋다. 전문적인 커피 감정가들이 커피콩의 품질을 판단할 때는, 갓 갈아 낸 커피 위에 뜨거운 물을 부어 여기에 생기는 거품 조직을 가장 중요하게 본다. 이 시험 절차의 이름이 바로 커핑cupping이다.

여기에서 핵심 현상은 희석과 분리이다. 특히 분리 과정은 냄새를 흡입할 때 아주 중요하다. 모든 향은 우리가 들이마시는 공기 속에서 휘발되어야만 인식될 수 있기 때문이다. 우리는 커피 액체 속의 방향 화학물질을 들이마시는 것이 아니라, 그 위의 공기만을 흡입한다. 역설적이게도 모든 방향 물질은 더 적은 양으로 분산될수록 훨씬 강력해진다. 향수를 뿌릴 때 분사 기구를 통해 미세한 안개 방울 형태로 만드는 것도 바로 그 때문이다. 비슷한 사례로는 맥주잔의 거품과, 샴페인이나 다른 탄산 와인을 잔에 부었을 때 형성되는 무스를 들 수 있다. 감귤 꽃이나 열매의 향이 발산될 때도 커피를 추출할 때와 같은 현상이 나타난다.

거품이라는 가벼운 주제에 어울리는 요리법을 소개한다.

감귤 사바이옹(6인분)

포멜로 3개

블루베리 1파인트

라즈베리 1파인트

딸기 2파인트

달걀 노른자 8개

과립형 설탕 3큰술

샴페인 1컵

- 포멜로 껍질을 조심스럽게 깐다. 하얀 중과피는 버리고 껍질만 남긴 다음, 껍질을 세로 모양으로 가늘게 자른다.
- 껍질 1/4컵 정도를 끓는 물에서 3분 동안 데친다.
- 포멜로 과육에서 중과피를 잘라 내고 피막을 제거한다. 디저트 접시에 과육 조각과 딸기를 정돈한다.
- 달걀노른자, 설탕, 샴페인을 함께 섞는다.
- 이중냄비에 위의 혼합물을 넣고 저어 준다. 물이 끓기 시작하면 농도가 진해지고 리본 모양이 생길 때까지 손대지 않는다. 이렇게 6분 정도 끓인다.
- 혼합물에 데친 껍질을 추가하고(선택 사항이다), 숟가락으로 과일 위에 고루 뿌린다. 가루 설탕을 뿌려 내간다.

사바이옹은 보통 알코올음료(위의 경우에는 샴페인)의 향으로 장식하는데, 어떤 알코올음료를 곁들이냐에 따라 이 사치스러운 디저트의 종류가 달라진다. 정찬 후에 제공되는 상쾌한 사바이옹은 앞서 먹은 푸짐한 식사와 대비된다. 패스트리 요리에는 이 디저트가 단연 최고이다.

사바이옹을 만들 때는 온도를 정확히 조절해야 하는데, 여기에는 물리화학적 이유가 있다. 간단한 내용이니 긴장할 필요는 없다. 달걀노른자에 설탕을 섞어 거품기로 저을 때, 거품기의 역할은 혼합물에 미세한 공기 거품 덩어리가 부풀어 오르게 하는 것이다. 그대로 놔두고 기다리면 이 요리 재료는 당연히 수축된다. 공기 방울은 천연 용제溶劑 분자 사슬과 달걀노른자 레시틴으로 구성된 조직에 의해 지속되는데, 여기에 산재된 설탕 분자들이 벽을 형성하여 공기 주머니를 둘러싼다.

공기 방울의 지속성은 가열 방식에 달려 있다. 즉, 불완전 가열을 해야 지속성이 생겨나는 것이다. 온도를 점차 높이면 조직의 결합이 가속화되고 공기 거품이 확장되며, 각 거품 주위의 막이 봉쇄된다. 온도가 높아진다고 해서 첨가된 알코올이 증발하거나(사바이옹은 알코올 기체가 아닌 오직 공기에 의해서만 부푼다), 물이 수증기로 기화하지도 않는다(와인과 달걀노른자의 50퍼센트는 물로 구성된다). 사바이옹은 점점 팽창하는 뜨거운 공기 풍선이지 증기 엔진이 아니다. 따라서 요리의 온도는 68도를 넘어서는 안 된다. 요리 중에 달걀노른자의 단백질이 변성되는 것을 원하지 않는다면 말이다.

이 섬세한 요리의 이름은, 모국인 이탈리아에서나 공인된 요리의 나라 프랑스에서나 거의 동일하다. 이탈리아어 '자발리오네zabaglione'와 프랑스어 '사바이옹sabayon'은 발음이 거의 같다. 이 요리는 16세기 피렌체의 메디치 가문에서 만든 것으로 추정된다. 여기에서 '추정'이라는 표현을 쓴 이유는, 이 단어의 어원이 일리리아(오늘날 발칸 반도 서부에 해당하는 고대의 지역-역주) 지방에서 생산되는 '사바이아sabaia'라는 맥주의 이름과 연관되기 때문이다. 이 때문에 달마티아 해변을 이 음식이 기원한 장소로 꼽을 수 있다. 어떤 사람은 이 요리법이 아시아에서 건너왔다고 추측하는데, 아마도 이 요리의 특성이 아드리아 해를 초월하기 때문인 듯하다. 어찌됐든 이 어원을 통해, 사바이옹이 그 사촌 격인 에그노그처럼 원래 음료수였으며, 에그노그와 마찬가지로 숙취 해소라는 목적으로 만들었음을 알 수 있다. 설탕과 달걀노른자가 섞인 이 요리에 유화되어 있는 알코올은 위장 벽을 지나 혈관으로 천천히 들어간다.

사바이옹의 감촉이 깃털 같은 것은, 와인 향이 나는 거품 조직이 공기처럼 가볍기 때문이다. 마르살라산 포도주는 사바이옹에 자주 곁들이는 파트너이다. 이렇게 가벼운 느낌의 디저트가 식품 산업을 통해 생산되고 우리에게 익숙해진 것은 비교적 최근의 일이다. 예를 들어 프랑스의 슈퍼마켓에서는 가정식 초콜릿 무스, 퐁텐블로식 유제품, 거품을 내 무스로 만든 밤나무 퓌레 등의 대체 식품을 볼 수 있다. 1973년 이전, 그리고 퀴지나르(세계적인 주방 용품 제조회사로서, 같은 이름의 푸드프로세서가 유명하다-역주)가 등장하기 전 시대에는 사바이옹을 디저트 목록에서 찾기 어려웠다.

달걀로 만든 솜털 같은 음식과 디저트들이 예전에도 없었던 것은 아니다. 요리사 훈련 과정에서는 이런 섬세한 기술을 특히 강조한다. 홀렌다이즈, 쇼롱, 베르네이즈, 혹은 말타이즈(홀렌다이즈와 오렌지 주스가 섞인 향이 난다) 등의 다양한 소스들을 생각해 보라. 요리사들은 헤비 크림(유지가 많은 크림), 달걀흰자, 달걀노른자 등의 원재료를 어떻게 휘저어야 원하는 지속성이 생기는지를 배운다. 바람직한 유화 단계를 초과하지 않아야 한다는 원칙을 지키기 위해, 몸에 밸 때까지 연습을 반복함으로써 이 기술을 철저하게 습득한다. 달걀흰자를 휘저어 부드럽게, 혹은 좀더 딱딱하게 만드는 법도 배우며, 크림이 버터가 되기 전 언제 휘젓기를 마쳐야 하는지도 습득한다. 요리사들은 또한 달걀노른자를 휘저어 사바이옹의 최종 단계인 리본 모양을 만들어 내는 일에도 아주 익숙하다.

내가 알고 있는 몽생미셸의 유명한 레스토랑 라메르풀라는 1888년 달걀 휘젓는 도구를 들인 이후 지금까지 쭉 사용을 하고 있다. 지금도 손님들은 요리사들이 음식 준비하는 모습을, 마치 늦은 밤 펼쳐지는 서커스 공연이라도 되는 듯 지켜본다. 손님들은 자리를 안내받아 가는 도중에, 밀짚 의자에 앉은 젊은 보조 요리사를 지나치게 된다. 그는 무릎 위에 달걀 휘젓는 금속 사발을 놓고서 오믈렛에 사용할 달걀을 준비하는 고된 작업을 하고 있다. 이 오믈렛이 바로 이 레스토랑을 유명하게 만들어 준 동시에, 관광객들에게는 바가지를 씌우는 요리이다. 비록 그곳의 록 밴드 음악 소리보다 크지는 않지만, 끊이지 않고 덜그럭대는 그 소리는 기억에 고스란히 남게 된다.

사바이옹을 준비할 때는 접시를 예술적으로 꾸미는 게 필수적이다. 모양을 내 4등분한 감귤과 딸기는 형태가 없는 거품과 대조를 이루며, 공기처럼 가벼운 무스는 과즙이 풍부하고 맛이 진한 과육과 대비된다. 또한 새콤한 감귤과 딸기의 맛은 사바이옹의 달콤한 맛과 확실한 차이를 보인다. 그래서 이 접시의 장식을 보면, 이제 막 입에 넣을 음식이 어떤 대비되는 맛을 선사할지 미리 상상할 수 있다.

이 요리법에는 상당히 많은 변형이 존재한다. 보통은 포멜로를 가장 흔히 사용하지만 다른 과일들도 많이 이용된다. 우아하면서도 매력적인 대체 과일로는 캘러먼딘calamondin 같은 작은 감귤류를 들 수 있다. 캘러먼딘은 탄제린과 비슷하지만 그보다 훨씬 작아서 지름이 약 2.5센티미터 정도밖에 안 된다. 타갈로그어(필리핀 마닐라를 중심으로 하는 루손 섬, 민도로 섬 등에 분포하는 타갈로그족의 언어로 영어와 함께 필리핀의 공용어로 쓰인다-역주) '칼라문딩kalamunding'에서 비롯된 이 이름은 필리핀에 자생하는 캘러먼딘 나무를 가리키는 말이다.

미국에서는 이 과일이 20세기를 전후로 플로리다에서 재배되기 시작했다. 경작자들이 감귤을 선적할 때 장식용으로 캘러먼딘 나뭇가지를 넣는 경우도 종종 있으며, 많은 아시아 음식점에서도 이것을 사용한다. 이 과일의 절정기는 11월에서 6월이다. 보관할 때는 냉장고에 넣는 것이 가장 좋고, 일주일 안에 먹어야 한다. 반으로 갈라 보면 5~9개의 과육 조각이 들어 있다. 껍질은 쉽게 벗겨지고 과육은 오렌지색이며 즙이 풍부하고 새콤하다.

금귤 또한 포멜로를 대체할 수 있는 과일이다. 'golden orange'라는 영어 이름은 금빛 오렌지를 뜻하는 중국어 이름 '金橘'에서 온 것이다. 런던원예학회London Horticulture Society의 로버트 포춘이 중국에서 금귤을 들여와 영어식 이름을 붙였다. 금귤은 캘러먼딘과 관련이 있다. 어떤 식물학자들은 캘러먼딘이 금귤과 만다린의 잡종이라고 주장하기도 한다. 금귤은 빛나는 오렌지색일 때가 가장 맛있다. 캘러먼딘도 그렇듯이 껍질의 색은 일정해야 하며, 레몬처럼 단단할 때 구입하는 것이 가장 좋다. 캘러먼딘처럼 금귤도 껍질이 쉽게 벗겨지고 껍질도 얇다. 하지만 이 때문에 레몬이나 그레이프프루트 혹은 네이블오렌지보다 부패하기 쉽다.

이름조차 달콤한 오렌지 무스

거품을 즐길 수 있는 또 다른 음식은 바로 오렌지 무스이다. 무스드라란자는 이 디저트의 포르투갈식 이름으로, 포르투갈과 브라질 양쪽 모두의 전통 요리이다.

오렌지 무스

달걀 3개
과립형 설탕 1컵
오렌지 1개의 껍질 빻은 것(세심하게 닦아서 살충제를 완전히 제거한다)
오렌지 주스 1/2컵
레몬 1개의 껍질 빻은 것(역시 잘 닦는다)과 이 레몬으로 짠 주스
헤비 크림 1컵
우유 2컵(0.24L)

• 달걀노른자와 흰자를 분리한다.

포르투갈에서는 달걀흰자를 투명하다는 이유로 '깨끗한 것'이라는 뜻의 '클라라스claras'라고 부르며, 달걀노른자는 색깔 때문에 '게마스gemas', 즉 '보석'이라고 부른다.

• 달걀노른자를 설탕 1/2컵과 함께 약 10분 동안 휘젓는다.

이렇게 휘저으면 거품, 프랑스 말로는 무스가 생겨난다. 다른 말로 하자면, 분자들의 그물 조직에 있는 작은 공기 거품들이 앙상블을 이루는 것이다. 달걀노른자나 흰자를 거품기로 휘저은 후 공기 중에 내버려 두면 하얗게 변한다. 이러한 효과가 생기는 이유는 요리 재료에 있는 아주 미세한 공기 방울들이 하얀 빛을 분사하기 때문이다. 달걀노른자에 첨가하는 설탕은 단맛을 내고 중요한 칼로리 섭취원을 생산하는 데도 필수적이다. 이 요리를 할 때는 오렌지 주스와 레몬주스에 이미 들어 있는 당분이 강화되어 주스 내 설탕 대 산의 비율이 증대된다.

• 우유를 냄비에서 10~15분 끓여 양을 절반 정도로 줄인 후 식힌다. 휘저은 달콤한 달걀노른자를 서서히 넣는다. 이것을 약하게 가열하는 한편 거품이 지속되도록 계속해서 휘젓는다. 밀가루를 조금 넣고 계속 휘젓다가 걸쭉하게 되면 불을 끄고 냄비를 식힌다.

이 단계에서는 두 가지 방법으로 무스를 견고하게 한다. 먼저, 가열을 하면 수증기의 미세 거품이 생성된다. 이것은 달걀노른자를 설탕과 함께 가열할 때, 휘저은 노른자의 지방과 설탕 분자들로 구성된 조직에서 생겨난 것이다. 다음으로 밀가루에서 발생한 거대한 전분 분자들이 이 커스터드가 덩어리로 뭉치는 것을 방지한다. 전분의 거대 분자들은 기존의 조직을 강화하여 가스 거품을 단단히 가두어 놓는다.

- 선택 사항이기는 하지만, 이 무스를 더욱 걸쭉하게 하기 위해서는 찬물에 미리 담가 둔 얇은 젤라틴 서너 개를 이용하면 된다.
- 여기에 오렌지 주스와 레몬주스를 섞고 빤은 오렌지 껍질과 레몬 껍질을 넣는다. 20분 동안 냉장한다.
- 거품기로 달걀흰자를 휘저어 단단하게 한다. 나머지 설탕을 넣어 단단해지고 윤기가 날 때까지 계속 휘젓는다.

달걀노른자로 거품을 만들 때처럼, 휘젓기의 목적은 달걀흰자를 안정적인 거품으로 전환하기 위한 것이다. 이때 달걀흰자의 단백질 분자들(오브알부민이라고 한다)이 공기 방울을 둘러싸게 된다.

- 헤비 크림을 휘젓는다. 냉장한 주스 혼합물과 달걀흰자에 넣고 섞는다. 냉장고에 몇 시간 넣어 두었다가 먹는다.

오렌지 무스를 만들 때는 오렌지 주스를 대신해 그레이프루트 주스를 쓸 수도 있다. '무스'는 그 자체로 군침이 도는 단어

이다. 이 말은 꿀을 뜻하는 라틴어 이름 '멜mel'에서 온 프랑스어
이다. 'mel'의 파생어 중에는 꿀을 뒤섞은 와인 '멜섬melsum'이 있
다. 이 말에는 미국인들이 사랑하는 사람을 '허니'라고 부르는
것처럼 애정의 의미가 담겨 있어서, 고대 로마인들은 연인을 '물
사mulsa'라 부르기도 했다.

노예의 음식에서 국민적인 만찬이 된 페이조아다

오렌지 무스나 감귤 사바이옹은 페이조아다 만찬의 말미에
곁들이면 아주 잘 어울린다. 브라질의 국민적 음식인 페이조아
다는 요리에 들어있는 콩, 즉 '페이조아feijao' 때문에 이런 이름
을 얻게 되었다. 이 요리는 프랑스의 부야베스, 독일의 사워크라
우트, 스코틀랜드의 하기스, 혹은 민트 소스를 곁들인 영국의 양
다리 요리에 비할 수 있을 것이다. 브라질인들은 아프리카 노예
들이 플랜테이션에서 만들어 먹던 일상의 음식을 자신들의 문화
전체를 상징하는 음식으로 탈바꿈시켰다.

페이조아다(10~12인분)

말린 검은 콩 1.8킬로그램
카르네세카(브라질산 염장한 소고기) 900그램
염장한 돼지고기 900그램(지방을 제거한 돼지머리나 어깨살도 괜찮다)
핫 소시지 450그램(스페인산, 혹은 포르투갈산 초리조도 괜찮다)
돼지갈비 450그램

염장한 돼지 허리고기 450그램

돼지 다리 1개

돼지 귀 1개

돼지 꼬리 1개

돼지 혀 1개

훈제 안 한 돼지 지방(베이컨) 110그램

마늘 세 쪽 간 것

잘게 썬 양파 4큰술

월계수 잎 1개

올리브 오일 3큰술

- 콩을 씻어서 밤새도록 찬물에 담근다.
- 고기를 잘 닦아 소금기를 제거한다. 역시 찬물에 담그는데, 다른 그릇을 사용하여 매 시간마다 물을 갈아 준다.
- 다음날 아침, 콩과 고기를 각각 다른 냄비에 넣고 7~8센티미터 가량 물을 채운 다음 중불에 조리한다. 콩은 큰 냄비에 넣는데 소금은 넣지 않는다(그러면 돌이킬 수 없을 만큼 단단해진다). 두세 시간 정도면 콩이 부드러워진다. 콩을 압력솥에 넣고 쪄도 되는데, 이럴 경우 40분 정도면 충분하다.
- 다른 냄비에는 올리브 오일을 두르고 양파와 마늘을 넣은 후 황갈색이 될 때까지 볶는다. 콩 3~4숟가락을 으깬 후 잘 섞는다. 콩 즙을 조금 넣고서 끓인다. 냄비에 콩을 함께 넣고 걸쭉하게 버무린다.
- 고기가 다 익으면 콩과 함께 냄비에 넣는다. 15~20분 동안 끓

여서 모든 재료의 향이 섞이도록 한다. 취향에 따라 월계수 잎을 넣어도 좋다. 소금을 뿌린다. 고기에 이미 소금이 배어 있다는 것을 감안하여 간을 조절해야 한다.

- 음식을 담을 때는 토기 사발이나 접시를 사용한다. 각각의 접시에 콩과 함께 작게 썬 고기를 얹는다. 페이조아다에는 소스, 흰 쌀밥, 양배추 볶음, 파로파라고 부르는 구운 메니억, 껍질을 까서 얇게 썬 약산성 오렌지 6개 등을 곁들인다.

소스 만들기

레몬주스 1컵

잘 다진 파슬리와 골파 1큰술

다진 그린페퍼 1큰술

칠리파우더 약간

소금

- 입맛에 따라 후추와 다른 재료들을 섞는다.

양배추 볶음 만들기

양배추 3개

다진 양파 2큰술

올리브 오일 4큰술

소금 1작은술

- 양배추를 씻고 줄기를 잘라 잎이 서로의 머리에 오게 놓은 다

음, 한 묶음씩 말아서 얇게 썬다. 이것을 찬물이 든 사발에 넣고 눌러 쓴맛을 없앤다.

- 양파를 오일에 넣어 갈색이 돌게 만든다. 양배추의 물기를 뺀 후 양파를 넣는다. 소금으로 간을 하고 잘 섞는다. 중불에 몇 분간 두고 잘 섞는다. 아삭아삭한 질감이 살아 있도록 주의한다.

브라질 요리사의 수만큼이나 페이조아다의 요리법도 다양하다. 또 지역에 따라 변형된 요리법도 많다. 위의 요리법은 리우데자네이루식이다. 브라질 남부의 카리오카 페이조아다와 가우차 페이조아다 모두 검은 콩을 이용한다. 한편 내륙에 위치한 미나스제라이스 주에서는 페이조아다를 갈색 콩으로 만드는데, 이렇게 하면 요리 시간을 크게 단축할 수 있다. 장황한 재료 목록에 주눅 들 필요는 없다. 몇 가지는 생략해도 괜찮으며, 그래도 아주 맛있는 페이조아다를 먹을 수 있다.

브라질의 가정에서는 페이조아다를 한 주에 한 번꼴로 먹는다. 보통은 토요일 저녁, 손님이 찾아오고 음식을 음미할 여유가 있는 시간에 이 요리를 즐긴다. 만약 누군가가 기타를 가지고 와서 함께 식사하는 사람들에게 노래를 들려준다면, 이보다 더 좋을 수는 없다! 식사 자리에서는 저마다 자신이 좋아하는 음료수를 선택해 마신다. 브라질 사람들은 보통 식사에 앞서 카히피리냐를 한두 잔 마시고, 이어서 맥주를 마신다.

페이조아다는 아프리카에서 유래했다. 식민 시기 동안 플랜테이션의 노예들은 뒷마당에 불을 피우고 커다란 쇠솥을 펄펄 끓여 이 요리를 해 먹었다. 보통은 주인집 식당에서 버린 아주 값싼 돼지고기 부위 등, 어디서나 쉽게 얻을 수 있는 고기 부위들을 이 솥에 던져 넣고 요리했다.

나는 페이조아다를 보면 지금의 브라질을 만든 인종 혼합이 절로 떠오른다. 흰쌀은 포르투갈 식민지 주민들을, 검은 콩은 아프리카 노예들을, 그리고 얇게 썬 오렌지는 지금은 안타깝게도 거의 사라져 버린 원주민을 상징하는 듯하다.

잘 만든 페이조아다는 다양한 종류의 질감과 맛이 살아 있어 입을 즐겁게 한다. 가루로 만들어진 다소 떫은맛의 파로파는 알갱이 형태의 쌀이나 고기의 섬유질과 대조를 이룬다. 또한 크림 형태의 콩은 과즙 형태의 오렌지와 대비된다. 사실 오렌지 조각은 이 요리에서 아주 중요한 요소이다. 그 새콤한 맛이 콩의 푸슬푸슬한 가루 맛을 상쇄하기 때문이다. 페이조아다는 단맛과 향료로 모든 말초신경을 자극함으로써 입안의 감각을 전체적으로 일깨운다. 그래서 사람들은 날것의 맛과 조리된 음식의 맛 모두를 제대로 평가할 수 있게 된다.

잃어버린 에덴동산의 열매를 위하여

감귤이 아주 다양하다는 사실을 강조하기 위해, 나는 이번 장을 덜 친숙한 과일로 마무리하려 한다. 우글리프루트는 충분히 이름값을 하는 과일이다. 모양은 대체로 둥글며 마치 한 번 사용하고 난 종이봉투처럼 쭈글쭈글하게 생겼다. 과일의 색은 고르지 못하고 녹색 바탕에 반점이 있거나 혹은 그 반대이다. 이 과일은 이름마저 평범하지 않다. 이름의 마지막 철자가 'y'일 거라는 예상을 깨고 'i'가 붙어 있으며, 과일의 옆면에 붙은 등록 상표 역시 범상치 않다.

이 과일이 수백 년 동안 자연에 자생하고 있었는지는 알 수 없지만, 우글리프루트가 발견된 것은 비교적 최근의 일이다. 1917년(혹은 그 즈음), 자메이카에 트라우트홀이라는 농장을 소유하고 있던 G.G.R. 샤프는 목장을 거닐다가 이상한 감귤 나무를 하나 발견했다. 나무에는 볼품없는 열매가 달려 있었는데 탄제린과 그레이프프루트를 모두 닮은 괴상한 모양이었다.

샤프는 이 나무의 싹을 몇 개 채집해 오렌지 나무에 접붙여 보았다. 그는 씨앗의 숫자가 가장 적은 것을 선택한다는 나름의 기준에 따라, 결과물을 다시 접붙이는 과정을 반복했다. 1934년, 샤프는 이 과일을 영국과 캐나다로 수출했고 1942년에는 미국 시장에도 공급하기 시작했다. 일반적으로 이 과일은 10월에서 2월까지 수확할 수 있다. 어느 시점엔가 트라우트홀 농장은 이 과일을 우글리라는 이름으로 등록했고, 그 이름은 이것을 생산하는 단일 농장과 결부되었다.

우글리푸르트는 크기가 커서 직경이 10~15센티미터가량 되며, 탄제린처럼 껍질을 까기 쉽다. 탄젤로 종에 걸맞게 탄제린의 달콤한 맛과 그레이프프루트의 톡 쏘는 맛이 환상적으로 결합되어 있다. 이 독특한 과일의 맛을 음미할 수 있는 요리를 아래에 소개한다.

우글리 소스 오리 요리(4인분)

오리 1마리(약 1.8킬로그램)

우글리프루트 1개

블레이드메이스 1작은술

드라이 화이트와인 1/4파인트(150밀리리터)

검은 후추 열매 1/2작은술

• 포크로 오리를 전체적으로 찌른 후 겉면에 소금을 약간 문지른다.
• 오리를 구이용 팬에 놓고 버터를 바르지 않은 상태에서 190.5도 온도로 1시간~1시간 반 동안 노릇노릇해질 때까지 굽는다.
• 우글리푸르트에서 과육을 떼어 낸다. 과육 조각들에 화이트와인을 부어 3분 이하로 구운 다음 후추 열매와 메이스로 양념한다. 오리를 부위별로 잘라 이 소스를 부은 후 내온다.

감귤 나무의 모든 변종은 아시아에서부터 서쪽으로 이동해 갔다. 처음에는 중동으로, 이어서 북아프리카와 서유럽으로 이동했다. 16세기 이후 이것들은 서인도와 아메리카 대륙에 이식되었다. 이러한 식물 종들은 서리에 취약하다. 새로운 풍토에 이식했다 해서 더 강해지지는 않았다. 특히 감귤은 단일 작물로 재배할 때 수많은 질병의 온상이 되었다.

현대의 우리들은 놀라움이라는 느낌을 점점 잊고 살아간다. 내가 어렸을 때 오렌지는 놀라운 것이었다. 오렌지와 그 친족들인 만다린, 탄제린, 클레멘타인 등은 쉽게 접하기 어려운 귀한 과일이어서 크리스마스나 되어야 맛볼 수 있었다.

지금은 대량생산과 대량소비의 시대이다. 지구 전체가 하나의 큰 슈퍼마켓으로 변했고, 여행이 쉬워져 나라마다 비슷해지고 있다. 코카콜라나 맥도날드 같은 다국적 기업이 건강에 썩 좋지 않은 중독성 식품을 제공하는 이 시대에, 다양한 감귤류 과일은 그냥 흔한 것이 될 위기에 처해 있다. 레스토랑에 가면 본 적도 없는 작은 감귤 과일들을 맛볼 수 있으며, 앞에서 소개한 금귤, 캘러먼딘, 키라임 등을 재료로 하는 요리법도 흔히 볼 수 있게 되었다.

이것이 잘못된 것일까? 분명 그렇다. 열대의 카사바 튀김이 캘리포니아 사람들이 즐겨 먹는 간식으로 탈바꿈했다는 이야기를 들을 때, 우리는 상실과 분노의 감정을 느끼게 된다. 적절한 양을 넘어서까지 위를 채우고 닳아빠진 미각을 위해 음식을 탐했다는 부끄러움 때문이라기보다는, 좀더 이기적이게도, 스스로 한몫해 에덴동산을 잃어버렸다는 아쉬움 때문이다. 이런 음식들을 생산 지역의 일상적인 가정으로 되돌려 줌으로써 우리 자신의 즐거움을 자제하는 것이 더 양심적인 게 아닐까?

감귤을 귀한 것으로 지켜 나갈 수 있는 방법은 무엇일까? 아마도 대자연이 우리를 도울 것이다. 현재 수천 종의 감귤 품종들이 존재하며, 유전공학의 힘으로 더 많은 종을 고안할 수 있게 되었다. 우리는 스스로 에덴동산을 설계할 수 있는 단계에 와 있다. 수많은 경이로운 과일들이 우리가 손 내밀면 닿을 곳에 있다.

감귤은 유연한 유전자를 가지고 있어 아주 매력적이다. 감귤이 제공하는 즐거움은 끝이 없을 것이다. 동시에 귀한 식품으로서 감귤의 아우라가 사라지지 않기를 기대해 본다.

존경하는 벗에게

당신의 편지를 받고 솔직히 놀랐습니다. 저는 감귤 나무와 과일에 관한 저의 책《귤보》가 이렇게 저보다 오래 살아남아서 독자들을 만나게 되리라고는 생각지도 못했습니다. 만약 이런 운명을 예견했더라면 더욱 꼼꼼하게 책을 썼을 텐데 말입니다. 제 생각에 저의 필력은 늘 제 생각을 충분하고 정확하게 표현해 내지 못하는 것 같습니다. 행정 보고서 같은 딱딱한 문체가 책의 내용에 스며들까 봐 걱정을 많이 했습니다.

당신의 책을 제게 알려 주신 것 또한 감사합니다. 흥미롭게 읽었으며 놀라운 점도 많았습니다. 하지만 짚고 넘어갈 부분도 있었습니다. 이 책에는 우리 지역의 중요한 과일들, 두 가지만 예를 들자면 캘러먼딘과 금귤에 대해 피상적으로 다루고 있더군요. 당신은 다른 독자들을 위해 이 책을 쓴 것으로 보입니다. 그러나 작가로서 저나 당신이나 모두 알고 있듯이, 무릇 책이란 반향을 불러일으키고 지지자를 창출하게 마련입니다. 당신이 사람들의 변덕이나 편견마저 염려하는 이유를 나는 이해하지 못하겠습니다. 아침 해가 뜨면 곧 사라질 안개와도 같은 것인데 말입니다. 실례를 무릅쓰고 개인적인 질문을 하나 하자면, 왜 당신은 자신의 색깔을 더 많이 드러내지 않으셨는지요? 혹시 당신이 저처럼 어느 지역을 통치하고 있고, 따라서 제가 그랬던 것처럼 관료로서 절제하는 태도를 보여야 했기 때문은 아닌지요? 저는 당신의 직업을 알 도리가 없군요.

제가 그다지 놀라지 않았다고 말한다면, 당신은 오히려 놀랄지도 모르겠군요. 감귤이 널리 확산되리라는 것은 저도 어느 정도 예상한 일이었습니다. 우리 중화제국은 발명품과 문화적 혁신들, 즉 문화적 영향력을 어떻게 수출해야 하는지 잘 알고 있습니다. 이러한 점에서 제가 당신의 책을 보고 빠져들었던 부분은, 실크로드가 대서양을 넘어 작열하는 열기의 땅으로까지 확장되었다는 설명이었습니다.

당신보다 연장자로서, 또 이제는 구천을 떠도는 혼으로서 이승에 어떤 영향을 미치는 것이 저의 할 일은 아니라고 생각합니다. 저는 살아 있는 이들에게 영향을 주고 싶지는 않습니다. 저는 이미 붓을 놓았고, 내 벼루는 아마 흙으로 돌아갔겠지요.

다만 혼으로 떠도는 현재 상태에서 바라는 것 하나는, 나의 미천한 의지가 남긴 희미한 유산이 모든 생명력 있는 것들의 투명함과 맑음에 더해지는 것뿐입니다. 책과 사람들이 나누는 말, 그리고 선조에 대한 존경심 등이 여기에 해당하겠지요. 위대한 도교 사상가 장자의 말씀을 살짝 바꾸어도 될까요? 당신이 살고 있는 시대의 몇몇 서양 철학자들도, 삶의 의미와 관련하여 비슷한 역설을 설파했다고 알고 있습니다.

나는 스스로를 오렌지 꽃이라 생각하는 한언직인가,
아니면 스스로 한언직이라 믿는 오렌지 꽃인가?

존경하는 벗이여, 당신의 책이 그처럼 영혼에 빛이 되길 바랍니다.

진정한 친구 한언직

피에르 라즐로가 쓴 《감귤 이야기》(원제 Citrus: A History)를 처음 접했을 때, 바로 번역하기로 결심한 것은 책의 표지에 적혀 있는 두 단어 '감귤'과 '역사'가 나의 마음을 사로잡았기 때문이다. 감귤을 주제로 풀어가는 역사 이야기는 분명히 그 맛만큼이나 상큼한 매력이 있을 것 같았다.

그러나 번역 작업은 만만치 않았다. 목차에서도 잘 드러나 있듯이, 저자 피에르 라즐로는 감귤에 관한 모든 것을 이 책에서 다루고 있다. 감귤의 식물적 특성에서부터 전파 경로, 대량 생산되기까지의 과정, 감귤의 다양한 경제적 가치, 각종 문화 장르에 표현된 감귤 등 감귤이 지구상에서 소비되는 모든 현상이 이 책 속에 담겨 있다 해도 과언이 아니다. 이 책은 그야말로 감귤에 관한 백과사전적 정보를 담고 있다. 당연히 수많은 지명과 이름, 용어, 문화 현상, 역사적 사건 등이 등장할 수밖에 없고, 그것들을 옮기는 데 꽤 많은 시간과 노력을 들여야 했다.

그럼에도 번역하는 동안 긴장과 흥미를 잃지 않고 즐겁게 몰입할 수 있었던 것은 순전히 이 책이 가진 미덕 때문이다. 우선 화학자가 펴낸 책임에도 '감귤의 역사'를 다룬다는 것이 결코 이질적이지 않다. 저자 피에르 라즐로는 전직 화학과 교수임에도 감귤에 대해서는 자신의 전공과 전혀 다른 접근을 시도한다. 그는 상류층의 전유물이었던 감귤이 대중화되기까지의 과정을 역사적으로 추적하면서 사회마다 다르게 나타나는 감귤에 대한 다양한 접근방법을 흥미롭게 그려낸다. 최소한의 식물학적, 화학적 배경지식을 제외하면 이 글은 대부분 감귤이 전 세계에 미친 문화적, 종교적, 경제적 영향으로 채워져 있다. 게다가 그러한 지식 대부분은 일반적인 역사책에서 쉽게 얻을 수 있는 것이 아니다. 실로 저자의 박학한 지식에 놀라는 한편, 책 한 권을 쓰기 위해 얼마나 자료조사를 충실히 했는지 감탄하게 되었다. 물론 이러한 방대한 정보들은 각각의 주제에 알맞게 배치되어 있어 이야기의 흐름을 방해하지 않는다. 따라서 독자들은 이야기를 재미있게 읽어 내려가는 동안 자신도 모르게 유익한 정보들을 습득하게 된다.

이 책은 감귤에 대한 다양한 지식을 섭렵하는 재미가 있다.

평소 감귤에 관심이 많았던 독자라면 당연히 흥미롭게 책장을 넘기겠지만, 설령 그렇지 않은 독자라도 호기심을 자극하는 정보에 매력을 느끼게 될 것이다. 감귤의 식물학적 특성으로부터 감귤이 단순한 음식으로서 뿐 아니라 수많은 용도로 사용되는 화학적 이유를 저자는 알기 쉽게 전달해준다. 감귤을 통해 문학이나 미술 분야의 지식을 넓힐 수 있는 것도 이 책이 가진 또 하나의 매력이다.

때로 낯선 전문용어나 화학 공식도 등장하지만 그렇다고 부담감을 가질 필요는 없다. 저자는 쉬운 예를 들어 친절하게 이해시켜주며, 무엇보다 흥미진진한 이야기에 녹아 있어 오히려 읽는 재미가 더해진다. 또한 책 중간마다 감귤을 재료로 한 다양한 요리법들이 제시되어 있다. 단순히 그 맛과 향을 상상해보는 것에 그치기보다 직접 요리를 해보는 것도 괜찮을 것이다.

보통 역사책들은 너무 무겁거나 너무 가볍기 십상이다. 정치, 경제, 사회 등 역사학의 전통적인 주제들에 짓눌려 있거나, 대중의 호기심만 탐한 탓일 것이다. 다양한 분야의 전공자들이 탄탄

한 배경지식을 바탕으로 서로 다른 색깔의 문화와 역사를 다룬 책을 써내려가는 데 이 책이 작은 계기가 될 수 있길 바란다.

번역을 마친 지금 유익하고 흥미로운 정보를 얻었다는 뿌듯함과 무거운 짐을 내려놨다는 홀가분함이 마음속에 가득하다. 그러나 한편으로는 혹시나 잘못된 용어를 선택한 것은 아닌지, 저자의 의도를 거스른 부분이 있는 것은 아닌지 두렵기도 하다. 다시 한번 번역의 어려움을 생각하게 했던 이 책을 내려놓으며 본문 가운데 한 구절을 이렇게 바꾸어 본다.

"오렌지의 달콤하고 시린 맛, 그것이 바로 번역이다."

2010년 3월

남기원

감귤 이야기

달콤한 속살 속에 감춰진 문화의 아이콘

2010년 3월 23일 초판 1쇄 인쇄
2010년 3월 30일 초판 1쇄 발행

지은이 | 피에르 라즐로
옮긴이 | 남기원
발행인 | 전재국

본부장 | 이광자
주간 | 이동은
책임편집 | 강정화
마케팅실장 | 정유한
책임마케팅 | 신재은

발행처 (주)시공사
출판등록 1989년 5월 10일(제3-248호)

주소 | 서울 서초구 서초동 1628-1(우편번호 137-879)
전화 | 편집 (02)2046-2861·영업 (02)2046-2800
팩스 | 편집 (02)585-1755·영업 (02)588-0835
홈페이지 | www.sigongsa.com

ISBN 978-89-527-5822-4 03900